“十四五”职业教育国家规划教材

“十三五”职业教育国家规划教材

汽车技术服务与营销专业

汽车营销基础与实务

全国机械职业教育汽车类专业教学指导委员会（高职）组编

主　编　宋润生　韩承伟

副主编　潘　浩

参　编　罗　静　张　强　彭　鹏

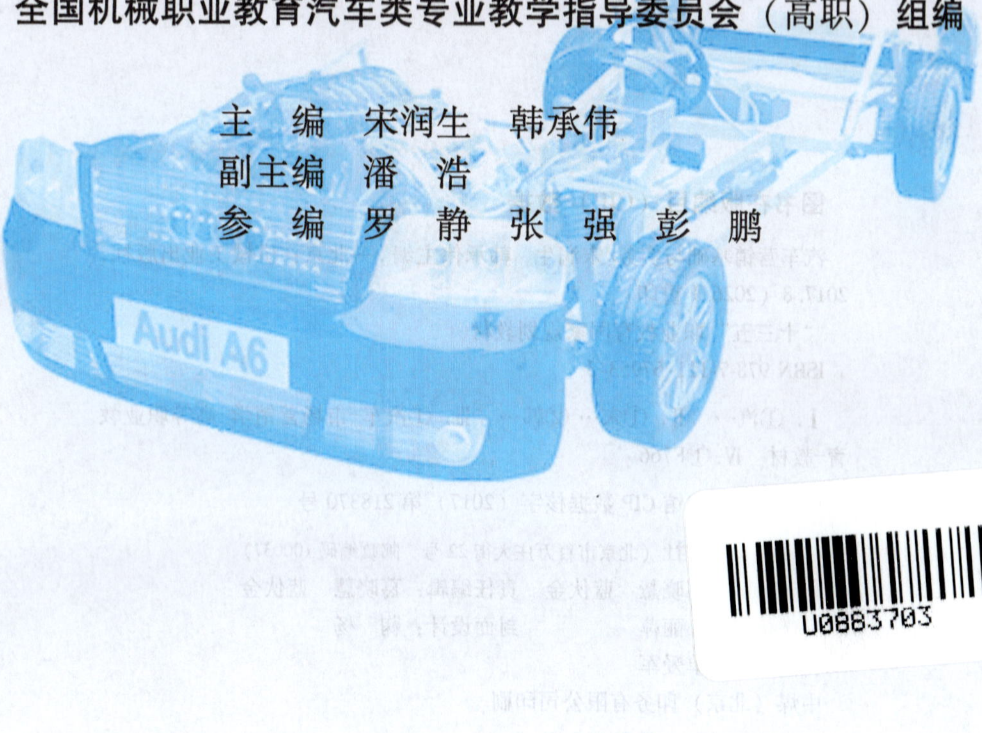

机械工业出版社

图书在版编目(CIP)数据

[illegible]

ISBN 978-7-[illegible]

Ⅰ.[illegible]

中国版本图书馆CIP数据核字(2018)第[illegible]号

[illegible]

ISBN 978-7-[illegible]

定价：[illegible].00元

[illegible]

本书为“十四五”职业教育国家规划教材，突出高职高专的特点，理论知识深浅适度，实践环节特色鲜明，强调业务的操作实务。整个内容脉络清晰，沿着汽车营销的各业务流程逐步展开。本书主体部分对传统的营销学知识进行了整合，推出汽车营销的核心理论和方法，同时，吸纳了市场营销前沿理论，如汽车营销4Cs与4Rs策略及关系营销、整合营销、绿色营销和网络营销等。本书选用的案例贴近读者，特别注重案例融于理论之中，体现课程中的实践环节。本书特别安排了与章节同步进行的汽车营销策划书编制的实操训练，旨在实现汽车营销策划技能的培养。

本书既可作为高职高专汽车技术服务与营销专业学生的教科书，也可作为汽车服务企业营销业务和管理人员培训与进修用书。

本书配有电子课件，**凡使用本书作为教材的教师**可登录机械工业出版社教育服务网www.cmpedu.com下载。咨询电话：010-88379375。

图书在版编目（CIP）数据

汽车营销基础与实务/宋润生，韩承伟主编．—北京：机械工业出版社，2017.8（2026.1重印）

“十三五”职业教育国家规划教材

ISBN 978-7-111-57953-3

Ⅰ.①汽…　Ⅱ.①宋…②韩…　Ⅲ.①汽车-市场营销学-高等职业教育-教材　Ⅳ.①F766

中国版本图书馆CIP数据核字（2017）第218370号

机械工业出版社（北京市百万庄大街22号　邮政编码100037）
策划编辑：葛晓慧　蓝伙金　责任编辑：葛晓慧　蓝伙金
责任校对：孙丽萍　封面设计：鞠　杨
责任印制：单爱军
中煤（北京）印务有限公司印刷
2026年1月第1版第23次印刷
184mm×260mm·14.75印张·346千字
标准书号：ISBN 978-7-111-57953-3
定价：49.00元

电话服务　网络服务
客服电话：010-88361066　机　工　官　网：www.cmpbook.com
010-88379833　机　工　官　博：weibo.com/cmp1952
010-68326294　金　书　网：www.golden-book.com
封底无防伪标均为盗版　机工教育服务网：www.cmpedu.com

关于“十四五”职业教育
国家规划教材的出版说明

为贯彻落实《中共中央关于认真学习宣传贯彻党的二十大精神的决定》《习近平新时代中国特色社会主义思想进课程教材指南》《职业院校教材管理办法》等文件精神，机械工业出版社与教材编写团队一道，认真执行思政内容进教材、进课堂、进头脑要求，尊重教育规律，遵循学科特点，对教材内容进行了更新，着力落实以下要求：

1. 提升教材铸魂育人功能，培育、践行社会主义核心价值观，教育引导学生树立共产主义远大理想和中国特色社会主义共同理想，坚定“四个自信”，厚植爱国主义情怀，把爱国情、强国志、报国行自觉融入建设社会主义现代化强国、实现中华民族伟大复兴的奋斗之中。同时，弘扬中华优秀传统文化，深入开展宪法法治教育。

2. 注重科学思维方法训练和科学伦理教育，培养学生探索未知、追求真理、勇攀科学高峰的责任感和使命感；强化学生工程伦理教育，培养学生精益求精的大国工匠精神，激发学生科技报国的家国情怀和使命担当。加快构建中国特色哲学社会科学学科体系、学术体系、话语体系。帮助学生了解相关专业和行业领域的国家战略、法律法规和相关政策，引导学生深入社会实践、关注现实问题，培育学生经世济民、诚信服务、德法兼修的职业素养。

3. 教育引导学生深刻理解并自觉实践各行业的职业精神、职业规范，增强职业责任感，培养遵纪守法、爱岗敬业、无私奉献、诚实守信、公道办事、开拓创新的职业品格和行为习惯。

在此基础上，及时更新教材知识内容，体现产业发展的新技术、新工艺、新规范、新标准。加强教材数字化建设，丰富配套资源，形成可听、可视、可练、可互动的融媒体教材。

教材建设需要各方的共同努力，也欢迎相关教材使用院校的师生及时反馈意见和建议，我们将认真组织力量进行研究，在后续重印及再版时吸纳改进，不断推动高质量教材出版。

机械工业出版社

丛书序

经过十几年的快速发展，我国已经成为世界最大的汽车生产国和主要的汽车消费国。我国汽车消费市场从最初的形成和发展逐步走向了成熟，并开始呈现市场结构优化、技术手段升级、营销模式创新和新兴服务领域快速涌现的新型态势。新的营销理念、新的营销模式、新的服务领域都在冲击和震颤着我国的汽车销售和售后服务领域，表现出了一方面是汽车销售及售后服务业对人才的大量需求，另一方面又是能够适应现代汽车销售市场和服务市场的人才的匮乏。为了适应新的形势，近年来，国内的大专院校，尤其是职业技术类院校的汽车营销类专业在迅速扩充规模的同时，积极探索新的人才培养模式，调整课程结构，改进教学方法，以实现培养适应新形势下现代汽车营销类人才的需要。

由全国机械职业教育汽车类教学指导委员会（高职）组织编写、机械工业出版社编辑出版的这套汽车技术服务与营销专业教材，正是面对汽车营销及售后服务市场的新形势而推出的。教材从市场需要的实际出发，坚持以职业素养的培养为基础，以能力提升为目标，以就业为导向，把提高学生的职业素养和职业能力放在突出位置，集中培养学生“汽车技术运用”“整车及配件营销”“二手车鉴定评估”“汽车保险理赔”和“汽车信贷与租赁业务”能力等，并特别面向新兴的汽车电子商务领域推出了《汽车电子商务》教材，使之满足培养具有分析和解决汽车营销和汽车后市场服务领域实际问题能力的复合型高等应用型人才之需要。

因此，本系列教材按照汽车营销类岗位的职业特点和职业技能要求，务求探索和创新：

1. 拓宽汽车技术领域的视野，在满足必要的汽车技术知识铺垫后，强调横向知识的宽泛，突出汽车技术、构造、配置上的差异所带来的车辆性能、车辆特点和使用状况的差异性对比，并追踪汽车新技术的运用，适应学生作为汽车销售顾问的技术性要求。

2. 追踪和吸收前沿的营销理论和营销方法，运用适量的背景资料透视国内外汽车营销行业的发展变化，了解汽车市场的运行状况和走势。

3. 汇集汽车营销领域的经典案例和国内汽车企业的典型案例，通过贴近现实、贴近我国消费者汽车生活的汽车营销实例，近距离了解和掌握汽车营销的相关技术和方法。

4. 注重业务过程的实务性训练，引入汽车营销企业的现实做法，业务流程、业务规范均来自企业实际，与企业的业务实际零距离对接。

5. 强化职业技能和技法的训练，每章除了复习性的思考练习之外，还安排了用于实际操作训练的实践练习项目，训练学生的实际动手能力。

6. 面向学生汽车营销综合应用能力培养的需要，新编了《汽车性能评价与选购》教材。

7. 面向新兴的汽车网络营销业务需求，增加了《汽车电子商务》教材。

汽车营销业仍是一个新兴的业务领域，也是一个专业技术极强的业务领域。作为高职高专院校，其目标是培养具有一定的理论基础和较强的动手能力的一线应用型技术人才。本系列教材紧扣高职高专教育的目标定位，力求实现："有新意"——内容新、结构新、格式新；"有特色"——背景资料、典型案例、相关链接；"有亮点"——企业实务、实践项目。

本系列教材在全国机械职业教育汽车类专业教学指导委员会（高职）的组织引导下，由多所职业院校教师共同参与完成，是汽车营销职业教育领域集体劳动的成果和智慧结晶，其间得到了机械工业出版社领导和编辑的支持和指导，在此，谨表示衷心感谢。

汽车技术服务与营销专业教材研发小组组长　贺　萍

前言

进入21世纪以来，我国汽车的产销量连续以两位数的增长率快速增长，实现了年产销量超过两千万辆，跃居世界第一产销大国。庞大的产量，巨大的市场，使我国汽车消费成为拉动经济增长的强有力的动力。但是，随着我国汽车保有量的快速增长，汽车产品的竞争日趋激烈，汽车营销也在从传统营销向现代营销上转型升级。汽车消费市场更需要一大批掌握现代汽车技术和现代汽车营销理论与方法并且具有创新实践能力的一线技能型人才。

1）本书贯彻党的二十大精神，阐述了中国汽车产业快速发展，走向世界前列的艰辛历程，树立学生自信心，为建设“交通强国”贡献力量；讲述了发展新能源汽车对于绿色经济发展的意义和倡导绿色营销对于企业发展的重要意义；着力于汽车营销实用型、高技能型人才培养，强调对学生营销策划能力的培育。

2）体现“德技并修”的职业教育特色，培养学生职业道德和职业技能。职业技术教育是以培养掌握一定理论知识并具有较强实践操作能力的一线技能型人才为目标，是教育体系的重要组成部分，是国民经济和社会发展的重要基础。职业教育要面向人人、面向社会，着力培养学生的职业道德、职业技能和就业创业能力。汽车营销类的职业技术教育是培养掌握汽车基础理论和技术、汽车整车及配件营销的理论及技巧，具有汽车市场调查与预测、汽车营销策划、汽车推销技巧的能力，适应汽车营销业务和管理一线需要的应用型专业技术人才。

3）体现“工学结合”，以企业实际案例为主进行教材构建。本书作为高职高专汽车营销类系列教材中的一部分，旨在使学生通过学习掌握汽车营销的基本原理和方法，具备汽车营销策划与实际操作能力。本书在编写过程中，从大纲的修订到教材内容的整合再到项目化的能力训练单元切分都引入企业参与讨论和修订。作为校企合作单位的比亚迪股份有限公司、深圳市深业实业有限公司、深圳市中汽南方投资集团有限公司、深圳森那美汽车实业有限公司、深圳市华日丰田汽车销售服务有限公司等二十多家汽车技术服务企业参与了教材编写的素材提供和内容把控工作。本书以高职汽车营销专业的核心技能——汽车营销策划为培养目标，在内容上力求新颖、简洁与实用，采用适时更新的方式吸纳最新的营销理论和方法，突出实践要求的实务性环节，营销案例均来自企业的真实工作任务，由企业兼职教师参与指导，并辅之以必要的背景资料，通过与课程同步（第二章至第十章）进行的“汽车营销策划书”的制作练习，完成汽车营销策划能力的训练。

4）**助推教育数字化，体现“互联网+”教学特色，配套丰富。除课件、试卷外，书中还配有微课视频，学生可扫码观看，方便教师实现多媒体教学。**本书由深圳职业技术学院汽车与交通学院教师集体完成。参加本书编写的有宋润生（前言、第一章、第二章、第三章、第四章、第五章、第六章及全书的统撰），韩承伟（第九章、第十章），潘浩（第七章、第八章），罗静（第十一章），张强（第十二章），彭鹏（第十三章）。其中，宋润生、韩承伟任主编。本书在编写过程中得到了广东白云职业技术学院、广东交通职业技术学院、黄冈职业技术学院、湖南汽车工程职业技术学院等院校同行们的支持，得到了机械工业出版社的鼎力协助，在此谨表示衷心的感谢。

希望本书能为汽车营销类应用型人才的培养有所贡献，也恳请广大读者提供有价值的改进意见。

编 者

二维码索引

序号	名　称	图　形	页码	序号	名　称	图　形	页码
1	汽车的含义		1	10	产品概念及整体概念		106
2	市场的概念、结构以及要素		4	11	汽车产品寿命周期		110
3	企业战略		16	12	汽车产品价格的构成		126
4	汽车营销策划指导之营销策划选题与概要		27	13	汽车产品定价基础及全过程		129
5	汽车市场营销环境的概念及构成		33	14	促销的含义与作用		146
6	汽车营销策划指导之第三章汽车市场营销环境分析		35	15	促销方式的分类及特点		147
7	汽车市场调查的概念、意义与内容		50	16	汽车销售模式		171
8	文化因素和社会因素		75	17	顾客满意及顾客满意度		201
9	市场细分的含义、作用及要求		87				

目　录

第一章

汽车市场营销概论

学习目标

理论要求：

1. 了解当前国际汽车业发展历程及基本状况，中国汽车业发展历程及现状。
2. 理解汽车市场及市场营销的基本概念及运行特点。
3. 了解几种市场营销观念及其演变。
4. 熟悉市场营销的可控要素及其组合。

实践要求

具有能简述当前国际汽车业发展历程及基本状况、中国汽车业现状的能力。

汽车至今已经经历了120多年的发展，现如今成为人们社会生活不可缺少的工具。随着中国近年来汽车产业的飞速发展，中国的汽车产量已经走在了世界的最前列，中国已经成为汽车的消费大国。迄今为止，世界各大汽车制造企业的各大品牌汽车在中国都有生产制造基地。中国已经成为世界汽车市场的一个极其重要的部分。

汽车市场营销是一门新兴的学科，是建立在市场营销学的基本理论基础上的，结合了汽车的行业特点和发展规律，总结了大量的汽车营销实践经验而发展起来的学科，是管理知识与汽车工程领域知识的有机结合。掌握好该学科知识和方法，对如何面对竞争日益激烈的汽车市场环境具有非常重要的指导意义。本章将讨论汽车市场的含义、市场营销的概念和市场营销观念及市场营销要素和市场营销组合。

在研究汽车市场营销之前，先了解一下汽车和汽车市场。

第一节　汽车与汽车市场

一、汽车

根据《机动车类型　术语和定义》（GA802—2014）的定义，汽车是：由动力驱动，具有四个或四个以上车轮的非轨道承载的车辆，主要用于：①载运人员和/或货物（物品）；②牵引载运货物（物品）的车辆或特殊用途的车辆；③专项作业。

汽车这个由上万个零件组成的机电产品，凝结了人类智慧的结晶，在推动着人类历史发展的同时，推动着社会经济的发展。下面将简单介绍一下目前的几大汽车系列、国际汽车市场格局及我国汽车的发展历程。

1. 车系分类

汽车已经融入了人类生活，汽车的设计代表了不同地区的人们对汽车的喜好和倾向，同时也代表了当地汽车技术的发展水平，因此，不同地区的汽车均有不同的个性，经过 120 多年的发展，全球汽车已逐渐演变成三大车系。

（1）美系车辆　美国幅员广大，对汽车使用需求大，而许多美国人爱自己动手维护和修配汽车，这也为汽车注入了一种蓬勃发展的活力。

美系车以车身宽大、悬架柔软、动力强、空调的使用性能强的特性，成了安全、舒适、豪华的代表。但从反面看，美系车因车身宽大而耗油，因悬架柔软而不适合高速行驶或拐弯，而且高速行驶时缺乏需要的功率。

目前，美系车受到严格的环保法规的限制，正朝零排气研发，这是符合世界潮流的，如在这方面有所突破，或许美系车再次引领风骚的日子将来临。图 1-1 所示为美国通用凯迪拉克汽车。

图 1-1　美国通用凯迪拉克

（2）日韩系车辆　日系车在世界造车史上算是后起之秀，汽车成品在初期更多以模仿英国、美国汽车而成。日本人独有的专注和团队精神反映在造车工艺上，使日本车从廉价车的代表发展到目前与欧洲高级车平起平坐。

为脱离给人们的廉价车的印象，几乎每一日系车品牌都在研发世界性高级车种，并以新品牌问世，如丰田（TOYOTA）公司的雷克萨斯（Lexus）、本田（HONDA）的讴歌（Acura）等。至于中等价位的日系车，则以外形中规中矩，发动机平顺、省油等特点，博得许多中产阶级人士的青睐。

日系车的特性就是平顺、省油、好开，涂装优异，做工细致，品质优秀。但缺乏欧系车独有的品牌传统、发动机个性和外观美学设计，以及美系车的车身宽大、悬架柔软、动力强（表示其起步及加速能力强）的特性。图 1-2 所示为日本丰田佳美。

第二次世界大战后，韩国汽车工业异军突起。利用学习、消化国外生产技术和实现主要技术的国产化，韩国汽车工业飞速发展。1980—1997 年，韩国用了 17 年成为廉价车制造强国，并且也一跃成为世界汽车生产大国。韩系车的风格接近日系车。

图 1-2　日本丰田佳美

（3）欧系车辆　欧洲是汽车的发祥

地，自1886年德国人戴姆勒和本茨开始制造汽车以来，汽车这项现代工艺的霸主仍是欧洲。尤其是欧系车各厂家的优秀文化传统、高超的设计能力，以及车辆典雅的外观、明显的操纵个性，更是称雄于世。图1-3所示为德国宝马。

图1-3 德国宝马

一般，欧系车和美系车相比，其以优良的发动机见长，高压缩比、大功率的发动机设计比比皆是。

欧系车以高速著称，制动系统较佳，但悬架系统较硬，外形设计典雅，产品性能可靠，折旧较低，具有优良的品牌传统。

2. 国际汽车格局

21世纪，世界汽车工业面临着一场深刻的革命，这将使汽车工业发生巨大的变化，并把汽车工业推向新的历史阶段，但汽车工业在世界经济中仍将处于重要的战略地位。世界汽车工业发展呈现出三种趋势：一是汽车工业全球性联合改组的步伐越发加快，其特点是跨国界的重组和联合；二是世界汽车工业广泛采用平台战略，汽车产业链包括投资、生产、采购、销售及售后服务、研发等主要环节的日益全球化；三是新的汽车技术即将取得重大突破，技术创新能力成为竞争取胜的关键。

经历了21世纪之初的金融危机，全球汽车竞争加剧，生产能力过剩，普遍达到30%乃至40%，加之各国对安全、排放、节能法规日趋严格，产品开发成本、销售成本大幅度提高，许多企业不能适应汽车市场的激烈竞争或竞争能力很弱，促使汽车工业全球性产业结构调整步伐明显加快，汽车跨国联盟已成为世界汽车工业发展的潮流。许多发达国家的汽车公司通过扩张、合并、兼并等手段，扩大了自身规模，降低了汽车成本，增强了自身竞争力，并为公司的进一步扩张、合并、兼并创造了条件。近年世界汽车工业的重组具有两大特点：一是跨国界、跨地区的重组与联合，特别是汽车工业先进国家间的重组，如西欧企业与美国企业、西欧企业与日本企业、美国企业与日本企业的重组等；二是集中在具有庞大规模的跨国公司之间的重组，重组的规模远远超过了以往的案例。

经过世纪交替时期的一轮轮兼并重组，世界汽车工业逐渐形成了“6+3”格局。其中，“6”指的是通用—菲亚特—铃木—富士重工—五十铃集团、福特—马自达—沃尔沃轿车集团、戴姆勒—克莱斯勒—三菱集团、丰田—大发—日野集团、大众集团、雷诺—日产—三星集团，“3”指的是本田、标致—雪铁龙（PSA）和宝马。9大公司的汽车年产销量占世界总量的比例约为95%。

随着金融危机带来的冲击，美国三大汽车公司陷入困境，排位靠前的三大汽车集团逐渐分崩离析，“6+3”格局又面临着重新划分，兼并重组仍将继续。

3. 我国汽车的现状

进入21世纪后，中国家庭用车市场的开启带来了中国汽车产业突飞猛进的发展，从2000年全国汽车生产跨越200万辆（207.7万辆），居全球排名第8位，到2013年中国汽车产销量超过2000万辆，跃居全球第一位，成为世界第一汽车产销大国。

目前，一汽、东风（东风汽车有限公司）、上汽（上海汽车集团股份有限公司）三大国有汽车集团成为中国汽车业的领头羊，广汽集团、长安集团、北汽集团、华晨集团、江铃集团、福汽集团、江淮集团成为中国汽车的集团军，南京菲亚特、浙江吉利、安徽奇瑞、深圳比亚迪等汽车企业在中国新兴的汽车市场中也发挥着重要作用。目前，中国汽车产业已经形成了包括美系、欧系、日韩系三大车系的主流车型和品牌，以及中华、比亚迪、长城、奇瑞、福田等众多自主品牌的多元化产业格局。2009 年起，中国开启了新能源汽车发展之路，确立了纯电动汽车和插电式混合动力汽车为主要技术路线的发展模式。新能源汽车企业，比亚迪、北汽福田、蔚来、小鹏、理想等，以及众多合资汽车新能源汽车企业的研发生产，使中国新能源汽车使用名列世界前列。新能源汽车为践行控制碳排放实现碳中和起到了积极的作用，体现了大国责任和担当。

二、汽车市场

在现代社会经济条件下，几乎所有的经济现象与经济活动都与市场有关，几乎所有经济方面的学科也都不同程度地涉及市场。那么“市场”具有怎样的含义呢？“汽车市场”又是怎样一个概念呢？

1. 市场的含义

市场是商品经济的产物，哪里有商品生产和商品交换，哪里就会有市场。因此，“市场”就成为人们使用最频繁的术语之一。“市场”一词最早是指买主与卖主聚集在一起的场所，就像现在的集贸市场，是一个集中交易的场所。

在现代社会里，商品交换渗透到社会生活各个层面，交易形式多种多样，人们不需要集中在一个固定场所传递买卖信息和实现交易，经济学家用“市场”这一术语来泛指一特定产品或某类产品进行交易的买主和卖主的集合，在这个集合中，从营销者角度简单看来，由于他们是商品的提供者，代表了卖主，所以市场就只有“需求”了，市场就成了某种商品的购买者和潜在购买者需求的总和。买者构成“市场”，而卖者构成“行业”（图1-4）。卖方把商品或服务通过某种渠道传送到市场；反过来，他们将收到市场反馈回来的货币和信息（消费者的态度、需求及销售资料等）。

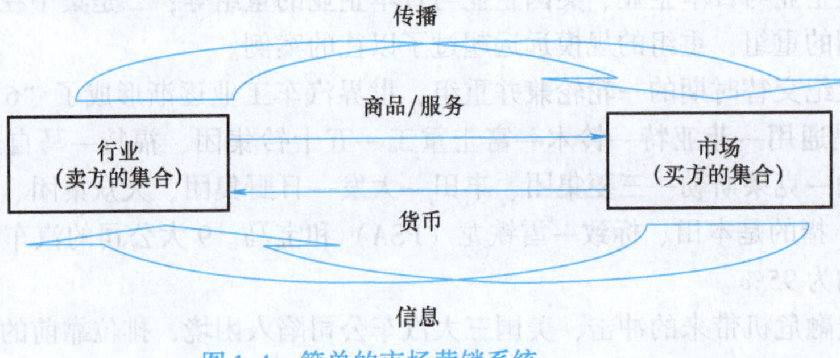

图 1-4　简单的市场营销系统

市场是商品经济的产物。市场是企业生产和经营活动的起点和终点，也是企业与外部环境进行联系、协调的媒介，又是企业生产经营活动成功与失败的最终评判者。

2. 市场要素

市场的形成必须要有人口、购买力和购买意愿三个要素的组合：

市场 = 人口 + 购买力 + 购买意愿

这三个要素相互制约，缺一不可，只有三者结合起来，才能构成市场。市场营销就是始终围绕这三个要素来进行的。

在现实交换经济活动中，卖主和买主的角色经常发生变动，对于任何一个社会中从事商品交易的经济个体或团体，往往既是卖主也是买主，如图1-5所示。整个现代经济活动由5个基本市场及它们相互间的交易活动组成：制造者在资源市场（原材料市场、劳动力市场、金融市场等）购买各种资源，然后把它们转变成产品和服务，再将其销售给中间商，由中间商把产品转售给消费者。消费者则出售自己的劳力，然后得到货币收入，以此来支付他们所购买的商品和服务价款。政府从资源制造商和中间商市场那里购买产品并付钱给他们，以及向这些市场征税。并且向市场提供各种必需的公共服务。由于每一个国家的社会分工及政府职能不同，社会经济活动中各市场组成的体系非常复杂，如政府直接掌控资源市场，以及制造者直接将商品销售给消费者等，但这些并不影响对市场活动的理解。

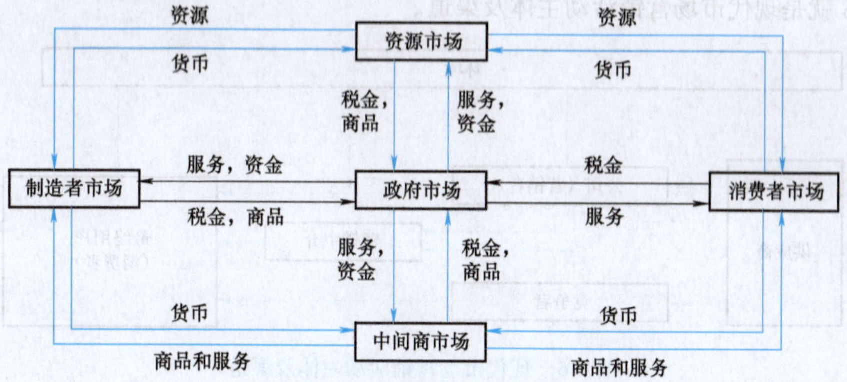

图1-5 现代交换经济的结构

在现代社会里，市场成为整个社会经济的主宰者，是社会经济的指挥棒和调节器，其作用大大地被加强了，人们对市场概念的理解和运用也丰富多彩了，在现代经济活动中，市场也可以具有更广泛的含义，它不仅仅是众多买主构成的集合，而且还包含商品交换过程中形成的多边、多向的网络体系和流通渠道。

3. 汽车市场的含义

汽车市场是由汽车厂商、汽车消费者和商品流通媒介共同组成，以汽车及其相关产品为交易对象的要素组合。从汽车营销研究的角度看，汽车市场是对消费者行为和市场要素的研究。汽车市场交易的商品包括新车、汽车配件和二手车，从广义上讲也包括了维修服务、汽车用品、汽车金融产品等，为了便于研究，在本书中讨论的汽车市场营销就是研究汽车供应商们以新车作为交易商品而采取的各种市场活动，活动主体包含两类群体：汽车供应商（有生产商、制造商或经销商、代销商等）、汽车消费者，而作为交易产品的新车则构成活动客体。

第二节 市场营销的含义和市场营销观念

一、市场营销的含义

营销无处不在。人们可以从电视、杂志、邮箱甚至网页上的广告中看到营销，也可以在步入商场时从排列有序的商品上看到营销，还可以在寻找或欣赏某种喜欢的品牌产品时看到营销。无论是在家里、工作单位还是在公共场所，营销无处不在。许多人认为营销就是推销和广告，因为他们每天被各种各样的广告、推销所包围。的确，营销就是围绕消费者而展开的，但市场营销活动不仅仅是消费者看到的和接触到的这些活动，还有更多的内容和过程。正是由于市场营销是围绕消费者展开的，对市场的研究往往也是从供应商的角度出发，因此，人们常常说的“汽车市场的大小”可以简单地认为是指汽车消费者的多少。究竟怎样的活动是市场营销？企业该如何开展市场营销呢？

市场营销是由英文单词“Marketing”转译而来。关于其具体解释和定义有多种说法，美国西北大学教授菲利普·科特勒（Philip Kotler）认为，市场营销简单地说就是以满足人类各种需要和欲望为目的，通过市场将潜在交换变为现实交换的活动。市场营销往往是指卖方的行为活动，这里的卖方可以是生产者、供应商，也可以是营销公司，还可以是营销中介。图 1-6 就是现代市场营销活动主体及渠道。

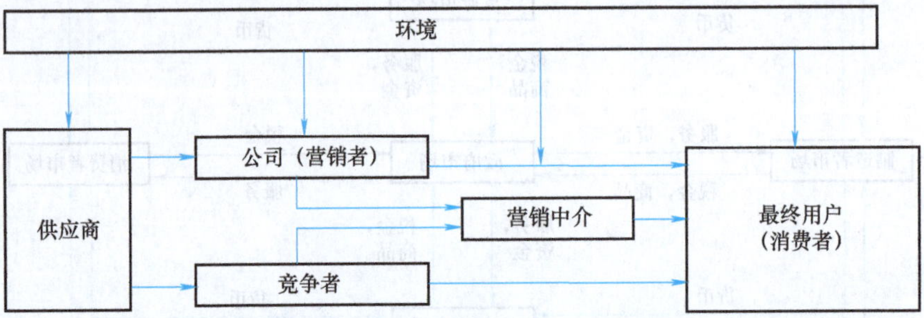

图 1-6　现代市场营销活动主体及渠道

二、市场营销观念

同样都是围绕消费者展开的营销活动，但是由于营销者对如何平衡供应商自身利益、社会利益及消费者利益的认识与倾向不同（这三种利益往往是相互冲突的），导致产生出不同的营销思想和营销观念。这些营销观念基本可以总结为五种营销观念：生产观念、产品观念、推销观念、市场营销观念及社会营销观念。其中，生产观念、产品观念及推销观念产生得较早，观念相对较落后，是目前许多第三世界国家的主要市场营销观念，而西方发达国家已经是市场营销观念和社会营销观念占主导地位。目前，我国正处于经济的快速成长期，汽车行业发展迅速，随着国际大公司不断进入中国市场，国外许多先进的汽车营销理念也随之进入中国，不断冲击和影响着国内经营者的观念和思想，形成多种营销观念并存的局面。

1. 生产观念

生产观念（Production Concept）的基本定义是：顾客会接受任何他能买到且买得起的产品。因此，供应商主要任务就是提高生产和渠道的效率，让顾客买得到，买得起。这种观念是最早的营销思想。

生产观念在两种情况下仍然适用：第一，供不应求时，供应商应该采取各种手段提高产量；第二，生产成本太高，并且需要提高生产效率来降低成本时。这种观念就是认为供应商只要供应得了，价格合适，客户就会购买。

这种观念的重心在于大量生产，降低成本，解决供不应求或买不起的问题，消费者的个性化需求与欲望并不被重视。因此，当产品供给超过需求，并呈现多样化时，以及消费者对产品产生不同层次的需求时，生产观念将不能成为有效的营销观念。

案例：

福特汽车：使汽车消费大众化

如今汽车已成为美国商业文化的重要组成部分。然而，在20世纪初，汽车在美国的生产量却非常有限，昂贵的汽车也只是少数人的特权。是谁让美国人进入汽车王国？是谁让汽车消费成为美国大众生活的重要内容？

20世纪初，汽车是由技术工人手工打造而成的，成本较高，因而价格难以下降，拥有汽车是地位的象征，是少数人的特权。亨利·福特（Henry Ford）认为，高价位妨碍市场开拓，福特的贡献在于他把汽车变成了普通商品。福特用大规模生产实现了这一点，他们创造了第一条汽车装配流水线，输送带系统的使用大大节省了工人时间，降低了成本与价格。

为了满足市场对汽车的大量需求，福特采用了当时颇具竞争力的营销战略，产品上只生产一种车型，即只生产T型车；只有一种颜色供选择，那就是黑色。黑色的T型车几乎就是那时汽车的代名词。这样做的好处是福特能以最终成本生产，用最低价格向消费者提供汽车。T型车几乎改变了日后美国人的生活方式，使美国变成了汽车王国。1908年冬天，T型车出厂后，美国人能以825美元的价格买到一部轻巧、有力、两级变速、容易驾驶的T型车。这种简单、坚固、实用的小汽车推出后，它的创造者福特欣喜若狂。广大中产阶级大大增加了对汽车的需求，而福特成了美国最大的汽车制造商。到1914年的时候，福特汽车占有美国一半的市场份额。

而到了20世纪20年代中期，随着美国经济的增长和人们收入、生活水平的提高，形势又发生了变化。公路四通八达，路面大大改善，马车时代坎坷、泥泞的路面已经消失，消费者也开始追求时髦。简陋而千篇一律的T型车虽价廉，但已不能招徕顾客，因此，福特T型车的销量开始下降。在20世纪20年代末期，福特在独霸廉价小汽车市场多年后，败给了对手通用汽车。通用汽车生产低价位的雪佛兰与福特竞争，除了具备福特没有的舒适感外，雪佛兰产品质量更好，更加迎合消费者追求时髦和口味的多样化。但福特太心爱他的T型车了，他固执不改变车型，后来售价下降到仅190美元。到1926年，T型车销售量大幅下降，福特不得不承认T型车时代的结束，1927年正式关闭了T型车生产线。后来，福特公司虽力挽狂澜，走出了困境，但却从此失去了车坛霸主的地位。

2. 产品观念

当产品供不应求的现象得到缓解，生产观念已经表现落后，产品观念应运而生。产品观念认为，在市场产品有选择的情况下，消费者会喜欢质量最优、性能最好和特点最多的产品，因此，供应商应该致力于制造质量优良的产品，并经常不断地加以改造提高。如果说生产观念是注重以量取胜的话，那么产品观念则表现为以质取胜。这种观念与生产观念一样，无视消费者的需求和欲望，所谓的优质产品往往是一群工程师在实验室里设计出来的，这些产品上市之前从来就能没有征求过消费者的意见。

案例：

20世纪30年代，美国以生产大型轿车著称，而且车越大利润越高，逐利的美国老板一味求大，从来没有碰过钉子。1957年丰田在美国开设第一家全资子公司，开始正式进入美国市场，陆续推出“丰田”“皇冠”“光冠”等系列车型，表现非常不理想，直至1966年，8年来丰田几乎一无所获，第一轮进军美国市场失败了。于是，丰田准备开始第二轮进军，首先，丰田展开大规模的市场调查，委托美国当地的专业市场调查公司访问大量的“大众”汽车的消费者，调查了美国特性、道路条件和顾客对物质生活用品的兴趣所在等几个方面，发现了美国市场由于需求趋势变化而出现的产销差距，终于，1966年10月，丰田推出了“花冠”，1967年进入美国市场，立即引起巨大的反响，销量直线上升，20世纪60年代后半期在美国的销量达到百万以上。

1973年10月，第四次中东战争爆发，阿拉伯石油输出国组织（OPEC）发出了原油产量削减25%的通告，石油价格上涨了近3倍，突如其来的石油危机给美国汽车工业以沉重的打击。1979年，第二次石油危机接踵而来，石油价格又一次大幅上涨，丰田充分利用这次机遇，发挥自己节能价廉的优势，当年在美国的市场占有率就达到了17%，1980年上升到24%。在日本车的冲击下，美国一些小厂损失惨重，纷纷倒闭，“美国汽车公司”依靠雷诺公司的追加投资才勉强维持生计，克莱斯勒公司处于破产的边缘。从此以后，丰田登上了世界第二的宝座。日本通产省认为，日本车的成功主要是由于美国车厂对于美国汽车市场偏好小型车的快速变化没能及时做出反应所致。美国通用汽车公司总裁就曾说过：“在消费者没有见到汽车之前，他们怎么会知道需要什么样的汽车呢？”这种典型的产品观念无疑使通用在日本车进入美国市场时的较量中丧失了机会：石油价格飞涨时期，美国设计师们仍然忙于如何把车做得更长，如何设计更多闪闪发光的镀件，如何设计更大排量的汽车，完全不顾消费者的使用成本和产品需求的变化。

产品观念与生产观念类似，同样不能脱离具体条件，如果产品确实有市场，但因质量太差而影响销路，供应商坚持这种质量第一的观念就会大有作为。但是，其他因素不能满足顾客需要，即使质量再好的产品也不会畅销。在现代市场经济高度发达的条件下，这种生产观念也是不适宜的。因为现代市场需求的层次是不断提高的，能够更好地满足市场需求的产品层出不穷，如果供应商的产品不能及时满足市场的更高要求，质量再好的老产品也不可能持久地占领市场。

3. 推销观念

推销观念产生于20世纪30年代初期，西方主要工业国家经济持续发展，使大批产品供过于求，销售困难，卖方竞争加剧，生产供应商面临的问题不是如何扩大生产规模和提高生产率，而是生产销路的问题，因而推销技术特别受到供应商的重视，并逐步形成了一种推销经营哲学。其基本理念是：供应商经营中的工作不再是生产问题，而是销售问题。抓销售就必须大力施展推销和促销技术，激发顾客的购买兴趣，强化购买欲望，努力扩大销售。促销的基本手段就是广告和人员推销。

推销观念以推销为重点，通过开拓市场，扩大销售来获利。从生产中心观念转变为推销导向是指导思想上前进了一大步，但它基本上仍没有脱离以生产为中心，“以产定销”的范畴。因为，它只是注重对既定产品的推销，至于顾客需要什么，以及购买产品后是否满意等问题，则未给予足够的重视。因此，在经济进一步发展、产品更加丰富、竞争更加激烈的条件下，推销观念就不合时宜了。但推销观念为后来市场营销观念的形成奠定了基础，正是由于推销人员和营销管理人员发现只是针对既定产品的推销的效果越来越有限，才转为对市场需要予以足够重视和加以研究，并将营销活动视作供应商经营的综合活动（不是单项活动）。

4. 市场营销观念

随着生产力与科学技术的迅速发展，缩短了产品更新换代的周期，市场产品日新月异，供应量大大增加；人民生活水平提高，使市场需求变化日益加快；产品供大于求，市场由卖方市场变为买方市场；供应商的产品由以往的地区性销售发展到全国，甚至国际性行销，国内外供应商的市场竞争更加激烈，不少供应商的产品虽经推销，但销量仍下降，失去市场份额，影响供应商的生存和发展。因此，很多供应商在形势逼迫下逐渐领悟到生产必须适应环境的变化，满足顾客需求，以增强自身在市场上的竞争力，求得生存和发展。从而，供应商不得不改变过去的营销观念，转变和接受市场营销观念。

市场营销观念或市场主导观念是一种全新的经营哲学，它是一种以顾客需要为导向、一切从顾客出发的观念。它把供应商的生产经营活动看作一个努力理解和不断满足顾客需要的过程，不仅仅是生产或销售产品的过程；是“发现需要并设法满足之”，而不是“将产品制造出来并设法推销之”的过程；是“制造适销对路的产品”，而不是“推销已经制造出来的产品”的过程。因此，市场营销观念是在推销观念的基础上发展过来的，首次将满足消费者的需求和欲望提高到指导供应商经营活动的层面上，“顾客至上”“顾客永远正确”等口号成为现代供应商的座右铭。

案例：

通用汽车公司战胜福特汽车公司就是因为关注到消费者的需求和欲望的变化而取得了战略性胜利。随着时间的推移，当福特千篇一律的T型车已经为人们所厌倦时，通用汽车公司发现，此时的美国已产生第二代驾车族。他们多数是由年轻人组成的，他们更喜欢色彩鲜艳、富有激情的汽车，不同的人由于地位不同、职业不同、个性爱好不同而需求不同，因此，通用汽车公司专门成立了“产品政策研究特别委员会”，下设“色彩与美术部”专门研究设计满足不同个性消费者需求的汽车颜色，成功推出的五彩缤纷的雪佛兰汽车让人们眼前一亮，迅速成了福特T型车的替代者。“一切从顾客出发”的观念帮助通用汽车公司成为当时汽车业的霸主。

5. 社会营销观念

在市场营销观念得到西方工商界广泛接受以后，最近十余年来，人们开始对市场营销观念持怀疑态度。人们对市场营销观念的主要批评是：尽管一个公司的最大利益的获取是建立在极大地满足顾客的基础上的，但是该公司很可能在满足自己的顾客和追求自己最大利益的同时损害他人及社会的利益。汽车在给人们带来巨大的便利的同时，其尾气排放成为一大公害。世界多国政府积极推行、各汽车企业积极相应研发纯电动汽车、氢燃料电池汽车等新能源汽车正是体现了关注社会、维护环境这一社会营销观念。中国政府积极实施新能源汽车发展战略，近年又制订了氢燃料电池汽车发展战略，引导汽车企业走绿色发展之路，造福人类社会。

事实上，社会营销观念是在市场营销观念的基础上增加了对社会的关注，将整体社会的利益与供应商的自身利益结合起来，把自己的短期行为与长期利益结合起来。一个以市场营销观念为自己指导思想的供应商，在满足自己目标市场需求的同时，应该考虑到自己的长期利益目标和竞争战略，把用户利益和社会利益同时纳入自己的决策系统，关注供应商的社会形象和社会地位。这种观念指导供应商在关注经济效益的同时也要关注社会效益。只有这样，这个供应商才会得到社会的认可，从而永久立于不败之地。汽车供应商往往是将支持环保作为他们取得社会认可和社会赞誉的最佳途径。

资料：

近年来，中国以火箭般的速度由单纯的汽车制造基地转变为巨大的汽车消费市场。来自世界各地的汽车商人瞄准中国消费市场发动一轮又一轮的冲锋。但在中国汽车业高速发展的背后，尾气排放引发环境污染、能源消费吃紧的苗头也逐渐显现。

当刺激的价格战不再是影响消费者购买决策的唯一途径，品牌的魅力便发挥着越来越大的作用。政策倾向、消费者环保意识增强、中国新能源汽车市场的商机日见明显，这些因素都促使国际汽车制造商纷纷在中国市场发动以环保为重点诉求的品牌攻势。

丰田展开“环保之旅”

尽管不是最早提出环保理念的汽车制造厂商，但在品牌的环保宣传方面，日本丰田汽车早就展开了品牌“环保之旅”，成为世界汽车环保意识觉醒的受益者。

宣称“没有环保就没有汽车的未来”的丰田汽车公司，自2004年起开始推广“今天、明天、丰田（Today，Tomorrow，TOYOTA）”系列广告。该广告以开阔的绿色环境中飞驰的车影，以及与蓝天、白云、草地融为一体的汽车等场景，直接体现其产品的环保特征。

同时，丰田与中国汽车技术研究中心联手，开展关于混合动力车的研究活动，探讨将混合动力车引进中国的问题。丰田希望通过合作，提高在中国销售混合动力车的可能性。据悉，丰田公司新款混合动力轿车普锐斯（Prius）已进入中国市场并在中国生产。

专家分析，混合动力车有可能成为未来国内销售的主要车型，而蛰伏着的丰田正是看准了中国新能源汽车市场的巨大商机。

大众力推“D”文化

柴油车技术不仅是德国大众在汽车环保研发中着重研究的核心，也是其进行品牌推广的利器。当下，大众正积极地在中国推行其品牌的“D”文化，即柴油机文化。

大众轿车品牌是最早推出多款柴油轿车并进行市场培育的国际汽车品牌。一汽—大众先是推出安装柴油发动机的捷达SDI，开始在中国市场破冰；随后又派出宝来TDI大张旗鼓地宣传柴油轿车众多的环保优点；接着是奥迪A6柴油版继续探路；柴油版高尔夫和柴油版Polo也在其合资供应商的生产计划之中。

据悉，大众还参与了国家环保部的《柴油车排放污染控制技术政策》研究工作，为其在中国的发展赢得技术上的空间。

专家认为，中国可能成为未来世界上最大的柴油车市场。依靠大众在国际柴油轿车领域的领先地位，加之在中国市场的捷足先登，如果中国消费者能够接受柴油轿车，大众至少可以占据50%的份额。

通用绘制“氢”蓝图

众所周知，通用的主攻方向是氢燃料电池车的研发。通用以“环保动力先锋”的品牌标签竭力向中国消费者绘制“氢经济”时代的交通系统。

2003 年，通用汽车全球范围内规模最大的一次高新科技巡展——2003 能源动力高新科技全球巡展活动在北京开展，首次全面地向中国观众展现其在新能源、新动力利用方面的近期、中期和远期的研发成果、目标及战略。通用研发的未来轿车“氢动 3 号”燃料电池车也在北京长城亮相。

近年美国通用公司和上汽通用联手研究向中国市场推出混合动力车，迄今已有 4 款新能源汽车面世。

汽车环保意识的提升使得中国消费者对一个汽车品牌代表的环保内涵有了更高的期待。人们更愿意看到，汽车制造商这个汽车环保系统中的一员，对汽车环保的承诺不止是在树立、推广品牌方面，而是以市场实际为基础，持之以恒地将汽车环保进行到底，让更科学的、实际使用功能更好的环保汽车走进中国寻常百姓的生活。

汽车市场营销观念代表的是汽车制造商决策者对汽车市场的根本态度和看法，是指导制造商开展或决定一切经营活动的出发点，因此，汽车市场营销观念的正确与否直接影响汽车供应企业的兴衰。随着社会的不断进步，市场竞争也不断发生着变化，市场营销观念也不断发生着变化。由于制造商决策者的更替等因素，也会导致制造商营销观念发生变化，从而导致企业向不同的方向发展，就像前面讲述的各个案例中，通用汽车公司历任总裁的观念是不同的，企业的发展也是不同的。

第三节 市场营销要素和市场营销组合

一、营销要素

市场营销活动是指供应商采取的经营活动，是为了满足顾客需求，促进市场交易而运用的各种市场营销手段。这些手段多种多样，是供应商能自主决定的营销手段，并且在促进交易和满足顾客需求中发挥着不同的作用。为了便于分析和运用各种供应商可控制的市场营销手段，美国市场营销学家麦肯锡把各种市场营销手段归纳为四大类营销要素：产品（Product）、价格（Price）、渠道（Place）、促销（Promotion）。这几个词的英文字头都是 P，故称 4Ps。因此，目前大多数对市场营销的研究就是如何使顾客在合适的地点以其可接受的价格获得其需求的产品，研究中许多基本原理和内容都是围绕着这四个营销要素展开的（图 1-7）。由于这四个营销要素是供应商能自主决定的营销手段，故称可控制因素。

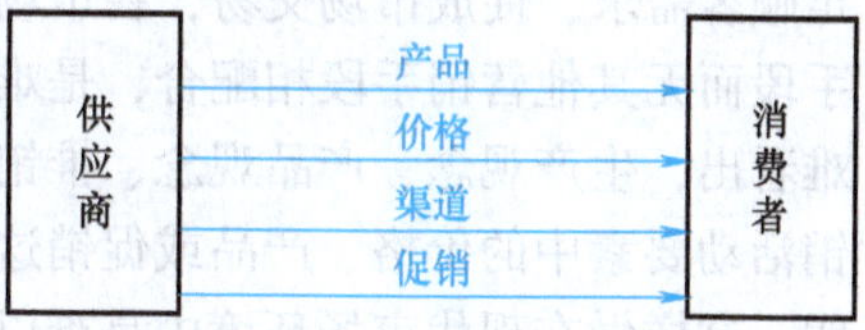

图 1-7 营销要素

产品、价格、渠道、促销这四个营销要素是对各种营销手段的高度归纳，每个要素还包含有若干特定的子因素（或称变量），从而在4Ps组合下又形成每个因素的次组合。对汽车市场营销而言：

1）产品。产品主要是指生产商（或供应商）生产什么样的产品——汽车。生产商（或供应商）通过处理和调查顾客的需要和欲望，设计能满足他们的产品。它包括汽车的功能、型号、外观、式样、体积、颜色、品牌、性能、商标、服务、质量保证等子因素。这些子因素的组合构成了产品组合要素。

2）价格。价格主要是指生产商（或供应商）对汽车如何定价。生产商（或供应商）通过处理和调查顾客的购买能力和购买习惯，并确定他们接受的价格及方式。它包括基本价格、折扣、返利、付款时间、信贷条件等，这些构成了价格组合要素。顾客关心的是在一场交易中获得的价值。价格常被用来作为竞争的手段。激烈的价格竞争有时导致价格大战，但高价也会被用来建立产品的形象。

3）渠道。渠道主要是指生产商（或供应商）通过怎样的渠道和过程将汽车送达到消费者手中，包括销售渠道、储存设施、运输、存货控制等，这些构成了渠道组合要素。为了满足顾客的需要，产品必须出现在合适的时间和便捷的地点。在处理营销渠道因素时，供应商要使市面上的产品的数量尽可能地满足目标市场的顾客需要，同时也要把存货、运输和仓储的总体成本降至最低。

4）促销。促销主要是指生产商（或供应商）采取什么样的方式让消费者知晓并了解其销售的汽车，激发消费者的购买欲，促进交易达成，包括人员推销、广告、公共关系、营业推广、售后服务等，这些构成了促销组合要素。

以上这些子因素中，某些子因素尚可进一步细分。例如，质量可分为高、中、低三个档次；价格也可分为高、中、低三种价格；广告按其所用媒体不同，可分为报刊、电视、广播、橱窗广告等多种。所以，市场营销组合有许多种组合形式，其组合数目非常大，而且只要其中某一个因素发生变化，就会出现一个新的组合。因此，市场营销活动需要科学性和艺术性紧密结合，供应商在选择市场营销因素组合时，必须要通过对环境的客观分析及对消费者需求的深刻理解，根据自身的具体情况进行可行性选择。营销因素不能选择得太多、太复杂，否则随着市场营销因素的增多，经过排列组合，可采取的市场营销组合数量会大大增加，供应商的资金将会被分散，同时也是对管理水平提出了较高的要求。因此，盲目过多地选择市场营销组合要素是不现实的，也是毫无意义的。

二、市场营销组合

在现代市场营销活动的实践中，由于市场竞争激烈，营销手段层出不穷，供应商为了满足顾客需求，促成市场交易，在市场上获得成功，达到预期的经营目标，仅仅运用一种营销手段而无其他营销手段相配合，是难以获得成功的。从前面介绍过的五种主要营销观念中不难看出，生产观念、产品观念、推销观念是比较初级的营销观念，这些观念分别只是强调营销活动要素中的价格、产品或促销这些单一要素，而忽视将几种要素组合起来运用，事实证明，这样做在现代市场环境中是难以获得成功的。因此，供应商必须综合利用各种可控制的营销手段，将这些营销手段进行整体组合，使其互相配合，从不同角度发挥最佳作用，这样才可能获得成功。市场营销组合也就是将产品、价格、渠道、促销这四个最基本的营销要素进行适当组合与搭配，从不同角度发挥其最佳作用，从而达到经营目标。市场营销组合体现

供应商的市场营销观念指导下的整体营销思想。

产品、价格、渠道和促销是市场营销过程中可以控制的因素，也是供应商进行市场营销活动的主要手段。通过对它们的具体运用，形成了供应商的市场营销战略。它们之间不是彼此分离的关系，而是相互依存、相互影响和相互制约的关系。而且，这些手段不能脱离目标市场需求及营销环境，营销环境包括竞争、经济、政治、法律法规、技术和社会文化力量，这些因素难以被企业控制，但会对消费者构成很大影响。因此，在营销过程中，供应商必须从目标市场需求和市场营销环境的特点出发，根据供应商的资源条件和优势，综合运用各种市场营销手段，形成统一的、配套的市场营销战略，使他们发挥整体效应，争取最佳的效果和作用。图 1-8 所示为营销组合变量与营销环境，图 1-9 所示为营销组合要素分解图。

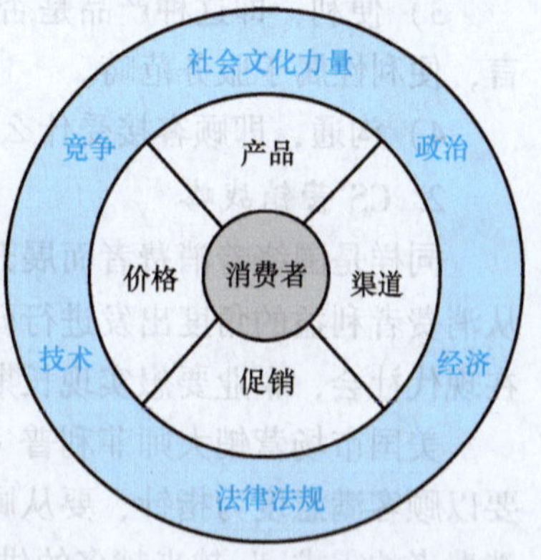

图 1-8　营销组合变量与营销环境

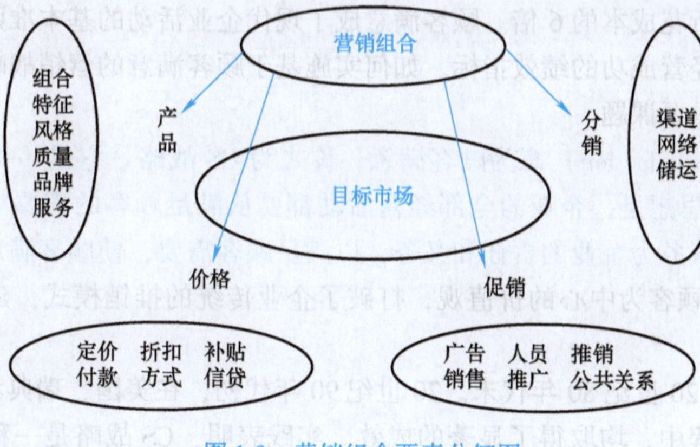

图 1-9　营销组合要素分解图

三、现代营销组合趋势

1. 4Cs 营销组合

4Ps 是站在供应商的角度进行研究的，其目的是用于指导供应商在其营销观念的指导下如何实现成功的市场营销活动。应该注意到，一切营销活动都是围绕消费者展开的，消费者是起支配作用的一方，那到底是什么因素促使消费者产生购买行为呢？只有分析研究清楚了消费者购买行为的决定因素，供应商的营销组合才会有方向性，才会合理有效。罗伯特·劳特伯恩强调每一营销工具应从顾客出发，为顾客提供利益。所以，他提出了与 4Ps 相对应的顾客 4Cs：顾客需要与欲望（Customers and Wishes）、费用（Cost）、便利（Convenience）和沟通（Communication），由于这四个词第一个字母都是“C”，因此，称之为 4Cs。这 4Cs 具体的内涵是：

1）顾客需要与欲望，即顾客需要什么样的产品。

2）费用，即顾客为获取这一产品能承受多少费用。

3）便利，即这种产品是否容易买到？它有多少销售网点？提供什么服务？就顾客而言，便利性属于服务范畴。

4）沟通，即顾客接受什么样的信息交流方式。

2. CS 营销战略

同样是围绕着消费者而展开的营销活动，4Ps 是站在供应商的角度进行研究的，4Cs 是从消费者利益的角度出发进行研究的，但是，现代营销学者们发现仅仅是这样还是不够的，在现代社会，企业要想实现长期发展，赢得长期顾客，还需要创造顾客满意。

美国市场营销大师菲利普·科特勒在《营销管理》一书中指出："企业的整个经营活动要以顾客满意度为指针，要从顾客角度，用顾客的观点而非企业自身利益的观点来分析考虑消费者的需求。"越来越多的供应商发现一个满意的顾客会：购买的产品更多和对产品"忠诚"更久；听从公司介绍购买附加产品和对产品升级换代；为公司和产品说好话；忽视竞争品牌和广告，对低价也不敏感；向公司提出产品或服务的建议；由于交易规范化而比新顾客降低了服务成本。另据美国汽车业的调查，一个满意的顾客会引发 8 笔潜在生意，其中至少有 1 笔成交，一个不满意的顾客会影响 25 个人的购买意愿。争取一位新顾客所花的成本是保住一位老顾客所花成本的 6 倍。顾客满意成了现代企业活动的基本准则，越来越多的企业把顾客满意作为经营成功的绩效指标。如何实施基于顾客满意的营销战略，已成为现代企业市场竞争的一个重要课题。

CS（Customer Satisfaction）意为顾客满意，称之为 CS 战略。它是一种新的营销管理战略。CS 战略的指导思想是，企业的全部经营活动都要从满足顾客的需要出发，以提供满足顾客需要的产品或服务为企业的责任和义务，以满足顾客需要，使顾客满意为企业的经营目的。CS 战略强调以顾客为中心的价值观，打破了企业传统的推销模式，建立起一种全新的顾客满意营销导向。

CS 战略始创于 20 世纪 80 年代末。20 世纪 90 年代初，在美国、瑞典和日本等国家的一些先进企业实施过程中，均取得了显著的成效。实践表明，CS 战略是一种行之有效的现代企业经营战略。它以顾客为中心的价值观，更适合现代市场的营销理念；它以顾客需求为导向，通过顾客满意系统的运行，赢得忠诚满意的顾客群。CS 战略与传统的经营战略的最大区别在于对待顾客的态度不同。前者尊重顾客并站在顾客角度审视企业的经营活动，传统的经营战略更多考虑的是如何卖东西给顾客而很少关注顾客的情感消费。当今世界一场深刻的 CS 革命正在到来，因为它根植于这样一个浅显的道理：在现代市场竞争中，使顾客满意的企业是不可战胜的。保持顾客满意是企业经营活动的基本准则，CS 战略是现代企业制胜的关键。

因此，供应商在进行市场营销战略规划时，不仅仅要考虑到如何满足顾客的需求，还要考虑如何实现客户满意，进行合理有效地营销组合策略。具体该如何选择营销组合策略，在本书后面将详细分析。此外，必须指出的是，市场营销组合不是固定不变的静态组合，而是经常变化的动态组合。供应商应善于动态地使用可以控制的市场营销因素，制订市场营销组合策略，以适应外部不可控因素的变化，在市场上争取主动，从而提高市场竞争力，使供应商能更好地生存和发展。

本章小结

本章作为汽车营销理论和方法的概述，主要阐述了汽车产业的发展和市场及市场营销观念的演变。主要知识点包括：汽车及汽车市场的形成，中国汽车的发展和产业格局，车系的划分及特点，市场的概念及组成要素，市场营销及其营销组合，以及市场营销观念的演进和发展。

本章内容	知识点	核心知识
汽车	汽车的定义	四轮及以上、动力驱动、载人载货
	美系车辆	宽大、舒适、动力强劲
	欧系车辆	精湛、典雅、多样
	日韩系车辆	精细、经济、时尚
汽车市场	市场的含义与构成要素	人口＋购买力＋购买意愿
	世界汽车市场的格局	“6＋3”格局
	中国汽车市场的发展	四个阶段
市场营销	市场营销的含义	创造和满足顾客需要的过程
	市场营销观念的演变	五个阶段
	市场营销的要素及其组合	4Ps
	现代市场营销组合趋势	4Cs，CS

复习思考题

1. 什么是汽车？汽车（轿车）的车系如何划分？
2. 什么是市场和市场营销？两者有什么关系？
3. 推销与营销有何区别？
4. 试述市场营销观念的演变和发展过程。

实践练习题

1. 分组查找中国主要汽车集团图谱，了解其内在关系，并了解其主要车型品牌。
2. 每组就其所查找的车型和品牌内容进行宣讲交流。
3. 收集国内汽车企业的营销案例，说明其体现的营销观念。
4. 收集中国三个2021年新能源汽车产量最大的企业，了解其发展之路，感受中国企业在减少碳排放方面企业所做的努力。

第二章

汽车市场营销战略与营销策划

学习目标

理论要求：

1. 掌握常用的营销战略研究工具和方法。
2. 了解如何根据企业的市场竞争角色去选择合适的营销战略。
3. 熟悉营销策划常用的方法和技巧，并掌握如何编写营销策划书。

实践要求

1. 具备使用 SWOT 分析方法进行战略分析的能力。
2. 具备编写营销策划书的能力。

营销战略的正确与否，直接影响到企业的生存和发展，汽车企业在市场活动中应对其发展制订出相应的正确的营销战略，以确保企业能够向正确的目标进发并保持其长期稳定的发展。同时，市场营销既是一门科学也是一门艺术，在科学理论的基础上，可以极大地发挥人们的灵感和创造力，因此，在确定了企业战略目标之后，如何去实现它，就需要严密而富有创造性地策划。一个成功的策划可以使汽车企业实现质的飞跃。

第一节　企业市场营销战略分析

一个成功的企业想要在动态的环境中生存和发展，就必须积极、主动地适应不断变化的市场，不仅要善于吸引顾客，满足顾客欲望，还要善于引导顾客消费，树立良好的社会形象，培养忠实的品牌追随者。战略规划是企业面对激烈变化、严峻挑战的环境及市场，为长期生存和发展而进行的计划和思考，是事关企业大局的科学规划，是市场营销管理的指导方针。企业在不了解市场环境的前提下就盲目地毫无计划地进入市场，往往不能获得成功。韩愈曾说过：“凡事预则立，不预则废。”苏格兰也有这样一句类似的谚语：当你航海时不知道风向，任何方向的风都是逆风。这些讲的都是战略和计划的重要性。

一、企业战略

企业战略是指企业在现代市场经营观念的指导下，为实现企业经营目标，对企业发展的总体设想和规划。其目的是使企业的规模结构、资源特长和经营目标在可以接受的风险限度内，与市场环境所提供的各种机会保持动态平衡，求得企业持续、稳定、高效的发展。

菲利普·科特勒认为：“当一个组织清楚其目的和目标时，它就知道今后要往哪去。问题是如何通过最好的路线到达那里。公司需要有一个达到其目标的全盘的、总的计划，这叫战略。”

企业战略因涉及的层面和范围不同，分为企业总体战略、营销战略和职能战略。

企业总体战略又称公司战略，是企业最高层次的战略，它需要根据企业使命，选择企业参与竞争的业务领域，合理配置企业资源，使各项经营业务相互支持、相互协调。企业总体战略的任务主要是回答企业应该在哪些领域进行活动，经营范围选择和资源合理配置是其中的重要内容。企业总体战略是企业高层负责制订、落实的基本战略。

营销战略是指企业确定的在将来的某一个时期希望达到的经营活动目标，以及为了实现这一目标而预先制订的行动方案，它是当今企业在市场竞争中最为广泛关注的一项创意性营销活动。营销战略是企业战略管理的一个重要组成部分，是企业的灵魂。科学、严谨和可行的营销战略对企业的生存和发展具有重要意义。

1）营销战略有利于企业明确自己的发展方向，从全局出发考虑问题，充分、全面地利用各种资源，减少企业活动的盲目性。营销战略使汽车企业的各个部门、各个营销环节按照统一的目标运行，为企业实现整个营销战略活动做好相应的保障。

2）营销战略可以促使企业决策者创造良好的管理环境，加强企业人员的沟通、协调和配合，为企业树立良好形象、实现经营目标创造必要条件。

3）营销战略有利于企业主动适应不断变化的营销环境，按照既定的目标稳步前进。

案例：

丰田汽车进入美国的战略选择

20世纪70年代，美国汽油价格的上升影响了人们对小型汽车的需求。当时，汽油价格有两次暴涨：一次是1973年，石油输出国组织（OPEC）对美国实行禁运；另一次是1979年，伊朗的石油供应瘫痪。汽油价格从1973年的每加仑⊖0.27美元攀升至1981年的每加仑1.40美元。汽油价格的变化，给美国汽车消费者的使用成本带来变化，也就给微型汽车带来机遇，给大排量汽车带来了威胁：第一次油价上涨后的几年里，每年销售2000万辆大型汽车、2800万辆微型汽车和2300万辆准微型汽车。到了1985年，这一比例有了很大的变化，该年度只出售了1500万辆大型汽车，比20世纪70年代中期有了大幅下降。准微型汽车相对不变，为2200万辆，而微型汽车的销量上升到3700万辆。丰田汽车就是利用这次机遇成功地进入美国市场，同时这次石油涨价对美国传统的大排量车的销售构成很大威胁，造成很大的冲击。

二、汽车企业市场营销战略的制订

企业的总体战略计划设定了公司的整体使命和目标。在各个业务单位中，营销战略在帮助实现整体战略目标也起着重要的作用。图2-1展示了营销在组织中的角色和活动，这幅图涵盖了整个营销过程和影响公司营销战略的因素。

⊖　1UKgal（英加仑）=4.54609L。
1USgal（美加仑）=3.78541L。

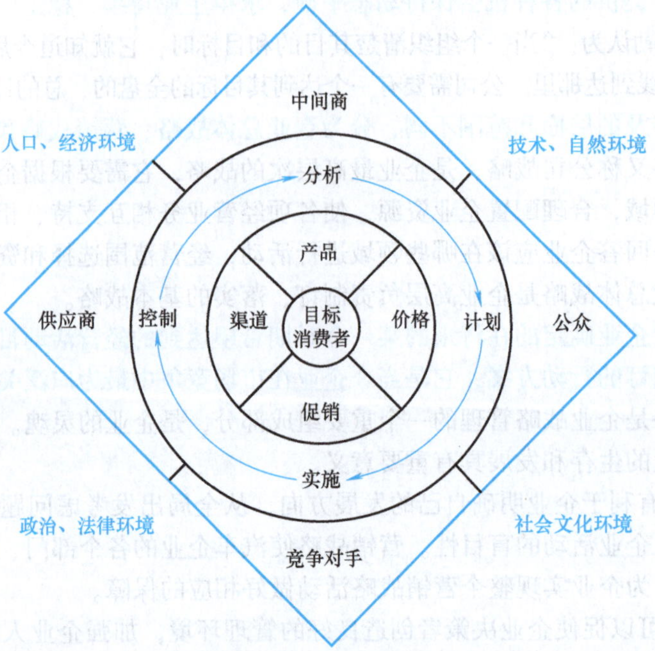

图 2-1　影响公司营销战略的因素

目标消费者居于中心，公司的目标就是与其消费者建立牢固且有利可图的关系。因此，公司首先要观察并分析营销环境，发现市场机会和威胁，结合自身优势和劣势，选择最具前景的市场或子市场作为企业的目标消费者，然后集中力量重点为这些子市场服务并满足其需要。公司进而设计出由产品、价格、渠道和促销这几个由公司可以控制的因素所构成的营销组合。在整个制订好的营销组合方案并付诸实施的过程中，公司致力于对整个营销活动进行分析、计划、实施和控制。

1. SWOT 分析法

SWOT（优势 Strengths、劣势 Weaknesses、机会 Opportunities、威胁 Threats）分析方法主要通过对营销环境进行全面分析，提出较为全面的营销战略。这种分析方法往往运用于业务部门的营销战略分析。营销环境分为外部营销环境和内部营销环境。其中，外部营销环境由竞争、经济、法律、政治、技术及社会文化力量构成，它不断地给市场和企业带来机会和威胁，影响着市场活动；内部营销环境由企业自身的营销、财务、制造和组织能力决定，由于每个企业的资源条件及其自身能力均不相同，在目前现代竞争环境中，存在着相对的优势和劣势。因此，对营销环境的分析就是通过对环境的观察和检测，研究发现外部环境将带来的机会和威胁，并确定企业自身在竞争环境中的优劣势。

（1）外部环境的机会和威胁分析　菲利普·科特勒认为，机会是指一个公司通过工作能够赢利的需求领域。而威胁则是指一种不利的发展趋势所形成的挑战，如果缺乏果断的营销行动，这种不利趋势将会侵蚀公司的销售或利润。

一般情况下，在信息处理时，人们往往按这些机会带来营销成功的概率高低及其吸引力来进行分类，其中，公司在每一个特定机会中成功的概率不仅仅取决于它的业务实力是否与该行业成功所需的条件相符合，还取决于业务力量是否超过其竞争对手的业务力量。而环境威胁则按照威胁的严重性和发生的概率进行分类。机会与威胁矩阵如图 2-2 所示。

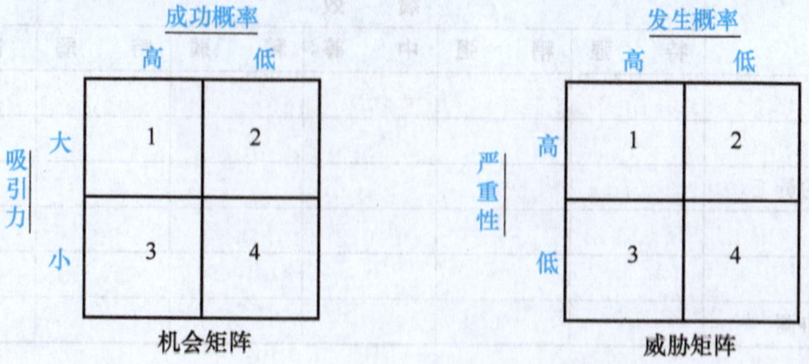

图 2-2　机会与威胁矩阵

在分析机会时，往往将它列为企业营销目标的重要选择因素；而面对可能的威胁时，往往需要制订出相应的应变计划。

（2）内部环境的优劣势分析　分析企业内部优劣势往往是从其营销能力、财务能力、制造能力及组织能力等几个角度进行评估分析的（表 2-1）。显而易见，所谓的优劣势是相对而言的，没有对比对象，也就无法进行优劣势分析对比。在进行优劣势分析时，对比对象可以是目标竞争对手，也可以是行业平均水平状态等。

表 2-1　内部环境优劣势分析

评估项目	绩效					重要性		
	特强	稍强	中等	稍弱	特弱	高	中	低
营销能力								
1. 公司信誉								
2. 市场份额								
3. 产品质量								
4. 服务质量								
5. 定价效果								
6. 分销效果								
7. 促销效果								
8. 销售员效果								
9. 创新效果								
10. 地理覆盖区域								
财务能力								
11. 资金成本/来源								
12. 现金流量								
13. 资金稳定								
制造能力								
14. 设备								
15. 规模经济								
16. 生产能力								
17. 甘愿奉献的劳动力								
18. 按时交货的能力								
19. 技术和制造工艺								

（续）

评估项目	绩效					重要性		
	特强	稍强	中等	稍弱	特弱	高	中	低
组织能力								
20. 有远见的领导								
21. 具有奉献精神的员工								
22. 创业导向								
23. 弹性/适应能力								
24. 组织内部沟通协调								

必须说明的是，企业不应该纠正自身所有的劣势，因为纠正劣势往往需要付出代价；同样，也不是所有的优势都必须在每一次战略分析中加以利用。优势和劣势是动态的，有些优势通过企业稍加努力便可获得，并能产生很好的效益，因此，在分析企业内部环境优劣势时，企业也应该考虑到一些可变化的因素。

（3）SWOT 分析　图 2-3 是 SWOT 分析的战略组合。

外部分析 / 内部分析	机会（O）： 1. 2.	威胁（T）： 1. 2.
优势（S）： 1. 2.	SO战略： 1. 2.	ST战略： 1. 2.
劣势（W）： 1. 2.	WO战略： 1. 2.	WT战略： 1. 2.

图 2-3　SWOT 分析的战略组合

SO 战略，即优势机会战略，根据企业即将面临的环境机遇，提出如何充分发挥自身优势的战略。

ST 战略，即优势威胁战略，企业依托自身优势提出如何克服环境带来威胁的战略，甚至利用环境威胁战胜竞争对手的战略。

WO 战略，即劣势机会战略，企业利用环境发展机遇提出如何克服自身劣势的发展战略。

WT 战略，即劣势威胁战略，企业克服自身劣势的同时提出如何规避外部风险及威胁的战略。

在分析研究中，SO 战略、ST 战略、WO 战略及 WT 战略是相对独立的，但是有可能战略选择结论却彼此是一样的或矛盾的，因此，必须进行归纳总结，合并相同的战略，调整或取舍相互矛盾的战略，企业再确定最终具体的战略目标。很少有企业仅仅只追求一个目标，一般都是几个目标的组合。

案例：

中国汽车行业的 SWOT 分析如图 2-4 所示。

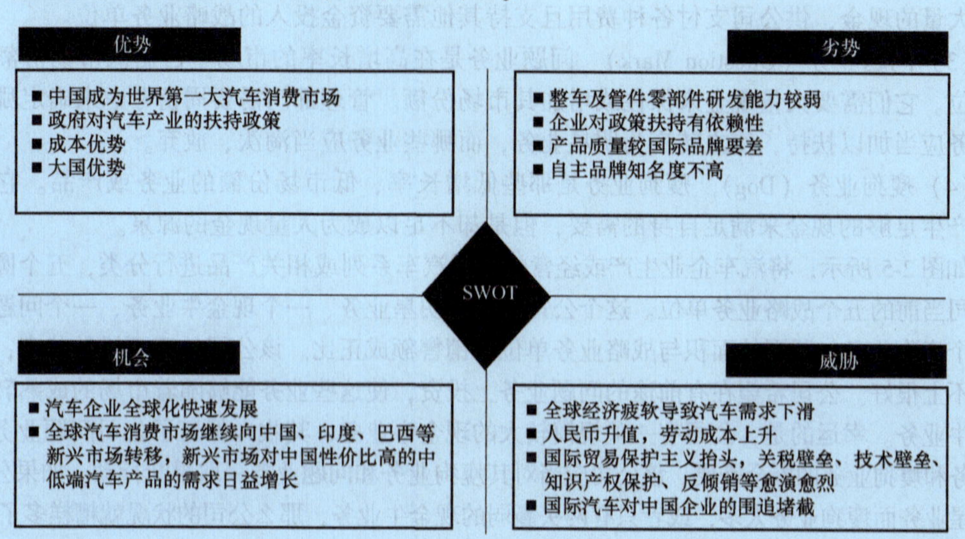

图 2-4　中国汽车行业的 SWOT 分析

2. 波士顿矩阵分析法

波士顿矩阵（Boston Consulting Group，BCG）分析法是帮助一个公司将自己目前所有的业务单位进行分类分析，通过研究其所在的细分市场的吸引力与其在该市场的实力和地位，决定采取不同的战略方法。这主要是对公司已有业务的分析、取舍和调整的战略研究方法。这种方法常用于对企业战略的研究。如图 2-5 所示，波士顿矩阵将所有的战略业务单位进行分类。在纵轴上，市场增长率用来度量市场的吸引力；在横轴上，相对市场份额用来衡量公司在市场中的实力和地位。通过图示的方法对波士顿矩阵进行划分，可以区分出以下四种类型的战略业务单位：

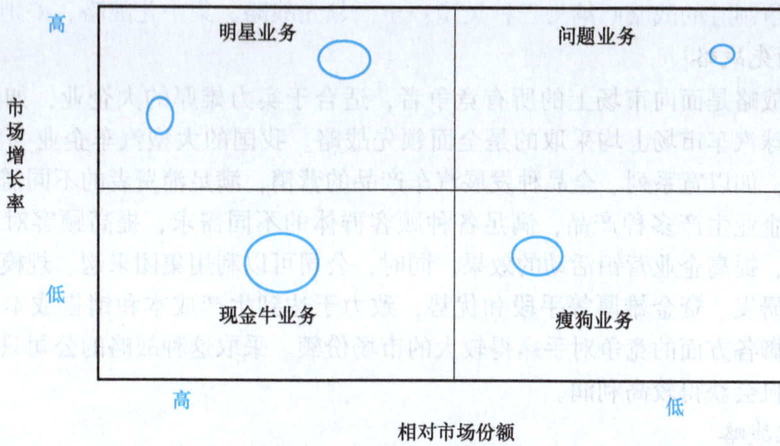

图 2-5　波士顿矩阵

（1）明星业务（Star）　明星业务是高增长率、高市场份额的业务或产品。它们经常需要大量的资金投入以支持其快速增长。最终，它们的增长率会减缓，转变成现金牛业务。

(2) 现金牛业务（Cash Cow） 现金牛业务是低增长率、高市场份额的业务。这些已确立的成功的战略业务单位无须多少资金投入就能够维持其市场份额。这样，现金牛业务就产生了大量的现金，供公司支付各种费用且支持其他需要资金投入的战略业务单位。

(3) 问题业务（Question Mark） 问题业务是在高增长率的市场中占据低市场份额的业务单位。它们需要大量现金来保住或增加其市场份额。管理部门需要周密考虑来确定哪些问题业务应当加以扶持，使之转变为明星业务，而哪些业务应当淘汰、放弃。

(4) 瘦狗业务（Dog） 瘦狗业务是那些低增长率、低市场份额的业务或产品。它们可能会产生足够的现金来满足自身的需要，但是却不足以成为大量现金的源泉。

如图 2-5 所示，将汽车企业生产或经营的不同汽车系列或相关产品进行分类，五个圆圈代表公司当前的五个战略业务单位。这个公司有两个明星业务、一个现金牛业务、一个问题业务和一个瘦狗业务。圆圈的面积与战略业务单位的销售额成正比。该公司处于不错的状态，虽然还算不上很好。公司希望在有前途的问题业务上投资，使这些业务能够随着市场的成熟转变为现金牛业务。幸运的是，公司有一项规模较大的现金牛业务，其收入保证了公司问题业务、明星业务和瘦狗业务的资金需要。该公司应当对其瘦狗业务和问题业务采取果断行动。如果公司没有明星业务而瘦狗业务太多，或者只有两头羸弱的现金牛业务，那么公司的状况就糟糕多了。

随着时间的推移，战略业务单位在波士顿矩阵中的位置将发生变化。每个战略业务单位都有生命周期。许多战略业务单位起初是问题业务，如果成功就会转变成明星业务。随后当市场增长率下降时，这些业务就变成现金牛业务，最后慢慢衰亡或蜕变为瘦狗业务，走向其生命周期的终点。公司需要连续不断地引入新产品和新的战略业务单位，以使其中一些成为明星业务，最终变成为其他战略业务单位提供资金支持的现金牛业务。

三、汽车企业常用的几种营销战略类型

汽车企业不管是用什么分析工具和方法研究营销战略，均可以从不同的角度提出许多种营销战略。从企业是否决定直面市场竞争的角度来看，这些战略可分为通过竞争制胜实现企业营销目标的战略与不通过竞争实现企业营销目标的战略两类。

其中，竞争制胜的战略归纳为三种类型：全面领先战略、集中化战略、差别化战略。

1. 全面领先战略

全面领先战略是面向市场上的所有竞争者，适合于实力雄厚的大企业，如通用汽车公司、丰田在全球汽车市场上均采取的是全面领先战略。我国的大型汽车企业（集团）也比较适合此战略，如以宽系列、全品种发展汽车产品的营销，满足消费者的不同需求。市场全面领先战略是企业生产多种产品，满足各种顾客群体的不同需求，提高顾客对企业的信任度，增加销售，提高企业营销活动的效果。同时，公司可以利用集团采购、规模化生产、优势品牌、独立研发、资金雄厚等手段和优势，致力于达到生产成本和销售成本最低化，这样，它就能抵御各方面的竞争对手赢得较大的市场份额。采取这种战略的公司只有取得了领先地位，才有机会获得较高利润。

2. 集中化战略

集中化战略主要面向几个细分目标市场的竞争者，公司不追求全面市场而是将其力量集中在为几个细分市场服务上，直面细分市场的竞争对手，以实力和优势取得竞争胜利。集中化市场战略是选择一个或少数几个细分市场作为目标市场，了解市场竞争动态，掌握顾客的

反映和需求，扬长避短，在选中的细分市场上，运用成本领先、产品差别化、或两者兼有的战略，制订出一套营销方案，进行集中营销，取得企业在特定目标市场上的优势。这种战略目标集中，有利于专业化经营，降低产品成本和营销费用，提高资源利用率和高质量的产品与服务，赢得自己的声誉。但也有风险，它不能普遍满足消费者的不同需要，难以适应现代市场的频繁变化，企业缺乏竞争力。此战略适于实力一般的中小型汽车企业。据研究，日本、韩国的汽车公司大多数采用这种战略进入国际汽车市场，并取得了惊人的成绩。吉利汽车成功进入汽车行业也得益于其采取了集中力量提供“老百姓买得起的家用轿车”的战略。

3. 差别化战略

差别化战略主要考虑在细分市场内部如何提供与竞争者不同的产品，奉行此战略的企业通过对整个市场的评估找出某些重要的顾客利益区域，集中力量在这些区域完善经营，但它由于难以在各方面全面领先，不能直接以实力和优势与竞争对手竞争，于是选择努力在服务、质量、款式和技术等方面成为领导者，企业培育发展那些在某些效益范围内会产生差别经营利益的优势。例如，追求质量优势的企业必须制造或购买最好的配件、精心安装、仔细检查等，这样有助于消费者对其某一方面的突出表现而印象深刻，或者集中资源提供满足某一部分特定目标人群的需求。

因此，企业在制订营销战略时，必须考虑到企业的实力、产品的差异性及所处生命周期阶段、市场的差异和规模、竞争对手的营销战略等因素对目标市场营销战略制订的影响，以自身的优势制订营销战略。

除了以上竞争制胜的战略以外，对于一些小的汽车企业或大企业的新业务部门来说，由于不具备较强的实力，往往不可能去与别的大企业直接竞争，而小企业间又不构成竞争，那么就可以采取跟随战略（或贴身战略）或补缺战略等其他战略。

（1）跟随战略　企业首先选择与自己生产的产品或经营的品牌非常类似甚至相同的大型汽车企业作为跟随目标，对其进行效仿，无须承担创新费用，发挥自身管理成本较低、运作费用较低、灵活机动的特点，同步采取与被跟随企业类似甚至相同的营销战略。这种战略经常被小汽车经销商采用，小经销商们与同牌的大经销商采取“贴身”开店，以略低的价格、相同的活动等手段来获得生存和发展。但采取这种战略的小企业必须注意不引起竞争性报复，同时不能触犯相关的法律法规，如知识产权方面。其实，有的大企业也会采取跟随行业领先者的策略。优秀的跟随者不仅仅是简单的跟随，而且同时也致力于提高产品或服务质量，突出自己的特色，从而赢得部分客户。

（2）补缺战略　补缺战略避免了小企业与大企业的直接竞争，将战略目标确定为小市场或大企业不感兴趣的市场。该战略的风险主要是新市场开发成本较大，同时又可能会被大企业看中而遭到攻击，成为大企业的超级细分市场。

由于营销环境变化很快，原有的目标、政策、市场竞争结构及状态均会发生变化，原有的战略可能就不再合适，因此，企业在制订营销战略以后，也要不断对执行情况进行评估，有必要时需及时调整战略。

第二节　汽车营销策划

著名的《哈佛企业管理通鉴》对策划给予了明确的定义：策划是一种程序，其本质是一种运用脑力的理性行为。一部电影的策划是指剧本和导演的构思；一门课程的策划是指教学大纲和教案；一项商业活动的策划就是营销策划。因此，所谓企业营销策划是指企业在经营方针、经营目标的指导下，通过对企业内部经营环境的分析，找出机会点，选择营销渠道和促销手段，经过精心构思设计将产品推向目标市场，以达到占有市场的目的的过程。策划是对未来要发生的事情做当前的决策和部署，是体现人类思维高度发展的突出实践形式；策划是谋略的结晶，是成功的先导，优秀的策划能使事业从零发展到无限大。

汽车营销企业掌握的资源总是有限的，要想在竞争中快速制胜，就要充分发挥策划竞争的优势，提高运作的效率，放大资源的能量，使有限的资源产生最大的财富。

汽车营销策划是汽车市场营销的高级形式，是在一般汽车市场营销基础上的一门更高层次的艺术，是整个汽车市场营销基本程序的核心环节，其实际操作性更强。

策划具有目的性和进攻性，它需要具备高超的技巧，它的发展方式是跳跃性的，并能起到后发制人的作用。采用有效的策划，只要对手没能对你的策划做出及时有效的反应，就能导致均衡的变化，并在短时间内使竞争失衡，使格局、时机、势能都变得对己有利。世界各国主流品牌在中国的布局及自主品牌汽车企业的快速崛起使中国汽车市场竞争进入了白热化状态，年产2000万辆的压力使汽车制造企业使出浑身解数在营销策划上大做文章。谁做好了这一策划，谁在竞争中就多了一份主动。

策划的成功通常取决于竞争者的文化、理念、态度和行为特征，以及竞争者对这一切了解的程度。汽车市场营销策划的本质是形成有别于竞争对手的差异化。

案例：

1964年，著名的汽车大王李·艾柯卡（Lee Iacocca）为福特公司推出新产品“野马”轿车，取得了轰动一时的成功，两年内为福特公司创造了11亿美元的利润。“野马”轿车的风行与其独特的策划是密不可分的。在汽车正式投放市场的前4天，公司邀请了报界100多名新闻记者参与从纽约到迪尔伯恩的“野马”汽车大赛，“野马”汽车投放的当天，福特在2600种报刊上刊登了全面的广告，并在数家电视台播出广告短片，福特公司还在美国15个最繁忙的机场和从东海岸到西海岸的200家假日饭店的门厅里陈列了“野马”，公司还选择最显眼的停车场，竖起巨型的广告牌，以引起消费者的注意。同时，公司还向全国的小汽车客户直接寄发几百万封推销信。此外，公司还大量上市“野马”墨镜、钥匙链、帽子等。由于从决定目标市场、产品设计到销售“野马”的各个环节，福特公司都做了一系列的精心策划，才使野马汽车获得了汽车销售历史上的巨大成功，创下了福特公司的销售记录。

案例：

“大众自造”的现代营销创意

“大众自造”是大众汽车在中国的首创营销手段。大众汽车为了挖掘中国百姓的汽车创意和梦想，大众利用社会化媒体及多个传播渠道，进行全方位整体营销，使得该项目的关注度呈现出“病毒式”的传播效果。2011年5月，由大众汽车品牌发起的“大众自造”网络互动平台正式开始运行，该项目是由大众汽车面向中国公众打造的一个探索未来汽车设计与制造的对话平台，其核心是一个Web 2.0大型网络互动社区，基于核心网络平台，公众可以在网络上跨媒体实现汽车设计的灵感激发和虚拟现实造车等沟通需求。这是大众汽车进入中国以来最大规模的品牌营销项目。

"大众自造"项目的目的是使大众汽车品牌在中国消费者心目中树立起更加清晰的创新形象。就反馈的情况来看，标志着以创新为品牌价值之一的大众汽车品牌已经迈入了又一个崭新的时代，那就是不仅仅要"造车为人"，更要与公众"共同自造"。

一、汽车营销策划的程序

汽车营销策划是汽车公司对将来要发生的营销行为进行的超前决策。汽车公司通过对其内外部环境进行分析，了解自身的优势与劣势，准确掌握市场和消费者需求信息，在有效运用汽车公司各种资源的基础上，对企业营销活动的目标、战略、策略及具体实施方案进行设计和计划，这就是汽车公司营销策划的过程。汽车营销策划的流程如图 2-6 所示。

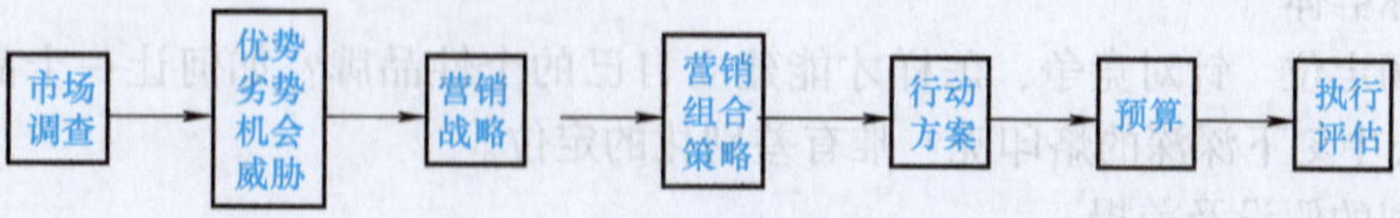

图 2-6 汽车营销策划的流程

1. 汽车市场营销现状调查

（1）市场状况调查分析

1）汽车销售行业概况调查。

2）汽车销售发展趋势调查。

（2）竞争状况调查分析

1）销售量与销售额的比较分析。

2）市场占有率的比较分析。

3）优缺点的比较分析。

4）市场区域与定位的比较分析。

5）广告费用与广告表现的比较分析。

6）促销活动的比较分析。

7）公关活动的比较分析。

8）定价策略的比较分析。

9）销售渠道的比较分析。

（3）购车者调查分析

1）购车者行为分析。

2）购车者心理分析。

3）购车者购买的关注因素分析。

（4）企业资源能力分析

1）信贷能力。

2）品牌代理能力。

3）营销费用。

4）人力资源。

5）客户满意度

6）销售能力。

7）分销能力。

2. 优势、劣势、机会和威胁分析

将前边所收集到的所有基础数据进行分析，同时对数据分析进行总结，并且提供切实有效且规范的文本和图表资料。通过这些资料，分析企业和市场的关系，把信息填入SWOT表格内，生成的图表则详细罗列出下一步该做些什么，以具明确的指导作用。

3. 确定营销战略

（1）未来发展的设想及营销的方向

（2）期望值及论述

（3）市场细分

（4）目标群体

（5）市场定位　针对竞争，怎样才能建立自己的个性品牌？如何让一个品牌的核心价值在消费者心中刻下深深的烙印呢？唯有差别化的定位。

（6）策划的假设及前提

1）未来可能面对的问题。

2）不可控制前提下的假设及前提。

4. 确定营销组合策略

由战略思想递进生成的营销组合系统的策略思想，不仅涵盖了未来营销方案中所出现的种种可遇见的问题，也通盘体现出汽车公司现有的情况，更好地帮助汽车公司找到营销侧重点。

（1）车型/品牌　分析车型结构变化趋势，制订车型策略。

（2）制订公司品牌策略　公司品牌的发展策略，品牌形象的树立，品牌形象的维护。

（3）价格

1）成本分析研究：分析成本，研究公司、经销商与消费者的利润。

2）制订价格策略：低价、高价还是跟随价等。

（4）渠道

1）现有销售渠道和模式研究。

2）渠道结构分析及趋势。

3）制订销售渠道策略。

（5）管理

1）销售管理：人员、推销技巧、考核评估、过程与结果的管理等。

2）经营管理：收入、成本、费用、税前利润与税后利润等。

（6）服务

1）行业内服务与销售的互动关系分析。

2）经销商、顾客满意度研究。

3）制订服务策略：售前、售中、售后服务，投诉处理，服务技巧训练。

（7）促销

1）促销活动方案。

2）促销费用预算。

3）促销效果评估。

（8）广告

1）行业广告投放策略研究：媒体广告到达率调查、媒体受众差异性研究、目标客户媒体接触习惯研究等。

2）制订广告策略：广告目的、广告目标对象、广告目标地区、广告创意、媒介安排、传播计划、广告费用预算等。

3）广告效果评估。

（9）公共关系

1）与有关权威机构的公关。

2）与上下游厂商、经销商的公关。

3）与各传播媒体的公关。

5. 制订具体的行动方案

1）新车型上市方案。

2）全年广告计划方案。

3）销售渠道的建设方案。

4）针对消费者的促销方案。

5）针对经销商的促销方案。

6）针对销售人员的促销方案。

7）市场调研方案。

8）大型促销活动方案。

9）公关活动方案。

10）推销活动方案。

6. 预算（表 2-2）

表 2-2　汽车营销策划的项目预算

项　目	金额/万元（人民币）
营销体系建设费用	
广告宣传费	
促销活动费	
市场调查费	
公关费用	
推销费用	
机动调节费	
其他	
合计	

7. 对执行的效果进行评估

进行总结和反省，通过分析评估，找出策略和方案中的问题，研究修改策略和方案。

二、汽车营销策划书的编写格式

1. 封面

策划书的第一部分是封面，它可提供以下信息：策划书的名称，被策划的客户，策划机构或策划人的名称，策划完成日期及本策划适用时间段。

2. 目录

目录是策划书的第二部分。

3. 序言

序言是策划书的第三部分，要为本次汽车营销策划所要达到的目标、宗旨定下明确的基调，作为执行本策划的动力或强调其执行的意义所在，以要求全员统一思想，协调行动，共同努力保证高质量地完成策划。

4. 正文

策划书的第四部分是正文，主要包括：

（1）汽车市场分析

1）汽车需求分析。

2）竞争者分析。

3）汽车目标顾客分析。

4）车型和服务分析。

5）汽车市场前景分析。

6）同业分析。

（2）公司现状诊断　对汽车企业经营现状和营销状况进行针对性分析。

案例：

某公司成立于2006年10月，已经运行了7年之多，但美誉度却还在一个很低的水平上，公司规模一直未能扩大，到底是哪些因素影响了该公司的发展呢？经调查研究发现该公司：

1）经营管理粗放随意，尤其在营销系统上，没能建立起一套科学的、专业高效的营销队伍。

2）营销人才短缺。由于营销人才不足，造成只知道提供服务，却不知如何打开市场；只知道节省开支，而忘了加大对广告宣传的投入等。

3）无市场调查。任何公司如果无市场调查，就是盲目作战，其结果不言而喻。

4）营销乏术。由于营销人才短缺，造成服务的营销水平很低，没有市场研究，无战略策划，无长远规划，营销策划不系统，广告定位模糊，力度不够，手法落后，盲目开拓市场，无重点主次等。

5）服务的包装手法太过于落后，很难吸引顾客。

（3）机会与问题、优势与劣势（SWOT）分析　汽车营销方案是对汽车市场机会的把握和策略的运用，因此，分析汽车市场机会就成了汽车营销策划的关键。只要找准了汽车市场机会，策划就成功了一半。

1）行业机会与问题分析。

2）分析优势与劣势。从问题中找劣势予以克服；从优势中找机会，发掘市场潜力。分析各目标市场或消费群的特点并进行市场细分，对不同的消费需求尽量予以满足，抓住主要消费群作为营销重点，找出与竞争对手的差距，把握利用好市场机会。

（4）公司的主要政策阐述

(5) 营销目标 营销目标是汽车销售公司所要实现的具体目标，即汽车营销策划方案执行期间，经济效益目标达到：总销售量为×××辆，预计毛利×××万元，市场占有率实现××。

(6) 营销战略包括：营销宗旨，战略思路，消费群体，市场定位，战略步骤，战略部署。

(7) 营销策略 根据营销理念、品牌理念、营销理念、营销组合，通过前面市场机会与问题分析，提出合理的策略建议，形成有效的4Ps组合，达到最佳效果。

1）服务策略。

2）代理的品牌策略。

3）形象包装策略：形象包装作为给消费者的第一印象，需要能迎合消费者，使其满意。形象包装策略包括品牌CI系统整合设计，宣传单张、折页、画册设计与制作，海报设计与制作，展示厅形象设计，平面广告设计与制作，其他形式的宣传品设计与制作。

4）价格策略：成本与利润，定价依据与策略，价格定位。

5）分销渠道：分销渠道宽度和长度的确定，中间商的确定，分销网络的布局。

6）广告策略：广告目标、广告诉求点定位、广告对象、广告阶段策略、广告实施时间段、广告语、广告表现、广告媒体选择、广告媒体组合。

7）促销活动策略：促销活动主题、促销的对象、促销活动的种种方式，以及采取各种促销活动所希望达成的效果，促销工具、器材、材料的准备。

8）公关活动策略：公关的对象、公关活动的种种方式，以及举办各种公关活动所希望达到的目的。

9）人员促销：促销的方式、人员的培训，以及相关题材和活动的准备。

(8) 具体行动方案 对策划的操作步骤、程序都应做成计划。这些实施程序、计划表（时间、人员、费用、操作等）、时间表（从准备执行到成果的综合整理）、各项具体行动方案等实施每一种策略所进行的各项细节都有详细说明。行动方案要细致、周密，操作性强又不乏灵活性。

1）通告执行方案。

2）媒体执行方案。

3）促销活动执行方案。

4）公关活动执行方案。

5）市场调查执行方案。市场调查在营销企划案中是非常重要的内容。因为，从市场调查所获得的市场资料与情报，是拟订营销企划案的重要依据。

6）销售管理执行方案。销售管理执行方案包括销售主管和职员、销售计划、推销员的挑选与训练、激励推销员、推销员的薪酬制度（工资与奖金）等。

(9) 各项费用预算 各项费用预算部分记载的是整个营销策划方案推进过程中的费用投入，包括营销过程中的总费用、阶段费用、项目费用等，其原则是以较少投入获得最优效果。

(10) 效果与结果的预测。对于该策划实行之后所能期待的效果与预测可得到的效果，应尽可能依据足以信赖的根据来提出。同时，费用与效果所表示出来的效率，或者对公司内外无形或有形的效果等，也要说明清楚。其中之一是损益预估，就是要在事前预估的税前利润。只要把预期销售总额减去销售成本、营销费用（经销费用加管理费用）、推广费用后，即可获得税前利润。

（11）方案调整　方案调整部分是作为策划方案的补充部分。在方案执行中可能出现与现实情况不相适应的地方，因此，方案在贯彻过程中必须随时根据市场的反馈及时进行调整。

汽车营销策划书的编制一般由以上内容构成。

本章小结

本章主要讲述了企业营销战略分析的内容、汽车营销企业市场营销战略制订的方法、企业营销策划的方法和步骤，介绍了一些常用的营销策略。主要知识点和技能点为企业营销战略及营销策划，包括波士顿矩阵分析法、SWOT分析法；营销战略制订的几种典型方法，包括全面领先战略、集中化战略、差别化战略等；营销策划的方法和七个步骤；汽车营销策划书的编写格式。

本章内容	知识点	核心知识	技能点
企业市场营销战略分析	企业战略	总体的、长远的规划	
	营销战略	一个时期的经营目标活动方案	
	企业营销战略的制定	SWOT分析	常用方法的运用
营销策划	汽车营销策划的内容	构思、制订与实施	掌握常用方法
	汽车营销策划的程序	七个步骤	掌握与运用
	汽车营销策划书的编写	格式与内容	掌握编写的方法

复习思考题

1. 什么是SWOT分析？
2. 分别描述几种竞争制胜的市场营销战略的特点，以及其相对应的营销环境背景。
3. 如何编制营销计划？
4. 分别描述营销策划常用的策略方式。

实践练习题

收集一则中国量产新能源汽车的营销策划案例，进行结构和内容分析。

同步训练

从本章起，将开始进行汽车营销策划书的制作训练。汽车营销策划书是本书的重要课题制作，也是课程的核心实训项目，其内容涵盖了市场营销学的基本原理和主要方法，制作过程贯穿了本课程的主线，是对学生课程学习状况的检验和对其实践动手能力的全面训练。

要求：

1. 本计划书的选题、制作以学生为主，由学生自己完成。

2. 要求学生选择某一即将下线的汽车产品，将自身虚拟为该汽车企业的营销人员，面对一定的汽车营销市场，为该企业编制营销策划书。

3. 本策划书的制作过程与课程进展同步进行，课程结束，策划书即可完成。

4. 本策划书采取学生选题、制作，集中和个别辅导，课堂讨论及典型案例讲解的方式进行。

5. 本策划书的内容应尽量翔实，查找相关资料。字数不少于15000字。

制作步骤：

制作步骤参见第二节及图2-7。

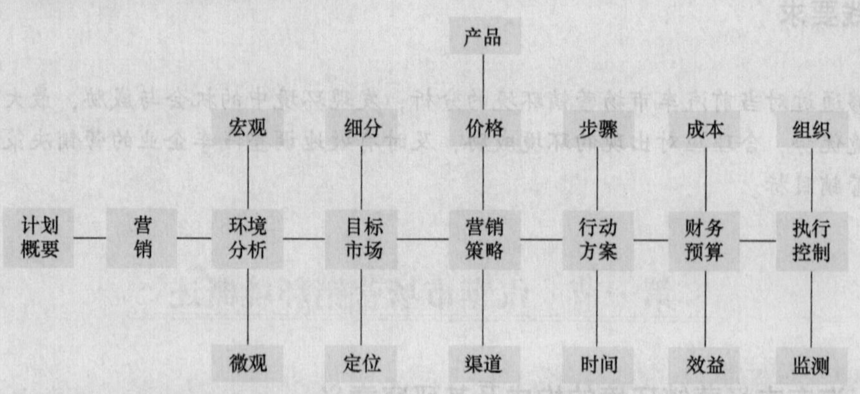

图2-7　汽车营销策划书制作步骤

任务：

营销策划书之一：

1. 查找资料，选择一款即将下线的汽车车型作为策划对象。

2. 初步编写汽车营销策划书大纲。

3. 分析企业和产品状况。

第三章

汽车市场营销环境

学习目标

理论要求：

1. 了解企业与市场营销环境之间的关系，从而理解企业分析市场营销环境的意义。
2. 掌握汽车市场营销环境的主要内容。
3. 掌握汽车市场营销环境中各因素及变化趋势对汽车营销产生的影响。
4. 了解汽车销售企业面对汽车市场营销环境变化应采取的相应对策。

实践要求

能够通过对当前汽车市场营销环境的分析，发现环境中的机会与威胁，最大限度地利用其环境优势，合理应对出现的环境威胁，及时有效地调整汽车企业的营销决策，实现汽车市场营销目标。

第一节 汽车市场营销环境概述

一、汽车市场营销环境的构成及其研究意义

企业的市场营销活动是在一定的市场营销环境里进行的，任何企业都不可能脱离现实的市场环境而从事营销活动，而市场营销环境又是随着时间的推移而不断变化的。各种环境因素的变化对企业来说，既可以带来机会，又可能形成某种威胁。因此，企业应该及时准确地把握市场营销环境的动态变化，以便避开威胁，利用机会。现代市场营销理论也特别强调市场营销环境的动态性和企业对环境的能动适应性。

美国著名市场学家菲利普·科特勒将市场营销环境定义为："企业的营销环境是由企业营销管理职能外部的因素和力量组成的。这些因素和力量影响营销管理者成功地保持和发展同其目标市场顾客交换的能力。"也就是说，市场营销环境是指与企业有潜在关系的所有外部力量与机构的体系。因此，对汽车营销来说，汽车市场营销环境的研究是汽车营销活动的基本课题。

根据营销环境中各种力量对企业市场营销的影响，可以把市场营销环境分为宏观环境（Macro-environment）和微观环境（Micro-environment）。

宏观环境是指环境中间接影响企业营销活动的社会力量，一般来说，包括政策与制度、经济与市场、科技与文化、人口与自然等因素。在某种情况下，它也能对企业的营销活动产生直接影响。宏观环境因素一般是企业本身所无法控制的，只能去跟踪、调整和适应。

微观环境是指直接影响与制约企业市场营销活动的环境因素，主要包括企业、供应者、营销中介、顾客、竞争者和公众。

具体的市场营销环境构成如图 3-1 所示。

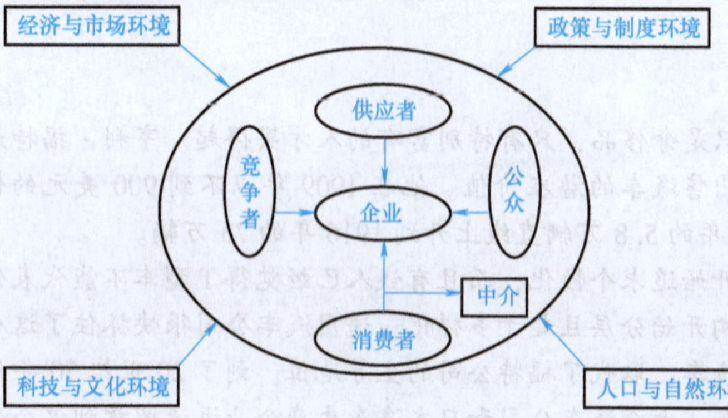

图 3-1　市场营销环境构成

不断变化的市场环境，既给企业的市场营销提供机会，也可能带来威胁。同一环境的变化，对某些企业是机会，对另一些企业则可能是威胁。营销管理者的任务就在于及时了解市场营销环境的变化趋势，提高应变市场变化的能力，快速适应市场营销环境的变化，趋利避害地开展市场营销活动，使企业更好地生存和发展。

研究汽车市场营销环境的意义具体体现在以下三个方面：

1）研究汽车市场营销环境是汽车企业市场营销活动的立足点。

案例：

20 世纪 80 年代，我国准备引进汽车车型，生产乘用车，以满足国内市场的需要。当时国内改革开放刚开始，国外大多数企业采取观望态度或由一些规模不大的汽车公司以即将淘汰的产品提供合作生产。德国大众汽车公司通过对中国市场环境的深入研究，决定与我国合作生产轿车，并且经过论证、谈判、筛选，确定与当时实力最强的一汽集团和新发展的上汽集团合作生产适合中国制造、消费的轿车。经过二十多年的发展，一汽集团与上汽集团从 20 世纪 80 年代至今一直掌握着我国轿车消费相当份额的市场，取得了巨大的成功。

2）研究汽车市场营销环境能够使汽车企业发现经营机会，避免环境威胁。

案例：

1973 年，石油输出国组织（OPEC）减少石油供给，造成石油短缺，并使油价上涨。当时的美系车比日系和欧系车更大、更重。这是很容易解释的：美国人的收入要高些，他们能够购买更大的车和支付所耗的汽油钱。再者，日本和欧洲各国的税比美国重，从而鼓励消费者购买更小、更省油的车。

在环境发生变化的情况下，美国汽车工业对OPEC的行动所导致的较高的油价缺乏准备。而其他国家，尤其是日本，由于汽车较小、便宜、省油，从而处于极其有利的地位。20世纪70年代，美国汽车的进口几乎翻了一番，从1970年的15%增加到1980年的27%。显然，日本成了应对环境变化的胜利者。

3）研究汽车市场营销环境为汽车企业经营决策提供了科学的依据，使企业在激烈的市场竞争中立于不败之地。

案例：

在福特之前，汽车只是奢侈品，只有特别富有的人才买得起。亨利·福特最早意识到在合理的价格上生产和出售汽车的潜在价值。他在1909年以不到900美元的低价推出T型车后，销售量从1909年的5.8万辆直线上升到1916年的73万辆。

可是后来的消费者开始追求个性化，而且有钱人已经觉得T型车不能代表他们的身份和地位，社会的消费结构开始分层且趋于多样化。通用汽车公司很快抓住了这个趋势，生产出外形和颜色好看的汽车，取代了福特公司的主导地位。到了20世纪50年代，消费者开始喜好外形小巧的汽车，大众汽车公司和日本汽车生产企业迅速留意到这个新的市场需求。到20世纪80年代，消费者更加注重汽车质量，日本汽车公司将质量更好的汽车投入市场。

二、汽车市场营销环境的特点

汽车市场营销环境是汽车企业营销活动的基础和条件，具有如下一些特点：

（1）客观性　汽车市场营销环境是影响与制约汽车企业营销活动的客观存在的因素，它是不以企业的主观意志为转移的。例如，消费者的消费收入、消费结构的变化等是客观存在的经济环境变化，在一定程度上影响了汽车消费，但这些变化并不是汽车企业可以主导的。

（2）动态性　汽车市场营销环境是不断发生变化的。目前，汽车市场营销环境的变化速度在不断加快，每一个汽车企业作为一个小系统都与市场营销环境这个大系统处在动态的平衡中。一旦环境发生变化，平衡便被打破，汽车企业就必须积极地反应和适应这种变化。

（3）差异性　汽车市场营销环境的差异性不仅表现在不同企业受不同环境的影响，而且同样一种环境因素的变化对不同汽车企业的影响也不同。因此，汽车企业为适应营销环境的变化所采取的营销策略也各不相同。例如，汽油价格的上升对生产大排量的汽车企业而言是不利的因素，而对生产经济型、小排量的汽车企业而言又是个机会。

（4）相关性　汽车市场营销环境不是由某一个单一的因素决定的，还要受到一系列相关因素的影响。例如，汽车销售不但受汽车市场供求关系的影响，还要受到国家汽车相关政策等的影响。

（5）不可控性　汽车营销环境的客观性决定了它的不可控性，即汽车市场营销环境是企业不可能控制的。汽车企业主要是通过市场调查的方法来认识市场营销环境变化的趋势及对企业经营的影响，然后调整企业内部营销力量，适应汽车市场营销环境的变化。

第二节 汽车市场营销宏观环境分析

汽车市场营销宏观环境是指能够影响整个微观环境和汽车企业营销活动的广泛因素，主要包括人口环境、自然环境、经济环境、科学技术环境、社会文化环境及政策与法律环境。一般来说，企业对宏观环境因素只能适应，不能改变。宏观环境因素对企业的营销活动具有强制性、不确定性和不可控性等特点。

一、汽车营销宏观环境的一般分析

1. 人口环境（Demographic Environment）

人口环境是指一个国家和地区的人口总量、人口质量、家庭结构、人口性别、人口年龄结构、人口的收入分布及地理分布等因素的现状及其变化趋势。人口环境对汽车产品的市场规模、产品结构、消费层次、购买行为等都会产生一定的影响。

与汽车市场营销相关的人口环境因素主要有：

（1）人口数量　一个国家或地区的人口总量会在很大程度上影响着汽车消费市场总的容量。人口数量越多，这个汽车消费市场的容量就可能越大。近些年来中国适时的人口生育调整政策，正是说明了人口对消费的巨大影响力。

（2）人口质量　人口质量主要是指人口受教育的程度，受教育程度不同的消费者在汽车消费过程中表现出明显的差异性。总的来说，在受教育程度较高的国家或地区，汽车的消费市场比较活跃。

（3）人口年龄结构　人口的年龄结构特点直接影响着汽车消费市场的消费特性。不同年龄结构的消费者，对汽车的喜好和选择表现出相当大的差异性。例如，青年人喜欢汽车具有活泼的外观和卓越的驾驶性能；中老年人则喜欢汽车具有较好的安全性和稳重的外观表现。

（4）人口的收入情况及职业特点　人口的收入状况将直接决定消费者是否具备汽车消费能力及汽车消费的层次。人口的职业特点将影响消费者对汽车车型的选择，不同职业特点的人在选择汽车的时候应该带有明显的职业性倾向。

2. 自然环境（Natural Environment）

自然环境是指影响汽车生产和使用的自然因素，包括自然资源状况、生态环境状况及环境保护等方面。汽车企业的经营活动都会受到自然环境的影响，反过来，汽车企业的经营活动在一定程度上又会影响自然环境。

一般来说，自然环境对汽车营销的影响主要表现在以下五个方面：

（1）自然资源的减少将对汽车企业的生产和销售行为构成一个长期的约束　随着汽车工业的发展，生产消耗的原材料也越来越多，原材料的短缺与生产成本的矛盾就越来越突出。另一方面，从汽车产生到现在一直受到车用燃油的影响。石油能源的大量消耗造成石油的日渐短缺，给汽车的销售带来了一定的约束，从而也给汽车工业的发展提出了新的发展方向，如电动汽车、混合动力汽车等的发展。

（2）环境污染对汽车的发展提出了新的要求　目前，世界的环境日益恶化，其中汽车的排放就是主要污染源。为了减少汽车对环境造成的污染，各大汽车公司和各国采取了一系列的措施，主要包括：对汽车排气污染物的种类、生成机理、影响因素、控制技术措施及其对大气环境的危害的研究；制定新的汽车排放标准和试验规范；改进汽车的各种环境保护技术，特别是排气催化净化装置的原理及组成、车载诊断系统的组成、可有效控制柴油机排放的共轨喷油系统及逆向再生方式的颗粒过滤装置等实用新技术；采用代用燃料汽车、蓄电池电动汽车、混合动力汽车、燃料电池汽车等来代替传统的燃油汽车。

案例：

2012 年年末，北京机动车排放标准从 2008 年实施的国Ⅳ升级为国Ⅴ，相当于欧Ⅴ标准，北京全面实施国Ⅴ排放标准，使达不到此排放标准的车型不得进京销售。此前，为控制机动车污染，北京市一直提前执行国家相关标准，1999 年执行国Ⅰ标准，2002 年执行国Ⅱ标准，均比其他省市提前 2 年左右，随后，国Ⅲ标准和国Ⅳ标准也相继实施。这为北京日益高涨的机动车保有量提升了发展空间。为配合国Ⅴ排放标准的实施，北京加大了油品质量的提升。据悉，在提高机动车排放标准的同时，北京对上牌照的车辆加强日常监管，在检测的时候使用最严格的方法。上路机动车经过激光遥测车的检测，保证车辆的正常、达标使用。

（3）自然气候对汽车使用性能的影响　自然气候会对汽车的起动、润滑、冷却、充气效率、制动等性能产生影响，同时对汽车零配件的正常工作和使用寿命也产生直接影响。这就需要根据不同的气候条件，有针对性地开发适应于不同环境特点的汽车。

案例：

凯越的发动机和变速器出自澳大利亚霍顿、德国 ZF 等世界级高手，还经历了严酷的本土化试验，证明其适合中国差异悬殊的气候与广袤疆域，才最终打上别克品牌。凯越先后到地温 70℃以上的新疆吐鲁番做抗热爆燃试验，到海拔 4500m 以上的西藏堆龙德庆区做抗高原动力性试验，以及到 -30℃以下的黑龙江黑河做抗寒冷起动试验等，挑战并征服了恶劣环境的极端考验。

（4）地理环境对汽车市场营销的影响　地理环境包括某个地区的地形、地貌等地理特征，也涵盖交通运输结构因素，一个地区公路运输的地位和作用，对该地区汽车市场容量及汽车企业目标市场的选择都有很大的影响。反过来，汽车生产企业也应根据不同的目标市场的地理环境，设计和生产适应该地区地理环境的汽车，最大限度地适应和满足消费者的要求。

案例：

华东是我国经济发达地区，轿车的需求量大。同时，由于地域的关系，上海轿车的产量销售在这里占据了明显的优势。一汽集团投放华东地区的奥迪轿车，上海市的购买量就占了近一半，江浙两省的销售量也明显上升。但是，对于华北、西北和青藏高原来说，二汽生产的东风卡车却具有不可动摇的地位。显然，东风的成功也与其目标市场的地理环境的准确定位是分不开的。

（5）交通状况与汽车市场营销　汽车不但对地理环境具有较高的依赖性，而且对交通状况具有更高的依赖性。交通环境是指公路交通在一个国家与地区的作用、各等级公路的里程和比例、公路交通量及紧张程度、公路网布局、主要附属设施状况等。交通状况好的地区更能促进汽车的销售，相反，差的交通状况对汽车销售有一定的制约。例如，在珠江三角洲、长江三角洲的一些城市，由于交通条件较好，公路多且质量高，在一定程度上带动了汽车的消费，而在交通状况较差的西部地区，汽车的消费明显不足。另一方面，交通状况还会影响到消费的汽车车型。例如，西部地区由于交通条件相对较差，更适合使用卡车、SUV、MPV 等车型。

3. 经济环境（Economic Environment）

经济环境包括那些能够影响顾客购买力和消费方式的经济因素，可以从世界性的、国家性的和个人性的指标来考察。

世界性的指标反映的是整个世界的经济大气候，包括世界经济的增长情况，世界资本与货物的流动情况等。国家性的指标包括国民生产总值（GNP）、国内生产总值（GDP）、国民收入（NI）、储蓄、就业、通货膨胀率等指标。个人性的指标主要包括消费者的个人收入、储蓄与信贷、消费者支出模式等。个人性的指标是汽车营销环境分析中十分重要的因素，下面对此做进一步的分析。

消费者的个人收入包括工资、奖金、退休金、红利等，但受通货膨胀、风险储蓄、税赋等的影响，实际收入往往低于货币收入。通常消费者的个人收入分为可支配收入（Disposable Personal Income）和可随意支配收入（Discretionary Income）。个人可支配收入是指货币收入扣除消费者个人各项税款及交给政府的非商业性开支后可用于个人消费、储蓄的那部分个人收入。可随意支配收入是在个人可支配收入的基础上再扣除消费者个人基本生活用品支出（食物、衣服等）和固定支出（房租、保险费、分期付款等）后的那部分个人收入。消费者可随意支配收入成了购买、消费汽车的焦点。

消费者的购买力在实际收入既定的前提下，还受到储蓄和信贷的影响。从动态的观点来看，消费者储蓄是一种潜在的未来购买力。目前，消费者的储蓄形式主要有银行存款、债券、股票及不动产等，它们大都可以随时转化为现实的购买力。消费信贷是指消费者以个人信用为保证先取得商品的使用权，然后分期归还贷款的商品购买行为。它是影响消费者购买力和消费支出的另一个重要因素。目前，消费信贷广泛流行于西方的汽车消费市场，在国内也处于上升势头。

随着消费者收入的变化，消费者的支出模式也会发生相应的变化。所谓消费者支出模式，是指消费者收入变动与需求结构变动之间的关系，其变化状况受恩格尔定律的支配。恩格尔定律的表述为：随着家庭收入的增加，用于购买食品等生活必需品的支出占家庭总收入的比重就会下降，而用于住房、服装，以及汽车等其他方面的消费就会增加。注重研究消费者支出模式的变动趋势，对于汽车企业的市场营销来说，具有一定的意义。

中国经济环境状况对汽车消费状况的影响：

（1）国内经济发展水平对汽车消费的影响 进入 21 世纪以来，中国的经济保持了快速发展势头，国内生产总值以年递增超过 7.5% 高速增长。2013 年，中国 GDP 达到 568845 亿元，按可比价格计算，比上年增长 7.7%。GDP 总量高于日本，低于美国，位居世界第二。2013 年时全国人均 GDP 就已达到 6767 美元。按照世界通行的说法，当一个国家（或地区）人均 GDP 达到 1000 美元时，该国（地区）将进入汽车时代，其意是指当年人均 GDP 达到 1000 美元时，从总体上看，居民家庭具备了购买汽车的能力，家庭用车市场将被开启。可见，进入 21 世纪以来，中国已经进入了汽车时代。2000—2016 年中国 GDP 增长状况见表 3-1。

表 3-1 2000—2016 年中国 GDP 增长状况

年份/年	GDP/亿元	增长率
2000	99214.6	8.0%
2001	109655.2	7.5%
2002	120332.7	8.3%
2003	135822.8	10.0%
2004	159878.3	10.1%
2005	184937.4	10.4%
2006	216314.4	11.6%
2007	265810.3	11.9%
2008	314045.4	9.6%
2009	340902.8	9.2%
2010	401202	10.4%
2011	472882	9.2%
2012	519322	7.8%
2013	588019	7.7%
2014	635910	7.3%
2015	676708	6.9%
2016	744127	6.7%

从中长期看，中国的经济增长仍将保持一定的增长速度，消费保持较快增长是完全有可能的，我国仍属发展中国家，社会结构正处于农村向城市发展的转折期，城镇化是今后十年中国社会的基本走向。

(2) 居民个人收入增长对汽车消费的影响　根据国家统计局的最新调查，目前我国中等收入阶层将进入重要形成时期。进入中等收入阶层的家庭，是数万元和几十万元级商品目标的消费群，这些人将迅速进入购买第二套房子、第二辆车的黄金时期，他们是庞大的潜在购买者。2003—2016 年，我国汽车保有量增长迅速，从 2400 万辆增长到 2.9 亿辆，是 2003 年汽车数量的 11.5 倍。随着汽车价格的下降和中等收入阶层的增加，未来一个时期具有汽车购买力的人群将进一步增加。

(3) 汽车信贷对汽车消费的影响　汽车信贷就是汽车消费信贷，即对申请购买汽车的借款人发放的人民币担保贷款，是银行与汽车销售商向购车者一次性支付车款所需的资金提供担保贷款，并联合保险公司为购车者提供相应的信用保险。

汽车工业发达的国家的汽车消费信贷业务已经非常普及。在全球汽车市场，有 70% 的汽车是通过贷款方式销售的。美国和西欧的一些经济发达国家，贷款买车的比例已高达 60% ~85%，而我国这一比例还不到 15%。尽管我国汽车消费信贷已经开始了十多年，但是发展仍然缓慢，存在着个人信用缺失、信贷体系不完善、信贷功能不全、消费环境不完善等问题。但从长期来看并参照发达国家汽车购买模式，中国的汽车信贷必将是汽车消费的一股促进力量。

(4) 汽车用户消费支出模式的变化　当人均 GDP 达到 1000 美元，居民的消费结构将开始升级，由衣、食消费进入到住、行消费，汽车消费自然将成为支出的新增长点。我国人均 GDP 超越 1000 美元已经有十几年了，居民消费结构已经有了明显升级，汽车消费已经成为寻常百姓家庭消费支出的一部分。

4. 科学技术环境（Technological Environment）

科学技术环境是指一个国家和地区整体科技水平的现状及其变化。科学技术环境作为汽车企业营销活动宏观环境的一个重要组成部分，不仅直接影响企业内部的生产经营，还同时与其他环境因素相互依赖，相互作用。科学技术的发展必然会带来汽车性能、汽车材料、生产方式和营销技术的变化等。

一般来说，科学技术环境对汽车市场营销的影响主要表现在以下三个方面：

（1）科学技术对汽车性能的影响　进入20世纪以后，科学技术的发展对汽车性能的改进起到了巨大的推动作用，从而不断地提高了汽车的安全性、舒适性、操控性，最大限度地满足了汽车消费者的要求，推动着汽车消费。这些技术主要表现在汽车导航系统的运用；汽车电子技术的飞速发展，其运用领域包括自动变速系统、无级变速系统、雷达测距系统、指纹防盗系统等；汽车安全系统的升级，如ABS、EBD、ESP、安全气囊的运用，提高了汽车的安全性；计算机技术在汽车上的广泛运用，使汽车的发展进入了新的里程碑。

（2）科学技术对汽车材料的影响　传统的汽车材料多用钢材，而现在和未来的汽车将会更多地采用塑料、橡胶、玻璃、陶瓷等材料或合成材料（如铝镁合金、铝碳合金、碳素纤维等）制成，以达到重量轻、耐磨损、抗撞击、寿命长、故障少、成本低的特点。目前，这种“非钢化”的趋势不但越来越明显，而且出现了越来越强的势头，它将给汽车工业的发展带来新的活力。

（3）科学技术对汽车销售的影响　传统的汽车销售是从直接销售开始的。先是产销合一，再是店铺直销。直接销售渠道虽然越来越接近消费者，但是，随着生产规模和销售任务的日益扩大，间接渠道的销售方法还是浮出了水面，经过销售商和代理商来销售汽车，起到了广泛的分销作用。目前，4S店的销售方式成了汽车销售的主要方式。随着网络技术的发展、互联网的普及，网络营销又将成为汽车销售的新途径。

5. 社会文化环境（Sociocultural Environment）

社会文化环境是指一个国家、地区或民族的传统文化。它影响人们的购买行为，对企业不同的营销活动具有不同的影响程度。社会文化的发展与变化决定了市场营销活动的发展与变化。例如，至20世纪60年代前，由于经历了第二次世界大战，人们比较庄重、严肃，制造出的汽车的颜色多以深色为主（如黑色）。后来，由于日本汽车工业的崛起，追求自由自在的生活成为时尚，汽车流行色变得以轻快、明亮为主（日本人喜欢白色）。

就汽车而言，虽然它只是一种具体的文化形态，但是，在它身上所表现出来的整体文化积淀，往往比其他产品更为强烈，具有鲜明的个性特征。美国人的奔放、日本人的精细、欧洲人的贵族遗风和中国人的爱面子等，都会在汽车产品上有所体现。因此，汽车的市场营销必须顾及市场细分和目标市场的文化环境，从而提高产品、定价、分销和促销策略的针对性。适应汽车文化、发展汽车已成为一种基本的营销策略。

案例：

已有近70年历史的日本本田汽车公司，是日本汽车的后起之秀。该公司之所以成功，与他们所奉行的“本土化策略”是分不开的，即以文化的高度适应性来开拓市场。在他们进入美国市场的时候，并不是向美国人推销自己的产品，而是在美国本土建立研制和开发据点，致力于生产和销售符合美国人需要的汽车，从而取得了很大的成功。

汽车文化在汽车产品中的具体体现：

（1）时尚个性色彩折射了汽车文化的差异　有研究表明，人们在挑选商品的时候存在一个“7 秒钟定律”：面对琳琅满目的商品，人们只要 7s，就可以确定对这些商品是否有兴趣。在这短暂而关键的 7s 之中，色彩的作用达到了 67%，成为决定人们对商品喜好的重要因素。那么，汽车厂商该如何打好色彩营销这张牌呢？汽车厂商欲把色彩打造成汽车营销的热卖元素，其中要满足的一个重要条件是色彩还要服务于地域文化。不同的国度对汽车色彩的喜好与需求是不同的，如大多数德国人喜欢银灰色，大多数美国人喜欢蓝色、绿色、红色，大多数日本人喜欢黑色与白色。

（2）车牌号码反映了汽车文化　车牌号码也异化成为汽车文化的另一种符号。在上海的一次车展期间，上海 33 辆公务车首次面向社会公开拍卖，成交总额达 366.4 万元，平均每辆约为 11.1 万元。其中，一辆车牌号为“沪 D-R2828”的别克轿车，以 22.4 万元落槌，成为拍卖会的“状元秀”。此次拍卖的 33 辆公务车中，有不少车的车牌尾号都由一些人心目中的“吉祥数字”组成，如“5858”“6036”“4688”“8788”等，这些车颇受买家的追捧。其中，一辆车牌号为“沪 A-G8788”的奥迪 100 型轿车，从 6.4 万元被拍到了 11.4 万元。另外两辆车况基本类似的奥迪 100 型轿车，其中一辆车牌号为“沪 A-D4688”，另一辆为“沪 A-A6217”，前者的落槌价较后者高出 4.6 万元。

（3）汽车杂志传播汽车文化　在大大小小的报亭，各类汽车杂志声势浩大，俨然成了大众读物中的一类新宠：《汽车杂志》《汽车之友》《车迷》《车王》《车世纪》《汽车导报》《中国汽车画报》《汽车商情周刊》等，涵盖了从汽车技术到艺术设计、社会文化的各个层面。

（4）汽车人群引发社交汽车文化　在北京、上海、广州、深圳和杭州等中国较发达城市，圈子化生存正在成为现代城市人较为主流的生活方式。中国人素来讲究“人以群分”，随着家用汽车的普及，新的圈子形成了，那就是以车的不同品牌自动类聚的人群，即以车为文化符号形成的城市生活社交圈。

购买汽车就是对一种文化的认同。车友之间形成一个新社交圈很正常，因为购买同品牌车的车友之间或许存在着一种类似的社会和文化价值观，还有类似的职业背景、经济状况、业余爱好等。

6. *政策与法律环境*（Policy and Legal Environment）

政策与法律环境是指对汽车产品的营销活动产生明显影响的政府有关方针、政策与法律制度的总称。它包括中央政府和地方政府颁布的政府令、暂行条例、管理办法、实施意见等各种行政法规，包括鼓励性政策和限制性政策，也包括经济政策和非经济政策。汽车企业的营销活动应符合政策规定，并注意其倾向性、稳定性和连续性。此外，汽车企业还必须注意一个国家的政体、政局、社会矛盾及与邻国的关系等因素的现状及其变化。产品的技术法规、技术标准及商业惯例等，也是汽车市场营销政策与法律环境的重要组成部分。

汽车产业因为产业链长，带动范围大，决定了国家的政策与制度的影响在汽车行业里面尤其深远和广泛。另一方面，不同地区不同的消费政策会对汽车消费成本和购买心理产生很大的影响。因此，汽车企业必须认真研究有关政策与制度，正确地开展市场营销活动。

二、我国相关政策法律对汽车消费影响的分析

近年来，国家的整体政策是鼓励汽车消费。20 世纪末，鼓励轿车进入家庭的大方向确

立之后，各种有利于汽车消费的政策相继推出。例如，已经出台的《汽车产业发展政策》、《汽车品牌销售管理实施办法》、《二手车流通管理办法》、《汽车贷款管理办法》、《汽车金融机构管理办法》、《缺陷汽车产品召回管理规定》和《家用汽车产品修理、更换、退货责任规定》等都从政策和法规的高度营造了汽车消费的政策氛围，形成特定的中国汽车消费政策环境。

下面是对汽车市场营销影响较大的一些国家政策和法规：

（1）《汽车产业发展政策》 2004 年 6 月 1 日国家发展改革委正式颁布实施了《汽车产业发展政策》。这是中国汽车产业最重要的一部政策措施，确立了汽车工业在国民经济中的支柱产业地位。

2004 年的《汽车产业发展政策》取代了 1994 年颁发的《汽车工业产业政策》，在进一步明确了汽车工业的支柱产业地位的同时，鼓励发展经济型汽车、节能型汽车、新型能源汽车，对依赖散件组装方式生产汽车进行限制，对进口散件装车构成整车按整车纳税，提高新建汽车生产企业的标准，对汽车生产企业技术开发能力和营销服务水平提出新的要求，对企业新产品技术来源进行相应的审查，鼓励企业技术进步、节能降耗并实施可持续发展的战略等。

自主开发汽车的能力和速度仍是制约我国汽车工业发展的瓶颈，该政策将进一步调整我国汽车工业结构，生产集中度将进一步提高，抑制盲目重复建设，引导汽车产业的投资理性化，引导汽车生产企业开发生产低能耗汽车，提高汽车的安全性和排放标准，引导汽车工业更健康地发展。

（2）《汽车品牌销售管理实施办法》 2005 年 2 月 27 日国家颁发了《汽车品牌销售管理实施办法》，对汽车销售渠道进行了规范化管理。该办法规定汽车经销实施授权的汽车品牌的销售制度，汽车供应商或经其授权的汽车品牌经销商，使用统一的店铺名称、标识、商标等从事汽车经营活动的行为。该办法的实施对净化进货渠道，规范市场行为起到了积极的作用，但具有垄断经营的嫌疑。

2014 年 7 月 1 日，国家工商行政管理总局发布公告，自 2014 年 10 月 1 日起，停止实施汽车总经销商和汽车品牌授权经销商备案工作。这意味着汽车销售将放开经营，不再受汽车制造商的限制和授权，市场将进一步公开化、公平化。

（3）《二手车流通管理办法》 《二手车流通管理办法》（以下简称《办法》）已由商务部、公安部、工商总局、税务总局联合发布，于 2005 年 10 月 1 日起正式实施。《办法》明确规定，符合相关条件的汽车品牌经销商等经营主体均可依法申请从事二手车经营。外商将被允许投资设立二手车交易市场和二手车经营公司。2000 年以来，许多汽车品牌销售店虽然都已开展起二手车置换业务，但由于没有新办法给予政策上的认可，一直以来发展受到限制，《办法》令汽车品牌店开展二手车业务真正名正言顺起来。

（4）《汽车产品外部标识管理办法》 国家发改委于 2005 年 11 月 3 日发布《汽车产品外部标识管理办法》，从 2006 年 2 月开始实施。《汽车产品外部标识管理办法》规定所有境内生产并在国内销售的汽车生产企业必须用中文标出名称。国产乘用车、商用车、挂车在车身尾部显著位置或在保险杠之上的后部车身位置，应标注汽车生产企业名称、商品商标、车型名称等；汽车生产企业的合资各方，如将各自的中文汉字名称的简称或商标进行组合标注的，可不再标注生产企业名称。

同时，《汽车产品外部标识管理办法》还对标识高度、材料做出了明确规定，并且在乘用车、商用车车身的前部和尾部标识中，汽车生产企业名称、商品商标、车型名称等应能永久保持，不得采用油漆喷涂方式和不干胶粘贴方式。

(5)《汽车金融机构管理办法》《汽车金融机构管理办法》于2007年12月27日经中国银行业监督管理委员会第64次主席会议通过，于2008年1月24日起执行。《汽车金融机构管理办法》规定："汽车金融公司的出资人为中国境内外依法设立的企业法人，其中主要出资人须为生产或销售汽车整车的企业或非银行金融机构。"这就意味着中国汽车金融向外资开放进入了实质性阶段。消费者申请贷款的选择面拓展，贷款的程序简化，消费者得到的实惠会更多，这将极大地鼓舞汽车的信贷消费市场，从而进一步带动汽车的消费。

(6)《汽车贷款管理办法》《汽车贷款管理办法》由中国人民银行和中国银行业监督管理委员会审议通过，自2004年10月1日起施行。

新的《汽车贷款管理办法》对原有的汽车贷款管理办法进行了一定的修改，主要表现在：

1）贷款人向借款人发放的用于购买汽车（含二手车）的贷款，包括个人汽车贷款、经销商汽车贷款和机构汽车贷款。

2）汽车贷款的贷款期限（含展期）不得超过5年，其中，二手车贷款的贷款期限（含展期）不得超过3年，经销商汽车贷款的贷款期限不得超过1年。

3）首付款比例确定方式发生了变化。《汽车贷款管理办法》指出，发放自用车、商用车和二手车贷款的金额分别不得超过借款人所购汽车价格的80%、70%和50%。这里所说的首付款比例是最低限。在实际操作中，为有效防范贷款风险，银行不仅可以提高首付款比例，还可以要求借款人投保"车贷险"，即汽车贷款保证保险。

4）贷款人发放汽车贷款，应要求借款人提供所购汽车抵押或其他有效担保。

(7)《汽车消费政策》 自确立汽车产业为国民经济的支柱产业以来，汽车产业一直在国家的政策扶持下发展。有关汽车消费的政策，自2008年开始，国家曾多次颁发，也多次调整，其总体内容是降低小排量汽车的消费税税率，提高大排量汽车的消费税税率，其主要目的是鼓励小排量汽车的消费，抑制大排量汽车的消费，旨在节能减排。例如，2008年财政部、国家税务总局发出决定从2008年9月1日起调整汽车消费税政策。具体包括：一是提高大排量乘用车的消费税税率，排气量在3.0L以上至4.0L（含4.0L）的乘用车，税率由15%上调至25%，排气量在4.0L以上的乘用车，税率由20%上调至40%；二是降低小排量乘用车的消费税税率，排气量在1.0L（含1.0L）以下的乘用车，税率由3%下调至1%。此政策在实施1年后终止。此后，国务院部委又多次出台汽车消费政策的修改方案。最新的一期是2015年9月29日，国务院出台汽车消费的三项政策：一是完善新能源汽车扶持政策；二是1.6L及以下排量乘用车实施减半征收车辆购置税；三是加快淘汰营运黄标车。

(8) 汽车整车进口关税下降，零部件进口配额取消 按照WTO条款规定，从2000年起，进口整车关税将逐年递减。排气量在3.0L以下的轿车将从基础税率80%下降到25%；排气量在3L以上的将从基础税率的100%下降到25%。按照计划，国务院关税税则委员会宣布从2006年1月1日起，3.0L以下的轿车进口关税从30%降低到28%，从2006年7月1日起，再降低到25%。汽车整车进口关税减让见表3-2。

表 3-2 汽车整车进口关税减让

	基础税率	2000 年	2001 年	2002 年	2003 年	2004 年	2005 年	2006 年 1 月 1 日	2006 年 7 月 1 日
不足 3L	80.00%	63.50%	51.90%	43.85%	38.20%	34.20%	30.00%	28.00%	25.00%
减幅	16.50%	11.60%	8.10%	5.60%	4.00%	4.20%	2.00%	3.00%	
3L 以上	100.00%	77.50%	61.70%	50.70%	43.00%	37.60%	30.00%	28.00%	25.00%
减幅	22.50%	15.80%	11.00%	7.70%	5.40%	7.60%	2.00%	3.00%	

同时对进口汽车的配额也将有不同程度的增加。其他车辆的配额在 2004 年已经取消；关键件的配额在 2003 年已经取消。

汽车关税的降低，直接带来的应该是进口车的价格下降，但从 2002 年以来的情况看，非关税的因素对汽车市场仍有较大影响。随着时间的推移，这种影响将越来越小。中国汽车与国际接轨的日子越来越近，而且不仅仅是价格。

(9)《缺陷汽车产品召回管理规定》 2004 年 10 月，我国开始实施《缺陷汽车产品召回管理规定》。规定凡在我国境内生产、进口、销售、租赁、修理汽车产品的制造商、进口商、销售商、租赁商、修理商都应遵守该规定。2012 年 10 月 10 日，国务院第 219 次常务会议通过了《缺陷汽车产品召回管理条例》(以下简称《条例》)，自 2013 年 1 月 1 日起施行。《缺陷汽车产品召回管理条例》对汽车消费者可以享受到应有的权利进行了明确。《条例》规定，对缺陷汽车产品，生产者应当依照本条例全部召回；生产者未实施召回的，国务院产品质量监督部门应当依照本条例责令其召回。消费者的权益得到了更大保证，从而增加了汽车消费者的消费信心，刺激了汽车消费市场。

(10)《家用汽车产品修理、更换、退货责任规定》 国家质检总局发布的《家用汽车产品修理、更换、退货责任规定》于 2013 年 10 月 1 日起施行。规定要求：保修期限是不高于 3 年、6 万 km，"三包"有效期限是不高于 2 年或行驶里程 5 万 km。自此，汽车"三包"有了明确的规定。

汽车作为大件特殊商品，一直被排斥在商品"三包"规定之外。但是，从汽车进入家庭的速度之快及汽车消费纠纷数量的大幅攀升来看，汽车"三包"的实施势在必行。《家用汽车产品修理、更换、退货责任规定》是解决目前汽车消费投诉的当务之急，也真正地保护了个别消费者的利益。汽车的"三包"在很大程度上解决了汽车消费者的后顾之忧，极大地鼓舞了汽车消费者的消费信心，带动了汽车消费市场的发展。

(11) 汽车"3C"认证 2003 年 8 月 1 日实施的"3C"认证制度规定，凡被列入 3C 认证目录的产品，未获得指定机构的认证证书并加盖认证标志的，不得进口、出厂销售和在经营性活动中使用。

实施该制度以来，96% 的进口车都已获得了"3C"，而且相当一部分高档车型也处于办理"3C"的过程中，仅有极少数的进口车受"3C"影响而退出中国市场。"3C"认证在一定程度保证了消费者的使用安全和健康，对汽车消费者来说是非常有利的。

第三节 汽车市场营销微观环境分析

汽车企业不仅要关注汽车市场营销宏观环境的变化，而且要了解汽车市场营销活动的所有微观环境因素，这些因素影响汽车市场营销目标的实现。汽车市场营销决策的微观环境是指与汽车企业营销决策活动紧密联系，能够直接影响汽车企业为目标市场提供服务的能力的各种因素。汽车市场营销微观环境包括企业本身、供应商、营销中介机构、消费者、竞争者及公众等。

一、汽车市场营销微观环境的总体分析

1. 企业内部环境

汽车市场营销微观环境的一个重要因素是汽车生产企业内部的环境状况。汽车生产企业的市场营销并不是孤立的，它面对着许多职能部门，如高层管理、财务、研发、采购、制造等部门。这些部门、各管理层次之间的分工是否科学、协作是否和谐、目标是否一致、配合是否默契，都会影响营销管理的决策和营销方案的实施。企业管理者的管理能力、企业资源状况、企业的投资方式及经营能力等内部因素都在很大程度上影响着汽车的市场营销。汽车企业内部环境的净化和优化是汽车企业成功的关键因素之一。

案例：

在20世纪70年代至80年代美国汽车工业衰退期中，克莱斯勒汽车公司受影响最大，至1980年竟濒临破产。汽车业奇才李·艾柯卡入主克莱斯勒后，采取一系列改革措施，建立评审制度，重新制定财务政策，大力进行人事调整，采取产品生产和销售新策略，并成功地争取到政府资助，使克莱斯勒汽车公司奇迹般地重又排在世界五大汽车公司之列。

2. 供应商

供应商负责向企业提供生产经营所需要的设备、原材料、能源、零配件、劳务和资金等。供应商供应的原材料价格的高低和交货是否及时，以及数量是否充足等，都会在一定程度上影响汽车产品的成本、售价、利润和交货期。供应商应该有一定的供应能力、价格优势和质量可靠的产品等。与供应商建立良好的业务关系是市场竞争的关键因素之一，形成有效的、多方位的营销网络，可以加强双方的理解、节约交易成本、缩短交易时间、降低风险等。因此，汽车企业应该认真研究和分析供应商的情况，随时关注产品所需各种材料的市场供应情况及价格的变动趋势等。

3. 营销中介机构

营销中介机构是指企业将产品销售给最终用户的过程中，协助企业促销、销售和经销的各类组织和机构，包括中间商、物流公司、营销服务机构和金融机构等。中间商在企业的营销活动中扮演着重要的角色，它帮助企业寻找顾客并直接与顾客进行交易，从而实现产品向最终用户的转移。中间商又分为商人中间商和代理中间商。商人中间商拥有汽车的所有权，他们将汽车转卖给其他中间商或消费者，从差价中获得利润；代理中间商没有汽车所有权，只是替汽车生产厂商代理汽车销售业务，收取佣金。企业应该保持与中间商的良好关系，互相协调。物流公司是协助企业把货物从产地运到目的地的经济实体。其基本功能是调节汽车生产与消费之间的空间矛盾。汽车企业要通过综合考虑成本、运输方式、速度及安全性等因素来决定运输和存储商品的最佳方式。营销服务机构是指调研公司、营销咨询公司、广告公司及各种广告媒体，这些机构协助企业选择目标市场，推销汽车产品。金融机构包括银行、信贷公司、保险公司等，它们能够为汽车交易提供金融支持或针对货物买卖中的风险进行保

险，对汽车企业的市场营销起到很重要的作用。

4. 消费者

消费者是指汽车企业为之服务的目标市场的对象，是汽车产品的购买者、使用者，包括个人、家庭、组织机构、政府部门等。汽车企业市场营销活动都应以满足汽车用户的需要为中心，汽车用户是企业最重要的微观环境因素，汽车企业在汽车的市场营销过程中必须认真分析和研究汽车用户的需要及其变化的情况。汽车用户市场的类型又可分为消费者市场、生产者市场、中间商市场、政府市场及国际市场，每个市场都具有不同的销售特点，应认真加以分析区别。

5. 竞争者

汽车行业是由多个汽车企业组成的，各个企业之间必然形成竞争关系。竞争者在不断地抢占共同的目标市场，从而也加大了企业联系顾客的难度。汽车企业要想获得较大的市场份额，在众多的竞争者中立于不败之地，除了满足目标市场的需求外，还必须认真研究竞争对手的销售战略，针对不同类型的竞争者采取不同的竞争策略。从汽车消费需求的角度划分，企业的竞争者包括愿望竞争者、平行竞争者、产品形式竞争者和品牌竞争者。

愿望竞争者是指提供不同产品以满足不同需求的竞争者。平行竞争者是指提供能够满足同一需求的不同产品的竞争者。例如，自行车、摩托车、轿车等都可以作为家庭交通工具，这三种产品的生产经营者就相互成为各自的平行竞争者。产品形式竞争者是指同样生产汽车，但生产不同级别、款式、性能的汽车产品的竞争者。品牌竞争者是指生产同类型的汽车产品，但品牌不同的竞争者。例如，在中国的中高级轿车市场中，生产帕萨特轿车的上汽大众与生产雅阁轿车的广汽本田应该说是互为品牌竞争者。

6. 公众

公众是指对汽车企业市场营销目标的实现构成实际或潜在影响的一切社会团体和个人。汽车企业周围的公众一般包括金融机构、新闻媒体、政府机构、社会团体及一般公众等。在汽车市场营销活动中，营销管理者应该努力与公众建立良好的关系，公共关系活动在企业整体营销管理中占有重要的地位。

二、中国汽车营销的微观市场环境的基本状况分析

（1）汽车产品日益丰富，品牌多，车型多，覆盖的市场广　新产品推向市场的周期逐渐变短，新车型不断亮相车市。例如，上汽大众就生产帕萨特、桑塔纳、POLO 等不同品牌，而且每一品牌都拥有很多不同的车型。由于汽车产品种类多，新车上市的速度快，消费者的选择性加强，汽车市场竞争日趋加剧。

（2）汽车市场由卖方市场向买方市场转变，汽车企业的行为更加理性，更趋合理化　各汽车企业已经完全放弃那种无视市场需求的做法，都非常重视市场的变化及消费者的需求变化。

（3）汽车企业的竞争由单一的价格竞争转向全方位的竞争态势　降价是 2003—2004 年中国车市的主要热门话题，成了汽车厂家之间竞争的主要手段。但恶性的价格战不但没有唤醒消费者的需求，反而加强了消费者持币待购的心态，各汽车企业开始探询其他的竞争策略，都开始加大产品的技术含量，提高产品质量，特别是强化服务手段，由价格的竞争转向了全方位的竞争。

（4）消费者的购车行为发生了变化　总体体现为消费者的消费日趋理性。由于汽车产

品的丰富，消费者可选择的车型增多，消费者的消费需求表现出多样化的特点，他们对汽车产品的安全性、经济性、动力性等方面都提出了不同的要求。另一方面，消费者购买汽车的价位出现变化，购买低价位的经济型车的消费者的比例迅速增加，从而预示着经济型车的发展将会是中国车市未来几年发展的主流。

案例：

福特汽车公司的宏观营销环境分析

福特汽车公司在20世纪80年代进行战略调整时，对即将到来的20世纪90年代的环境进行了详尽的分析：

1. 经济环境

影响汽车工业和福特汽车公司成长的几个经济因素有利率、汽车的价格、美元的价值和美国总体的经济大环境。

为了预测经济的变化，福特公司的经济学家和其他的经济分析人士在当时分析了许多经济变量或“主要的指标”，其中一些指标包括批发和消费价格指数、耐用品订货量、消费者负债量、GNP增长、利率。通常这些变量在复杂的经济预测模型中作为因变量来模拟经济及准确地预测经济趋势。

福特公司主要的几个经济学家曾预测1990年经济以1.5%的速度缓慢增长，头半年的状况是通货膨胀和失业率上升，利率下降，美元相对疲软。从长期看，汽油价格预计将持续上涨，生产费用将用于保证安全性、控制污染和油耗上。

当时他们预测在北美装配的日本轿车的数量将很快达到每年200万辆，将会出现供大于求，这可能威胁美国汽车市场的价格结构，并且给美国市场上各商家的收益带来负面影响。

尽管多数经济学家认为美国经济将有下滑的趋势，但对经济的衰退前景及何时可能发生衰退意见不一。美国商业部预言新车的销售量在1990年将下降1.3%，但此后将逐年增长，直到1994年。

2. 政治环境

对当时的汽车制造商们来说，20世纪90年代将标志着一个日益增加的政府管制制度和环境上的压力的新纪元，促使他们提高燃料效率、安全标准和污染控制水平。净化空气的要求、全球变暖及新油耗标准的出台都将给福特公司的新产品计划蒙上阴影。

在欧洲各国和澳大利亚，福特公司有着巨大的市场潜力，销售网遍布，并且在英国、德国、比利时和西班牙都有组装厂。为准备1992年以后在欧洲的发展，公司在20世纪90年代初收购了英国的捷豹股份有限公司，并有意在瑞典的萨博（Saab）汽车公司中获得一部分股份。福特公司还拥有日本马自达汽车公司25%的股份。随着汽车工业变成真正的国际行业，福特公司还将在国外寻求合资伙伴。

当时对中国的分析是，在中国，汽车工业发展的前景不是很明朗，福特公司在中国这种情况下并未采取任何明显的行动。通用汽车公司放弃了其在中国与富士汽车公司建立合资企业的计划。多数分析家始终认为中国市场中很多行业是有利可图的，但由于中国经济还不够发达，所以汽车工业的获利可能会更慢些。

3. 社会环境

对20世纪90年代的社会和经济趋势研究表明，汽车总会有大量的购买者，他们有购买的倾向，并有购买新车的财力，其中三种人群对汽车工业来说具有特殊的意义，他们分别是人口快速增长时期出生的人群、妇女和老人。

4. 技术环境

未来的汽车将变得更加容易操作，并装有智能系统：快速敏捷的计算机会使发动机和传送系统的运转更加高效；电子悬浮系统、雷达障碍扫描系统会帮助驾驶人避免车祸；导向系统在荧屏上显示各种可选择的路线，以帮助驾驶人避免交通堵塞；自动变色玻璃和红外系统可提高夜间的可视度，防抱死制动系统、安全气囊和牵引控制将会标准化。

塑料的使用将会增加，因为其重量轻，相对钢材价格便宜，并且不会腐蚀。通过运用计算机来设计模型和样车，将会成为未来的趋势，并且在未来的五年内，将会有一万辆电动车在南加利福尼亚投入使用。

在生产中，机器人技术的使用将会更加广泛。20 世纪 90 年代的汽车生产商将会开发出使用替代燃料的汽车。

案例：

长安汽车微型车的市场机遇

长安汽车有限责任公司是在军转民的基础上发展起来的，进入汽车业界初期企业严重缺乏资金和与汽车相关的专业人才，属于弱势企业。该企业从市场环境调研入手，了解到：一是微型车辆国内有很大市场，国家经济发展水平表明在 20 ~ 30 年微型车将保持在高需求状态；二是国内主要生产厂家天津汽车工业公司规模不是很大，处于刚发展的阶段，还不可能独占国内市场；三是国外汽车制造商均不重视微型车市场，只有日本铃木、大发、富士重工三家为主要开发、生产厂家，该领域是国内乃至国外的产品空档，因而决定与铃木公司合作生产奥拓微型轿车及微型客车。企业在发展战略方面基于自身状况确定滚动发展的步骤，这样可以节省大量的资金。长安公司通过十多年的努力已达到年产汽车 25 万辆以上，在开发微型客车中主动采用电喷供油技术和率先通过安全碰撞试验，这两项关键技术后来都成为国家对微型客车所必备的要求。技术上的提升和产品开发、生产已使长安公司成为国内微型客车生产领域的领军企业。在这基础上，长安公司进一步与铃木合作开发 1L 级的三厢式羚羊轿车，并取得了成功，之后又与福特公司合作生产 1.3L 以上的轿车，走的还是滚动发展的战略，又称为无借贷运作，双方首期共投资 9800 万美元。这样，长安公司十多年就形成了一个生机蓬勃的年销售额百亿元以上的大型汽车企业。

本章小结

本章主要讲述了汽车营销环境的构成，汽车营销宏观环境和微观环境的内容，具体分析了宏观经济构成要素中经济环境、政策环境对汽车市场的影响，其中对政策环境中的汽车相关政策进行了重点解读。主要知识点和技能点包括营销环境的构成、各个环境要素对汽车市场的影响、营销环境的分析方法及企业对营销环境适应与改善的能动作用。

本章内容	知识点	核心知识	技能点
汽车市场营销环境	营销环境的构成及其研究意义	营销环境的构成要素	
	汽车市场营销环境的特点	5 个特点	
汽车市场营销宏观环境分析	人口、自然、经济、科学技术、社会文化、政策与法律分析	主要政策的内容和经济状况对汽车市场的影响	运用 SWOT 进行环境分析；各要素对本地区汽车市场的影响结果
汽车市场营销微观环境分析	企业内部环境、供应商、中介机构、消费者、竞争者、公众分析	企业内部环境、供应商、中介机构、消费者、竞争者、公众的营销作用	改善微观环境的措施

复习思考题

1. 汽车市场营销环境的分析对汽车企业营销有何意义？试举一例子加以说明。
2. 汽车市场营销宏观环境包括哪些方面的内容？
3. 汽车市场营销微观环境包括哪些方面？
4. 收集各方面的资料，说明我国汽车企业面临的市场营销宏观环境及微观环境的状况。

实践练习题

选择某一大中型城市，说明其汽车市场营销环境的具体状况，并针对这些实际的市场环境状况提出汽车销售的发展措施。

同步训练

营销策划书之二：

1. 就选定的车型进行市场营销环境分析；宏观环境重点分析政策环境和经济环境；微观环境重点分析客户环境。

2. 进行 SWOT 分析（参见第二章）。

第四章 汽车市场调查与预测

学习目标

理论要求：

1. 了解汽车市场调查的意义。
2. 掌握汽车市场调查的主要内容、调查的步骤及方法。
3. 理解汽车市场预测对提高汽车市场营销水平的重要现实意义。
4. 了解汽车市场预测的步骤与方法。

实践要求

1. 具有运用汽车市场营销调查的方法进行调查实践的能力。
2. 具有问卷的设计能力。

第一节 汽车市场调查

一、汽车市场调查的概念与汽车市场调查的重要意义

1. 汽车市场调查的概念

汽车市场调查就是运用科学的方法，有计划、有目的，系统地收集、整理和分析有关汽车市场营销方面的信息，得出调查的有关结论，并形成调查报告。具体来说，汽车市场调查是汽车生产企业、经销商对用户及潜在用户的购买力、购买对象、购买习惯、未来购买动向和同行业的情况等进行全面或局部的了解，弄清涉及企业生存和发展的市场运行特征、规律和动向，以及汽车在市场产、供、销方面的状况及其相关的影响因素。

2. 汽车市场调查的重要意义

1）通过汽车市场调查，可以帮助汽车企业了解汽车市场营销环境的状况及未来的发展趋势，以便为汽车企业的营销决策提供科学的参考依据。

2）通过汽车市场调查，汽车企业可以发现新的需求和机会，及时拓展出新的服务去满足这些需求。

3）通过汽车市场调查，汽车企业可以掌握竞争者的态势，在竞争中知己知彼，更好地进行自我定位，以便在市场上立于不败之地。

4）通过市场调查，汽车企业可以了解到宏观上的国家政策和法律法规的变化对自身发展的影响，预测未来的经济走向，抓住发展机会。

可以说，汽车市场调查是汽车企业取得良好经济效益的保证。企业应该牢牢地把握好市场调查这个重要的武器，认真、科学地开展市场调查工作。特别是在经济全球化、汽车市场竞争激烈、汽车市场变化迅速的今天，市场调查的意义更为突出。

二、汽车市场调查的内容

汽车市场调查的一般内容包括以下四个方面，如图 4-1 所示。

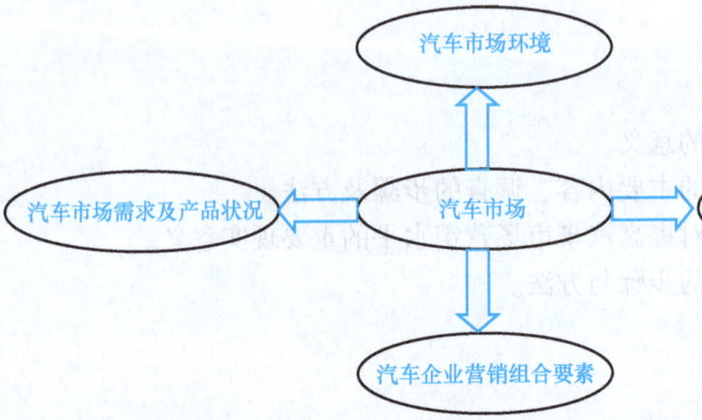

图 4-1　汽车市场调查的内容

1. 汽车市场环境调查

汽车市场环境调查包括对政策法律环境、经济环境、科学技术环境及社会文化环境等方面的调查。

1）政策法律环境的调查包括对政府有关汽车方面的方针、政策和各种法令、条例等可能影响到汽车企业发展的诸因素的调查，如汽车价格政策、汽车税收政策、汽车金融政策、人口政策、产业发展政策及环境保护政策等。

2）经济环境调查主要是指调查所在地区的整体经济发展水平、经济结构、人口及就业状况、交通条件、基础设施情况等，同时还应重点调查该地区消费者的收入水平、消费结构和消费水平等。

3）科学技术环境调查主要是对国际与国内的新技术及新车型的发展速度、变化趋势、应用和推广等情况进行调查。

4）社会文化环境调查主要是调查一个社会的文化、风气、时尚、爱好、习俗等方面，通过这些方面的调查，可以比较具体地了解消费者对汽车产品需求所带有的文化色彩，并根据不同的文化特点和文化层次采用不同的市场营销策略。

2. 汽车市场需求及产品状况调查

汽车市场需求及产品调查主要是对汽车产品种类、消费需求量、需求结构、需求时间、需求动机及购买行为等方面的调查。

（1）消费需求量的调查　对于汽车企业来讲，消费需求量的调查不仅是了解企业所在地区的需求总量、已满足的需求量，更重要的是调查潜在需求量，同时还必须了解企业的销售量在该地区销售量中所占的比例，即市场占有率。

（2）汽车需求结构调查　汽车需求结构调查主要是指了解消费者的购买倾向。汽车企业不仅要调查汽车需求总量，还要调查消费者对不同品牌和不同车型的需求情况，如本田、富康、奥迪、捷达等车型的需求量。另外，企业还必须了解引起需求量变化的原因，并调查消费者需求结构变化的趋势。

（3）汽车需求时间调查　消费者对于汽车产品的需求情况带有明显的时间差异性。就整车销售而言，节假日的销售量要远远大于其他时间，特别是春节前后，汽车销售更加火爆。汽车企业进行汽车需求时间的调查，有利于企业了解销售的时间性特点，更好地制订营销策略。

（4）消费者购车动机与购买行为调查　购买动机调查的目的主要是了解消费者的购买动机产生的各种原因，根据各种原因采取相应的诱导措施。购买行为调查实际上主要是了解消费者在何时购买，何处购买，由谁购买及如何购买等情况。

3. 汽车市场竞争状况调查

汽车企业在制订各种重要的市场营销决策之前，必须认真调查和研究竞争对手可能做出的种种反应，并时刻注意竞争者的各种动向。汽车企业在进行市场竞争状况调查的时候，首先应该明确竞争对手究竟是谁，然后展开有针对性的调查。竞争对手的调查主要包括五个方面的内容，如图 4-2 所示。

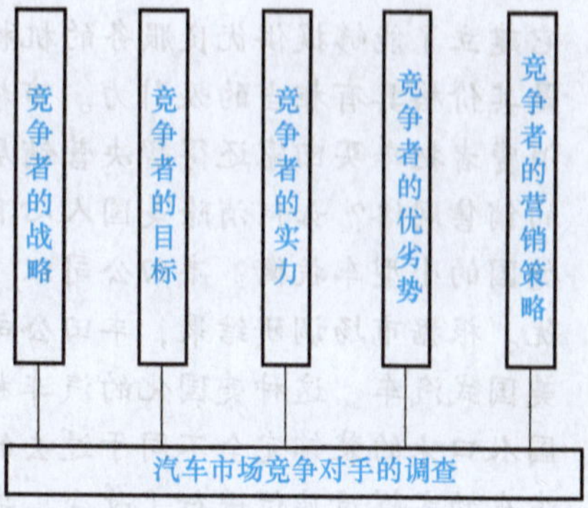

图 4-2　汽车市场竞争对手的调查内容

4. 汽车企业营销组合要素调查

1）汽车企业代理的品牌与车型调查。

2）汽车价格调查：

① 汽车市场供求情况的变化趋势。

② 影响汽车价格变动的因素及汽车价格的变动趋势。

③ 汽车厂商各种不同的价格策略和定价方法对汽车件价格的影响，以及价格变动后消费者的反应。

3）汽车营销渠道的调查，包括营销渠道的选择、控制与调整情况。

4）汽车的促销调查，包括广告效果的测定、公关活动及营业推广活动的市场绩效等。

在进行实际的市场调查过程中，汽车企业应该根据调查的主要目标选择其中的相关内容进行重点的、详细的调查。

案例：

丰田车——车到美国也有路

丰田公司的成功之路一向被世人视为经典案例，尤其是丰田车打入美国市场的过程，更是经典中的经典。然而，丰田车并非在一开始就“车到美国也有路”。初入美国时，丰田公司面对德国大众及美国本土的几个汽车厂家，遭遇了相当大的挫折。当时丰田出口美国的是一种名为光环的轿车，但光环轿车在美国市场的激烈竞争中一败涂地，导致丰田公司出师不利，首战即告负。面对困境，丰田公司不得不重新考虑怎样才能成功打进美国市场。公司制订了一系列营销战略，这当中关键的一步就是进行大规模的市场调查工作，以把握美国的市场机会。调查工作主要分以下几个方面进行：首先，丰田公司对美国的代理商及消费者需要什么，以及他们无法得到什么等问题进行彻底研究，除了日本政府提供的信息外，丰田公司还利用商社，以及外国人和本公司职员来收集信息，通过多种渠道的收集，得到了美国市场的一些新的需求信息。经过调查，他们发现美国人把汽车作为地位或性别象征的传统观念正在逐渐减弱，汽车作为一种交通工具，人们越来越重视其实用性、舒适性、经济性和便利性。其次，丰田公司还研究了竞争对手的不足和缺陷，制订了“攻占角落”的营销策略。例如，丰田公司在市场调研中发现，美国底特律的汽车制造商们对竞争者的挑战、政府的警告、消费者拒绝购买和库存量的直线上升熟视无睹，继续大批量生产大型豪华车。小型车的空白市场给丰田轿车的侵入提供了机遇。最后，丰田公司还详细研究了国外汽车制造商在美国的业务活动，向竞争对手学习，从而制订出更好的销售和服务战略。丰田公司委托一家美国调研公司去访问大众汽车的拥有者，以了解消费者对大众车的满意和不满之处。调查表明，大众“甲壳虫”的成功原因主要有两个：一是它建立了能够提供优良服务的机构，从而消除了消费者对需要时买不到零配件的忧虑；二是其价格具有相当的吸引力。市场调研只解决了“生产什么和为谁生产”的问题，要让消费者把车买回家还得解决营销层面的难题。丰田公司遇到的问题有三个：如何建立自己的销售网络？如何消除美国人心目中“日本货就是质量差的劣等货”的老印象？如何与德国的小型车抗衡？丰田公司以“人有我优”作为应对策略，即质量优、价格优、服务优。根据市场调研结果，丰田公司开发了一种新产品——皇冠牌汽车，一种更经济实惠的美国式汽车。这种美国化的汽车被称为“底特律”式车，其漂亮的外形和车厢内符合美国人口味的装饰完全不同于过去的试验型汽车：为手臂较长的人设置了靠手，并按照美国汽车的式样对座位进行了改变，安排了较大的伸脚空间。同时，产品的质量、可靠性和维修等也得到了同样的关注。新产品真正做到了“美国化”。在定价方面，为吸引大量新的购买者，丰田公司将产品的售价定得比竞争对手低得多。这项战略促进了产品销售并降低了产品成本，成本的降低则进一步拉低了价格。丰田的价格战略产生了“滚雪球”效应：丰田皇冠定价低于2000美元，之后推出的丰田卡罗拉（Coralla）定价低于1800美元。这种进攻战略，为丰田公司赢得了一个既讲究质量，又经济实惠的形象。经过不懈努力，到1980年，丰田汽车在美国的销售量已达到58000辆，2倍于1975年的销售量，占据了美国进口汽车25%的市场份额。丰田公司在占领美国中档汽车市场后并不满足，采取乘胜追击的战略。20世纪80年代后期又争夺美国的高档豪华车市场。有了前车之鉴的丰田公司把市场调研工作做得非常充分，派出专家小组前往美国，与美国人同吃同住，并运用问卷、座谈会等方式对市场需求的每一细节都进行了调查。经过5年多的呕心沥血，推出了凌志车。凌志一改过去日本汽车经济实用的中低档形象，定位为豪华轿车，仅上市两年，其业绩就赶上了在高档车市场已苦心经营数年的宝马。从初入美国市场遭受挫折，到如今在美国市场呼风唤雨，丰田公司成功的关键就在于通过市场调研不断地发现消费者需求的变化，并据此对产品加以改进。丰田公司真正实践了“了解顾客”的口号。丰田公司占领市场的战略就是不断完善其产品，以满足消费者的要求。从汽车的经济性、安全性到外形和速度，丰田公司都在不断改进，使其产品的性能和质量不断提高。丰田汽车的产品系列也从中低档车发展到豪华车，逐步获得了优质产品的良好名声，从而使丰田车在世界市场上失去价格竞争优势的条件下，销量仍能增加。丰田汽车的美国之路告诉我们，任何企业在进入一个新市场时，市场调研都是关键的环节。企业应做好市场调研，并针对其结果制订产品价格、销售网络、服务体系等方面的策略。

三、汽车市场调查的方法

汽车市场调查的方法可以分为间接调查法和直接调查法。

1. 间接调查法

间接调查法指的是从各种文献档案中获取资料的方法，通常间接调查所获得的都是二手资料，一般又把间接调查法称为二手资料调查法。间接调查法的主要优点表现为：获取信息所需的时间和费用较少；不受时间和空间的限制；间接调查收集的资料不受调查人员和被调查者的主观因素干扰，反映的信息比较客观、真实。其缺点表现为：间接调查所获取的信息时效性差；间接调查的信息很难与调查活动要求一致，需要进一步加工处理；间接调查的资料分析处理的难度相对较大。

间接调查的资料来源主要是企业内部资料及外部资料。内部资料来源于企业的会计数据、各管理部门提供的相关资料（如进货统计、销售报告、库存动态记录等）及其他各类记录。外部资料主要来源于政府机构、行业协会、信息咨询机构、图书文献等一些统计资料。

由于间接调查所获得的是二手资料，所反映的信息时效性不强，而且还需要进行一定的加工处理，因此在企业的实际调查过程中一般不常用这种方法，只把它作为一种辅助的调查方法。在汽车市场调查中常用的是直接调查法。

2. 直接调查法

直接调查法是指通过实地调查收集资料、获取信息的一种方法。直接调查法所获取的都是一手资料，时效性非常强，更能反映真实的市场情况。在汽车市场调查中常用的就是此方法。直接调查法主要包括访谈法、观察法、实验法三种方法。其中，访谈法又是被广泛运用的一种方法。

（1）访谈法　访谈法是通过直接或间接问答方式来收集信息的方法，是汽车市场调查中最常用的方法。这种方法使调查人员可以灵活地提出各种设计好的问题，通过被调查人员对问题的回答来收集信息，针对性强。访谈法的具体方式又可以分为问卷调查、面谈调查、电话访谈调查。

问卷调查是目前汽车企业广泛采用的调查方法，即根据调查目的设计好各类调查问卷，然后采取抽样的方式确定调查样本，通过调查员对样本的访问，完成事先设计的调查项目，最后经统计分析得出调查结果的一种方式。问卷调查的成功与否关键取决于问卷的设计是否合理。

面谈调查是调查人员与被调查人员进行面对面的谈话，从而获得信息的一种方法。这种方法的最大特点是调查灵活、调查的信息全面、调查的真实性较强。面谈调查可以是个人访谈，也可以是集体座谈。

电话访谈调查是调查人员通过电话交谈来了解消费者意见的一种方法。例如，打电话定期询问消费者对汽车企业服务的感觉，以及企业需要改进的方面等。

（2）观察法　观察法是调查人员在现场对被调查者的情况进行直接观察、记录，以取得市场信息资料的一种调查方法。在观察时，调查人员既可以耳闻目睹现场情况，也可以利用照相机、录音机、摄像机等设备对现场情况做间接观察，以获取真实信息。运用观察法收集资料的优点在于，调查人员与被调查者不发生直接接触，这种情况下，被调查者的活动不受外在因素的影响，处于自然的活动状态，行为真实，因而获取的资料会更加反映实际。但观察法的缺点是，不容易观察到被调查者的内心世界，不易了解内在的东西，有时需要做长时间的观察才能得出结果。

观察法在汽车市场的调查中也运用得比较广泛，如车型保有量的观察、汽车营销展厅的现场观察、车辆库存观察等。

(3) 实验法 实验法是指在汽车市场调查中，将调查范围缩小到一个比较小的规模上，进行实验后取得一定结果，然后在推断出总体可能的结果，通过实验对比来取得市场信息资料的调查方法。具体做法是：从影响调查对象的若干因素中先选出一个或几个因素作为实验因素，在其他因素处于不变的条件下，了解实验因素变化对调查对象的影响。实验完成后，还需用市场调查方法分析这种实验性的推销方法或产品是否值得大规模推行。这种调查方法的优点是比较科学，具有客观性；缺点是实验的时间可能较长，成本高。

对汽车产品而言，在改变品质、设计、价格、广告、陈列方式等因素时，可应用实验法，先做小规模的实验性改变，以调查消费者的反应。

上面讲述了关于汽车市场调查的多种方法，在实际的调查过程，应该根据调查的目标、调查的内容等因素来选择其中最适合的调查方法。但总的来说，问卷调查是汽车市场调查方法中运用最为广泛的方法，而调查问卷的设计又是问卷调查的关键所在。下面将介绍一下调查问卷的设计技巧。

四、汽车市场调查问卷的设计技巧

1. 调查问卷的设计原则

调查问卷的设计应具备下面 8 个方面的原则：紧扣调查的主题；上下连贯，问题间要有一定的逻辑性；设计被调查者愿意回答的问题；回答问题要方便；问题要有普遍性；问题界定准确；问题不应带有引导性；便于整理统计与分析。

2. 问卷的基本结构

(1) 问候及填写说明 调查问卷开头应以亲切的口吻问候被调查者，使被调查者感到礼貌、亲切，从而增加回答问题的热情。简要说明填写要求，以提高调查结果的准确性。

(2) 被调查者的基本情况 被调查者的基本情况包括被调查者的性别、年龄、职业、文化程度等，根据调查需要选择性列出，其目的是便于进行资料分类和具体分析。

(3) 调查内容 调查内容是调查问卷的主体部分，涉及调查问题的提出和回答的方式。

(4) 调查信息 调查人员、调查时间、调查地点的填写。

3. 调查问卷的提问技术

(1) 封闭式提问 封闭式提问是指在问卷中已拟定了各种可能的答案，被调查者只能从中选择。这种提问方式的优点是被调查者回答容易，所得资料较为准确，因而成为目前问卷调查中提问的主要方式。封闭式问题的常用词汇：有没有、对不对、是不是、会不会、可不可以、多久、多少等。

例如：您是否已经购车？您购车的主要目的是什么？(四个选项中选一个回答)

(2) 开放式提问 开放式提问是指调查的问题不列出答案，由被调查者根据自己的体会或看法随意填写。其优点是设计问题容易，并可以得到被调查者建设性的意见。缺点也非常明显，被调查者不易回答，而且还受被调查者的文化水平、态度等的影响，有可能得不到准确的信息。

例如：您对纯电动汽车有何看法？您对目前4S店的服务有何评价？

范例

汽车市场需求及产品状况调查：

中档轿车市场调查问卷

尊敬的顾客朋友，您好！

适逢新春佳节之际，深圳深业丰田汽车服务有限公司祝您新春愉快，万事如意！为了更好地为您服务，我公司十分想听听您的意见，请您在百忙中予以合作，谢谢您的支持！

填写说明：请在选项上画钩。

1. 下列选项中您认为中档轿车销售最受影响的因素是什么？

A. 经销商所在地的地理环境　B. 经销商的规模　C. 代理品牌　D. 售前和售后配套服务　E. 经销商的知名度

2. 您认为经销商应该提供以下哪几项服务？

A. 整车售卖　B. 牌照全包　C. 零配件供应　D. 售后维修服务　E. 信息反馈　F. 其他

3. 您对下列中档轿车的哪些品牌感兴趣？

A. 国产品牌：帕萨特、上海别克、红旗、广州本田

B. 日本品牌：本田、雷克萨斯、三菱、丰田、马自达、尼桑（NISSAN）

C. 美国品牌：别克、克莱斯勒、林肯、欧宝威达

D. 欧洲品牌：雷诺、雪铁龙、大众

E. 其他品牌：大宇蓝龙

4. 您比较关注下列哪些汽车促销活动？

A. 降价　B. 送礼　C. 折扣　D. 保险优惠　E. 长保修期　F. 赠品　G. 驾驶培训　H. 代办执照

5. 您认为中档轿车的界定依据是什么？

A. 价格：范围在20万～50万元之间

B. 品牌：如本田雅阁、红旗、帕萨特

C. 排气量：排气量在1.7～2.3L之间

6. 您购买中档轿车时主要考虑下面哪些因素？

A. 质量　B. 价格　C. 品牌　D. 款式（颜色，外观）　E. 耗油指标　F. 维护保养服务　G. 乘坐的舒适程度

7. 您认为未来几年中档轿车的销售数量将会是什么趋势？

A. 每年都有较大幅度的提高　B. 每年都有较小幅度的提高　C. 基本不变　D. 每年都有较小幅度的减少　E. 每年都有较大幅度的减少

8. 您一般通过哪些渠道得到有关汽车的信息？

A. 展示厅　B. 报纸　C. 杂志　D. 电视　E. 广播　F. 新闻报道　G. 展销会　H. 亲朋好友推荐

9. 请填写您的个人及家庭情况。

(1) 性别 □男 □女

(2) 年龄 □18 岁及以下 □19 ~ 28 岁 □29 ~ 39 岁 □40 ~ 49 岁 □50 ~ 59 岁 □60 岁及以上

(3) 婚姻 □已婚 □未婚

(4) 文化程度 □初中以下 □高中 □大专 □本科及以上

(5) 职业 □工人 □公务员 □科技文卫人员 □企业职员 □企业管理人员 □其他

(6) 您的家庭年收入 □20000 元以下 □20000 ~ 50000 元 □50000 ~ 100000 元 □100000 ~ 200000 元 □200000 ~ 400000 元 □400000 元以上

范例

汽车产品市场调查：

通用别克调查问卷

尊敬的顾客朋友，您好！

我们是深圳标益汽车服务有限公司。为了更好地为您服务，我公司受通用汽车的委托对通用别克汽车产品进行调查，十分想听听您对通用汽车的意见，请您在百忙中予以配合。祝您新春愉快，万事如意！谢谢您的支持！

填写说明：请在选项上画钩。

1. 您目前的身份符合以下哪项？

A. 汽车经销商 B. 车主 C. 欲购车者 D. 汽车爱好者 E. 其他

2. 您认为通用别克轿车的突出优势是什么？

A. 性能好 B. 品质高 C. 质量好 D. 性价比高 E. 售前和售后服务好 F. 品牌优势 G. 其他

3. 您是通用别克轿车的哪种用户？

A. 私车 B. 公车 C. 出租车 D. 不是别克轿车用户

4. 您认为通用别克轿车最适合做哪种用途？

A. 私车 B. 公车 C. 出租车

5. 您认为通用别克轿车的档次属于以下哪项？

A. 中档 B. 中高档 C. 高档

6. 您认为通用别克轿车的品牌形象属于以下哪项？

A. 激情 B. 人性 C. 远见领先 D. 高性能 E. 高品位

7. 您认为通用别克轿车的品质如何？

A. 优良 B. 不错 C. 一般 D. 不像宣传的那么好

8. 您认为通用别克轿车的外形如何？

A. 很好看 B. 一般 C. 颜色少

9. 您认为通用别克轿车的内饰如何？

A. 豪华 B. 舒适 C. 一般

10. 您最满意通用别克轿车的哪方面性能？

A. 动力　B. 驾驶性能　C. 安全性能　D. 环保

11. 您对通用别克轿车的整体质量是否满意？

A. 很满意　B. 较满意　C. 一般　D. 不满意

12. 您认为通用别克轿车的合理售价是多少？

A. 20 万元以下　B. 20 万～25 万元　C. 25 万～30 万元　D. 30 万元以上

13. 您认为通用别克轿车的主要竞争对手是谁（可以多选）？

A. 一汽奥迪　B. 广汽本田　C. 上汽大众帕萨特　D. 奔驰　E. 宝马

14. 您对通用别克品牌专卖店的售后服务是否满意？

A. 很满意　B. 较满意　C. 一般　D. 不满意

15. 您对通用别克“四位一体”的营销理念怎么看？

A. 名副其实　B. 做得一般　C. 还只是个宣传口号

16. 请填写您的个人信息。

（1）您的职业是：A. 私营/民营企业主　B. 私营/民营企业职员　C. 三资企业中高级管理职员　D. 三资企业一般职员　E. 国有企业工作者　F. 国家机关工作者　G. 文化艺术工作者　H. 其他

（2）您的姓名：

（3）您的年龄：　周岁

（4）您每年的收入大约是：　元

能否把您的联系方式留下来，以便您中奖后和您联系？

地址：

电话：

E-mail：

范例

汽车消费需求市场调查：

顾客购车因素调查问卷

尊敬的顾客朋友，您好！

我们是深圳腾翼汽车服务有限公司。为了更好地为您服务，我们十分想听听您在购车时考虑的因素。请您在百忙中予以配合。祝您新春愉快，万事如意！谢谢您的支持！

填写说明：请在选项上画钩。

1. 您如购车，考虑的价格是多少？

A. 6 万元以下　B. 6 万元左右　C. 8 万元左右　D. 10 万元左右　E. 15 万元左右　F. 20 万元左右

2. 您喜欢的轿车的颜色是什么？

A. 红色　B. 黄色　C. 蓝色　D. 黑色　E. 绿色　F. 橙色　G. 棕色　H. 灰色　I. 紫色　J. 白色

3. 您喜欢的车型是什么？

A. 三厢轿车　B. 两厢轿车　C. 旅行车　D. 四驱车　E. 微型车　F. 经济型 MPV 车

4. 您对整车长度的要求是什么？

A. 3. 8m 以内　B. 4m 以内　C. 4. 2m 左右　D. 4. 4m 左右　E. 4. 8m 左右

5. 您喜欢的配置是什么？

A. 带 ABS 和双气囊　B. 带 ABS，无气囊　C. 有气囊，无 ABS　D. 无气囊，无 ABS　E. 更好的配置

6. 您的个人及家庭情况：

（1）性别：□男　□女

（2）身份证号（发奖的依据）：

（3）所在地区：

（4）联系地址：　　　　　　　　　　　　邮编：

（5）电子邮箱：　　　　　　电话：（写明区号）

（6）您的年龄：□25 岁以下　□25 ~ 30 岁　□31 ~ 40 岁　□41 ~ 50 岁　□51 ~ 60 岁　□60 岁以上

（7）您的学历：□硕士及以上　□大学本科　□大专　□中专及高中　□高中以下

（8）您的家庭年收入：□20000 元以下　□20000 ~ 50000 元　□50000 ~ 100000 元　□100000 ~ 200000 元 □200000 ~ 400000 元　□400000 元以上

（9）您所从事的职业：

（10）您所在单位的性质：□国有企业　□国有事业单位　□外企独资　□中外合资　□私人企业

□股份公司　□自由职业者　□其他

范例

汽车客户满意度调查：

汽车售后服务满意度调查问卷

为了进一步提高汽车售后服务质量，我们占用您几分钟宝贵时间，您所提供的信息将对我们这次调查的结果非常重要。

填写说明：如有选项，请在选项上画钩。

1. 您所拥有的汽车品牌是________。

2. 此品牌所属经销商是________。

3. 您为何选择此经销商？

A. 服务好　B. 宣传好　C. 听朋友介绍　D. 偶然　E. 其他

4. 这家汽车经销企业都对您提供了哪些售后服务？

A. 免费洗车　B. 定期保养　C. 优惠维修　D. 免费汽车知识咨询　E. 其他

5. 您对此汽车经销企业提供的售后服务是否满意？

A. 满意　B. 较满意　C. 一般　D. 差

6. 您认为他们在哪一方面做得比较欠缺?

A. 免费洗车　B. 定期维护　C. 优惠维修　D. 免费汽车知识咨询　E. 其他

7. 那您觉得会有这种欠缺的主要原因?

A. 工作人员素质差　B. 工作人员技术知识贫乏　C. 办事效率低　D. 中高层管理人员管理不到位　E. 其他

8. 一旦遇到对汽车经销企业的售后服务不满意，您一般会怎么做?

A. 向中高层管理人员反映情况，帮其改进　B. 向有关部门投诉　C. 置之不理，寻求与其他汽车经销企业合作　D. 其他

9. 如果您重新选择购车时的经销商，您是否还会选择这家?

A. 可能会　B. 一定会　C. 绝对不会

10. 根据您的了解，哪家汽车经销企业的服务令消费者很满意________。

11. 您的个人及家庭情况:

(1) 性别: □男　□女

(2) 年龄: □18 岁及以下　□19~28 岁　□29~40 岁　□41~50 岁　□51~60 岁　□60 岁及以上

(3) 婚姻: □已婚　□未婚

(4) 文化程度: □初中及以下　□高中　□大专　□本科及以上

(5) 职业: □工人　□管理人员　□机关干部　□服务业人员　□科教文卫人员　□三资企业职员　□个体经营者　□离退休人员　□学生

(6) 家庭人数: □2 人　□3 人　□4 人

(7) 您的家庭年收入: □20000 元以下　□20000~50000 元　□50000~100000 元　□100000~200000 元　□200000~400000 元　□400000 元以上

五、汽车市场调查的步骤

汽车市场调查一般可分为调查准备、调查实施和调查总结三个阶段。具体的步骤如图 4-3 所示。

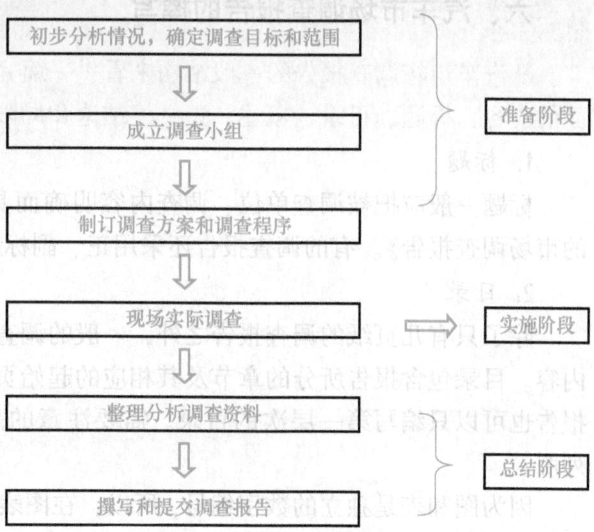

图 4-3　汽车市场调查步骤

1. 准备阶段

(1) 初步分析情况，确定调查目标和范围　汽车市场调查的目的在于帮助汽车企业准确地做出经营战略和营销决策。在进行市场调查之前，企业应首先分析初步情况，明确调查目标，确定指导思想，限定调查的范围。调查目标一般由企业营销综合职能部门提出，主管领导批准。调查目标和指导思想一经确立，在以后的调查活动中应始终围绕本

次调查的总体目标和指导思想进行工作。

(2) 成立调查工作组　为了使调查工作有计划、有组织地进行，成立调查工作组是必要的。其组成人员包括市场营销、规划、技术研究、经营管理、财务或投资等多方面的人员。

(3) 制订调查方案和调查程序　调查小组应根据调查的总体目标进行目标分解，做好系统设计，制订调查方案，确立调查方法与形式，并制订实施计划和阶段目标。制订实施计划是整个汽车市场调查过程中最复杂的阶段。它主要包括调查项目、调查方法、调查人员、调查费用、调查工作日程安排及监督检查、调查人员的工作考核等方面的内容。

2. 实施阶段

进行实地调查是市场调查的正式实施步骤。实地调查即按计划通过各种方式到调查现场获取一手资料。实地调查工作的好坏将直接影响调查结果的准确性。为了保证调查工作按计划顺利进行，并获得比较可靠的信息，企业必须重视现场调查人员的选拔与培训工作，而且要充分估计出调查过程中可能出现的问题，并建立报告制度，及时予以妥善解决。

3. 总结阶段

(1) 整理分析调查资料　调查小组应对调查得到的资料及被调查者回函分门别类地进行编辑整理，过滤掉那些不真实或错误的资料，以保证资料的真实性与准确性。然后，调查小组应将整理好的资料进行统计分析，系统地制成各种计算表、统计表、统计图等，以方便参考。

(2) 撰写和提交调查报告　撰写和提交调查报告是整个调查工作的最后一个环节。调查报告是市场调查的最终结果。因为调查报告通常是评价整个调查工作好坏的唯一标准，决策者就是根据调查报告的结果来指导企业的经营决策的，因此，要十分重视调查报告的撰写，必须写出准确、真实的调查报告，并能及时提交。在撰写调查报告时，要注意紧扣调查主题，力求客观、简单扼要并突出重点，使企业决策者一目了然。写作方面要求文字简练，避免或少用专门的技术性名词，必要时可用图表说明。

六、汽车市场调查报告的撰写

从汽车市场调查报告的一般结构来看，一篇完整的汽车市场调查报告应包括以下几个方面的内容：标题、目录、概述、正文、结论和局限性、建议和附件。

1. 标题

标题一般应把被调查单位、调查内容明确而具体地表示出来，如《关于深圳家用轿车的市场调查报告》。有的调查报告还采用正、副标题相结合的形式。

2. 目录

除了只有几页纸的调查报告之外，一般的调查报告都应该编写目录，以便读者查阅特定内容。目录包含报告所分的章节及其相应的起始页码。通常只编写两个层次的目录，较短的报告也可以只编写第一层次的目录。需要注意的是，报告中的表格和统计图都要在目录中列明。

因为图和表是独立的数字编号，所以，在图表目录中应列出每一张图表的名称，并按在报告中出现的次序排列。

3. 概述

概述主要是阐述调查课题的基本情况，它是按照汽车市场调查课题的顺序将问题展开，并阐述对调查的原始资料的选择、评价、做出结论、提出建议的原则等。概述部分主要包括三方面内容：

1）简要说明调查目的，即简要地说明进行调查的原因、目的和调查涉及的中心问题。

2）简要介绍调查对象和调查内容，包括调查时间、地点、对象、范围、调查要点及调查的具体内容。

3）简要介绍调查研究的方法。介绍调查研究的方法，有助于使人确信调查结果的可靠性，因此要对所用方法进行简短叙述，并说明选用方法的原因。例如，是用间接调查法还是直接调查法，是用直接面谈的方法还是邮寄问卷法等。

4. 正文

正文是汽车市场调查分析报告的主体部分。这部分必须准确阐明全部有关论据，包括从问题的提出到得出的结论、论证的全部过程、分析研究问题的方法、全部的调查结果和必要的市场信息，以及对这些情况和内容的分析评论。

正文包括引言、研究目的、调查统计分析。

（1）引言　引言对为何开展此项调查做出解释说明。调查的每个问题在正文的某一部分都应提供相应的结论。

（2）调查方法　调查方法部分要阐明以下5个方面的内容：

1）调查设计。说明所开展的项目是属于探索性调查、描述性调查还是因果性调查，以及为什么适用于这一特定类型的调查。

2）资料采集方法。说明所采集的是初级资料还是次级资料；结果的取得是通过调查、观察还是实验。所用调查问卷或观察记录表都应编入附录。

3）抽样方法。说明总体目标是什么，抽样如何确定，是什么样的样本单位，它们如何被选取出来。对以上问题的回答根据及相应的运算都应在附录中列明。

4）实地工作。说明起用了多少名、什么样的实地调查人员；对他们如何进行培训、监督管理；实地工作如何检查。这些方面会给最终结果的准确程度带来十分重要的影响。

5）分析方法。说明所使用的方法是定量分析方法还是定性分析方法。

5. 结论和局限性

结论在正文中占有较大篇幅。这部分内容应按一定的逻辑顺序提出紧扣调查目的的一系列结论。在结论中还可以配合一些总括性的表格和图像加以说明。完美无缺的调查是难以做到的。所以，必须指出调查报告的局限性，诸如作业过程中无法回避的误差和抽样程序存在的问题等。在报告中，将成果加以绝对化，不承认它的局限性和应用前提，不是科学的态度。当然，也没有必要过分强调它的局限性。

6. 建议

建议主要是调查小组根据调查结果给汽车销售企业提出的一些发展意见和思路。建议应该建立在调查结果的基础上，符合实际情况，符合企业的发展目标，而且确实具有可操作性。建议部分应该写得详细、具体、通俗。

7. 附件

附件是指调查报告正文包含不了或没有提及，但与正文有关必须附加说明的部分。它是对正文报告的补充或更详细的说明。附件通常包括的内容有：图表目录、调查提纲、调查问卷和观察记录表、被访问人（机构单位）名单、较为复杂的抽样调查技术的说明、一些次关键数据的计算（关键数据的计算如果所占篇幅不大，应该编入正文）、较为复杂的统计表和参考文献等。

案例：

汽车后市场调研方案案例

一、调研目的

为全面收集各大城市汽车后市场行业相关信息，为公司整合营销平台提供更有力的数据与信息支持，进一步丰富我公司客户端数据库，为公司各项业务的开展打下坚实的基础，根据市场划分及数据信息需要，特制订以下调研方案。

二、调研范围及时间规划

1. 调研范围：北京及一些汽车后市场产业较为发达的城市。

2. 调研时间：拟定 1~2 个月完成数据采集及调研报告。

3. 启动时间及规划：拟定于当年 10 月下旬全面启动，60 天内完成全国设定城市的数据调研，并视工作开展情况进行相关调整。

三、调研内容

1. 各地汽车后市场经销商、4S 店、改装店、用品店负责人姓名、联系方式。

2. 调研对象主经营产品的种类及相关品牌。

3. 调研对象经营的店面情况（规模、人数、收入）。

4. 调研对象经营店面的照片。

四、调研路线及预计费用

1. 调研路线：北京—石家庄—沈阳—哈尔滨。

2. 费用预算（略）。

五、问卷设计（略）

第二节　汽车市场预测

一、汽车市场预测的概念及其意义

汽车市场预测是建立在汽车市场调查的基础上的，根据汽车市场的相关信息，以及汽车市场宏观环境和微观环境的状况，运用科学方法和逻辑推理，对未来发展趋势进行估计和推测，定性或定量估计出汽车市场的发展前景。汽车市场预测主要包括对未来汽车需求的预测、汽车供给预测、汽车产品价格预测、汽车技术发展趋势预测、汽车企业的竞争形势预测、汽车企业本身经营能力的预测等方面。对汽车企业而言，最重要的就是汽车市场需求的预测。

汽车市场预测的意义可以概括为以下四个方面：

1）汽车市场预测对汽车市场未来需求、供给趋势等方面做出判断，有利于适应和满足消费者的需求。

2）汽车市场预测有利于汽车企业提高经营管理和决策水平。

3）汽车市场预测有利于汽车企业准确、理性地把握未来的汽车发展趋势。

4）汽车市场预测有利于汽车企业提高经济效益。

汽车市场预测的意义还可以用图形象地表达出来，如图 4-4 所示。

图 4-4　汽车市场预测的意义

目前，由于我国的汽车产业正处于快速发展的时期，各大汽车企业都在迅速扩大规模，抢占市场份额，汽车市场运行规律极为复杂，汽车市场经常处在剧烈的波动中。在这样的形势下，汽车企业更加有必要在市场调查的基础上科学地做好汽车市场预测工作，准确地把握未来汽车市场发展的形势，制订科学的企业发展决策，以使企业能在复杂的汽车市场环境中生存和发展。

二、汽车市场预测的步骤

汽车市场预测的基本步骤如图 4-5 所示。

图 4-5　汽车市场预测的基本步骤

1. 确定预测目标

进行预测首先要明确预测什么，通过预测要解决什么问题，进而明确预测目标。同时还应规定预测的期限和进程，划定预测的范围等。

2. 收集、分析和整理相关资料

收集、分析和整理相关资料是指围绕预测目标收集相关资料，然后对资料进行有效的分析整理。预测所需资料包括与预测对象有关的各种因素的历史统计数据资料和反映市场动态的现实资料。其中，市场调查资料是一个重要的信息来源。收集、分析和整理相关资料是预测工作重要的一环，因为只有正确、充分地“总结过去”，才能正确地“推测未来”。相关资料的收集要注意广泛性、适用性和可靠性。

3. 选择预测方法

市场预测应根据预测目标和占有的资料选择适当的预测方法。预测的方法与模型很多，各有其预测对象、范围和条件，应根据预测的问题的性质、占有资料的多少、预测成本的大小，选择一种或几种方法。

4. 进行预测，写出预测结果报告

运用选定的预测方法进行预测，得出预测结果，并要及时将预测结果写成预测结果报告。报告中，表述预测结果应简单、明确，对结果应做解释性说明和充分论证，包括对预测目标、预测方法、资料来源、预测过程的说明，以及预测检验过程和计算过程。

5. 分析误差并追踪检查

预测是对未来事件的预计推测，很难与实际情况完全吻合，因而要对预测结果进行判断、评价，并且要进行误差分析，找出误差原因及判断误差大小，若误差较大，应修改调整预测模型得出的预测数量结果，或者考虑其他更适合的预测方法，以得到较准确的预测值。一般误差最好控制在±(10%~15%)。

三、汽车市场预测的方法

迄今为止，预测理论产生了很多预测方法，目前有近400余种，但常用的方法并不多，有十几种。归纳起来，预测方法大体可分为两大类：一类是定性预测方法，即质的预测方法；另一类是定量预测方法，即量的预测方法。前者容易把握事物的发展方向，对数字要求不高，能节省时间，费用少，便于推广，但往往带有主观片面性，数量不明确；后者则相反。人们在实际预测活动中往往运用两种方法相结合的方法，即定量预测的结论必须接受定性分析的指导。唯有如此，才能更好地把握汽车市场的变动趋势。

1. 定性预测方法

（1）定性预测方法简介　定性预测方法又称判断分析预测法，它是由预测者根据拥有的历史资料和现实资料，依据个人经验、知识和综合分析能力，对未来的市场发展趋势做出估计和测算。从本质上来讲，它属于质的预测方法。定性预测方法比较适合用来对预测对象未来的性质、发展趋势和发展转折点进行预测，适于数据缺乏的预测场合，如技术发展预测、处于萌芽阶段的产业预测、长期预测等。定性预测的方法易学易用，便于普及推广，但它依赖于预测人员本身的经验、知识和技能素质。不同的预测人员对同一问题的预测结论往往会有较大差别。

定性预测方法的理论依据是相似类推原则。这一原则包括两个内容：

1）按发展时间顺序类推，即利用某一事物与其相似的其他事物在发展时间上的差别，把先发展的事物的表现过程类推到后发展事物上去，从而对后发展事物的前景做出预测。例如，通过对某些国家家用轿车普及过程的研究来预测我国家用轿车走向家庭的时间、车型及购买特点等就属于时间类推。时间类推的关键是把握事物的发展过程是否相似。如果相似性太小，那么预测就会失败。

2）由局部类推总体，即通过抽样、调查研究某些局部或小范围的状况去预测整体和大范围的状况。例如，通过对某一省汽车市场情况的调查，来预测全国汽车市场的情况。

（2）常见的定性预测方法　常见的定性预测方法如下：

1）德尔菲法。德尔菲法是在20世纪40年代末期由美国兰德公司（RAND）首创并使用的，在西方发达国家广泛盛行的一种预测方法。至今，这种方法已经成为国内外广泛应用的预测方法，它可以用于技术预测和经济预测、短期预测和长期预测。尤其对于缺乏统计数据而又需要对很多相关因素的影响做出判断的领域，以及事物的发展在很大程度上受政策影响的领域，更适合用德尔菲法进行预测。这种方法是按规定的程式，采用背对背的反复函询方式，它的预测过程与营销调查的过程基本一致。首先，由预测的组织者将需要预测的问题逐一拟出；然后，分寄给各个专家，请他们对预测问题逐一填写自己的预测看法；最后，将答案寄回组织者。组织者进行分类汇总后，将一些专家意见相差较大的问题再抽出来，并附上几种典型的专家意见请专家进行第二轮预测。如此循环往复，经过几轮预测后，专家的意见便趋向一致，或者更为集中，组织者便以此作为预测结果。由于这种方法使参与预测的专家能够背靠背地充分发表自己的看法，不受权威人士态度的影响，因而保证了预测活动的民主性和科学性。在采用德尔菲法进行预测的过程中，选择专家与设计意见征询表是两个重要的环节，他们是德尔菲法成败的关键。德尔菲法的一般预测程序如图 4-6 所示。

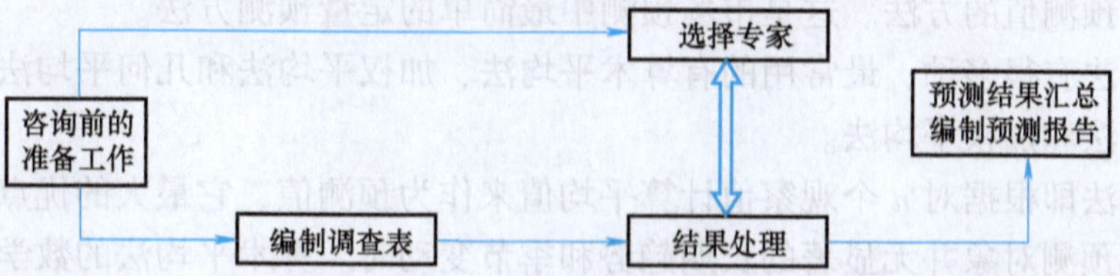

图 4-6　德尔菲法的一般预测程序

2）集合意见法。集合意见法就是集合企业内部经营人员、业务人员等的意见，凭他们的经验和判断共同讨论市场趋势而进行市场预算的方法。由于经营管理人员、业务人员等对市场的需求和变化较为熟悉，因而他们的判断往往能反映市场的真实趋势。该种方法首先由预测的组织者根据企业经营管理的要求，向研究问题的有关人员提出预测项目和预测期限的要求，并尽可能提供有关资料。然后，有关人员就根据预测的要求及所掌握的资料，凭个人经验和分析判断能力，提出各自的预测方案。接下来，预测的组织者计算有关人员预测方案的方案预测值，并将参与预测的有关人员进行分类，计算各类综合期望值，最后确定最终的预测值。

定性预测方法还有社会（用户）调查法（即面向社会公众或用户展开调查）、小组讨论法（会议座谈形式）、单独预测集中法（由预测专家独立提出预测看法，再由预测人员予以综合）、领先指标法（利用与预测对象关系甚密的某个指标变化对预测对象进行预测，如通过对投资规模的监控来预测汽车需求量及需求结构）、主观概率法（预测人员对预测对象未来变化的各种情况做出主观概率估计）等。

总之，随着社会经济及科学技术的发展，预测方法也在不断地发展和完善，汽车市场营销的预测人员应不断加强理论学习，并通过预测总结出一些实用的方法。

2. 定量预测方法

定量预测方法是依据必要的统计资料，借助数学方法特别是数理统计方法，通过建立数学模型，对预测对象未来在数量上的表现进行预测等方法的总称。汽车市场定量预测方法一般有：

（1）时间序列预测法　时间序列是指某种社会经济统计指标同一变量的一组观察数值，按时间先后顺序排列而成的数列。根据时间序列分析社会经济现象发展变化过程的规律性，测定其发展变化的趋势和程度，运用一定的数学方法构建预测模型，并据此确定市场预测值的方法，称为时间序列预测法。它具有以下特点：

1）假定事物的过去会同样延续到未来。

2）时间序列的数据变动同时存在着规律性和不规律性。

3）不考虑市场发展的因果关系。

为确保对经济现象发展过程及其规律性进行动态分析的正确性，保证时间序列中各数值之间具有可比性是十分重要的。因此，在编制时间序列过程中，应尽量做到总体范围、时间单位、指标的经济内容、指标的计算方法和计算单位等一致。

时间序列预测模型有多种，这里只介绍较常用的简单平均法、移动平均法和指数平滑法。

1）简单平均法。简单平均法是通过对一定观察期时间序列的数据求得平均数，以平均数为基础确定预测值的方法。这是市场预测中最简单的定量预测方法。

简单平均法有很多种，最常用的有算术平均法、加权平均法和几何平均法等。这里主要介绍算术平均法和加权平均法。

算术平均法即根据对 n 个观察值计算平均值来作为预测值，它最大的优点是计算十分方便，一般用于预测对象并无显著的长期趋势和季节变动时。算术平均法的数学模型为

$$y'_{n+1} = \frac{\sum_{i=1}^{n} y_i}{n} = \frac{y_1 + y_2 + \cdots + y_n}{n}$$

式中 y'_{n+1}——第 $n+1$ 期销售量的预测值；

y_i——第 i 期实际销售量；

n——所选资料期数。

算术平均法计算简单，因而用起来很方便，但把用全部资料之和除以求和时使用的资料个数而求得的算术平均值直接作为预测值，其精确度不会很高，而且因为使用的都是过去统计的资料，无法反映市场状况的变化及发展趋势，预测结果往往与实际结果有偏差。

加权平均法是在预测中根据每个预测值的重要性给予不同的权数，而算术平均法对所有观察值不论新旧在预测中一律同等对待，这是不符合市场发展的实际情况的。而加权平均法不像算术平均法那样在计算平均值时对移动期内的数据同等看待，而是根据越是近期的数据对预测值影响越大这一特点，不同地对待移动期内各个数据。它对近期数据给予较大的权数，对较远的数据给予较小的权数，这样来弥补算术平均法的不足。加权平均法的数学模型为

$$y = y_w = \frac{\sum_{i=1}^{n} w_i x_i}{\sum_{i=1}^{n} w_i}$$

式中 y_w——加权平均值；

w_i——第 i 期的权重；

x_i——第 i 期的统计值。

【例】 某汽车营销企业 2014 年 1—6 月的销售额分别为 260 万元、270 万元、240 万元、280 万元、260 万元、250 万元，假定给予这 6 个月观察值相应的权数依次为 1、2、3、4、5、6，用加权平均法预测该营销企业 7 月的销售额。

解： 用加权算术平均法计算的 7 月的预测值为

$$y = y_w = \frac{\sum_{i=1}^{n} w_i x_i}{\sum_{i=1}^{n} w_i} = \frac{1\times260+2\times270+3\times240+4\times280+5\times260+6\times250}{1+2+3+4+5+6}\text{万元} = 259\text{万元}$$

2）移动平均法。移动平均法属于时间序列法中最简单的一种方法，即根据已有的时间序列统计数据加以平均化，以此推断未来发展趋势的预测方法。移动平均就是将已有的时间序列数据分段平均，并逐期移动。经移动平均后，就能消除由于季节性、周期性变动或突然事件的影响因素。这种方法一般适用于变动不大的比较单纯的预测对象的短期预测，主要可用在预测商品流转额和市场需求等方面。

移动平均法可分为一次移动平均法和二次移动平均法。在这里主要介绍一次移动平均法。

一次移动平均法又称简单移动平均法，即通过一次移动平均进行预测的方法。它按选定段的大小，对已有的时间序列数据逐段平均，每次移一个时期。具体做法就是把最后一期的移动平均值作为下一期的预测值。其计算公式为

$$y'_{n+1} = \frac{1}{k}\sum_{i=n-k+1}^{n} y_i$$

式中　y'_{n+1}——$n+1$ 期的一次移动平均预测值；

y_i——第 i 期的实际销售值；

k——移动跨期。

【例】　某汽车营销企业2014年前10个月的销售额见表4-1。

表4-1　2014年1—10月的销售额

期　数	实际销售额/万元	五期移动平均数（$k=S$）	七期移动平均数（$k=7$）	期　数	实际销售额/万元	五期移动平均数（$k=S$）	七期移动平均数（$k=7$）
1	50			7	68	49.4	52.1
2	51			8	58	52.8	53.3
3	49			9	48	54.6	52.9
4	40			10	78	56.2	57
5	55			11		60.8	
6	52	49		12			

现分别以5个月和7个月的实际销售额的平均值作为第11个月的销售量的预测值。其计算结果见表4-1。

当 $k=5$ 时，则第11个月的预测值为

$$y'_{11} = \frac{1}{5}(52+68+58+48+78)\text{万元} = 60.8\text{ 万元}$$

当 $k=7$ 时，则第11个月的预测值为

$$y'_{11} = \frac{1}{7}(40+55+52+68+58+48+78)\text{万元} = 57\text{ 万元}$$

应用移动平均法时要注意的关键问题是移动跨期 k 的取值，k 的取值不同则移动平均值也不一样。k 取值大，移动平均数对干扰的敏感性低，预测值的趋势性比较平稳，但落后于可能发展的趋势。k 取值小，移动平均数反映实际趋势较敏感，但也因此而易造成错觉。到底 k 的取值应多大，则视具体情况来定。一般来说，若时间序列数据波动大，k 值宜取较大值，反之 k 应取较小值。同时，k 的取值还应考虑资料期的多少。其次，如经过简单移动平均后的数据仍不能反映数据平分的趋势时，就需要进行二次移动平均，以预测其总体发展趋

势。二次移动平均法就是在一次移动的基础上再进行一次移动处理，方法和前面介绍的基本相同，在这里就不介绍了。

3）指数平滑法。指数平滑法的原理就是认为越近的观察值包含了越多的未来信息，因而越近的观察值应赋予越大的权重，越远的观察值则应赋予越小的权重。通过这种加权的方式，平滑掉观察值序列中的随机信息，找出发展的主要趋势。

指数平滑法的数学模型为

$$S_{t+1}=\alpha Y_t+(1-\alpha)S_t$$

式中 S_{t+1}——第 $t+1$ 期的平滑值；

Y_t——第 t 期的观察值；

α——平滑系数，$0<\alpha<1$。

公式中，平滑指数 α 实际上是一个加权系数，α 的大小实际上体现了不同时期的实际观察值对预测的影响程度的大小。α 取值大时，近期的实际观察值的重视程度就高，预测值对新趋势的反映就灵敏；α 取值小时，说明这期的实际观察值对预测值的影响较大，使预测呈平稳状态。那么，α 的取值到底应依什么来定呢？一般来说，时间序列波动大，α 可取较大的值；时间序列波动小，α 可取较小的值。其取值范围一般为 0.05～0.5。

因此，当 $\alpha=1$ 时，$1-\alpha=0$，下期的预测值就等于本期观察值。当 $\alpha=0$ 时，$1-\alpha=1$，预测值等于常数。

如果以表 4-1 的数据为例，用指数平滑法求预测值。设 α 为 0.2，$S_0^{(1)}=48$，则

$$S_1^{(1)}=(0.2\times50+0.8\times48)\text{万元}=48.4\text{ 万元}$$

$$S_2^{(1)}=(0.2\times51+0.8\times48.4)\text{万元}=48.9\text{ 万元}$$

$$\vdots$$

$$S_{11}^{(1)}=(0.2\times78+0.8\times52.9)\text{万元}=57.9\text{ 万元}$$

则第 11 期的预测值为 57.9 万元。

同理，如设 $\alpha=0.5$，$S_0^{(1)}=48$，则

$$S_1^{(1)}=(0.5\times50+0.5\times48)\text{万元}=49\text{ 万元}$$

$$S_2^{(1)}=(0.5\times51+0.5\times49)\text{万元}=50\text{ 万元}$$

$$\vdots$$

$$S_{11}^{(1)}=(0.5\times78+0.5\times54.5)\text{万元}=66.3\text{ 万元}$$

从上面的计算中可看出，当 $\alpha=0.2$ 时，该汽车销售企业 2014 年第 11 个月的销售额可能达到 57.9 万元；当 $\alpha=0.5$ 时，该汽车销售企业 2014 年第 11 个月的销售额可能达到 66.3 万元。α 取值不同，其产品预测结果不一样。因此，α 的取值成为指数平滑法运用的关键。此外，在用指数平滑法进行预测时，由于前后两期的预测值有偏差，为使预测值更加准确，可在一次平滑的基础上再进行一次平滑，即用二次指数平滑法使预测值更接近实际值。

二次平滑法是对时间序列数据做二次平滑，并和一次平滑与二次平滑之间的滞后差建立预测模型。二次指数平滑值的计算公式为

$$S_t^{(2)}=\alpha S_t^{(1)}+(1-\alpha)S_{t-1}^{(2)}$$

式中 $S_t^{(2)}$——第 t 期的二次指数平滑值；

$S_t^{(1)}$——第 t 期的一次指数平滑值；

$S_{t-1}^{(2)}$——第 $t-1$ 期的二次指数平滑值；

α——二期平滑系数。

利用二次指数平滑法进行预测的模型为

$$\hat{X}_{t+T}=a_t+b_tT$$

式中　$\hat{X}_{t+T}$——第 $t+T$ 期的预测值；

a_t——线性截距；

b_t——趋势线的斜率；

T——预测周期长度。

$$b_t=\frac{\alpha}{1-\alpha}(S_t^{(1)}-S_t^{(2)})$$

$$a_t=2S_t^{(1)}-S_t^{(2)}$$

指数平滑模型的建立包括加权系数 α 的选择、初始值的确定和模型系数的确定。

① α 的选择。α 表明了预测人员对近期观察值信息的倚重程度。经验表明，α 一般应由预测人员在下面公式计算的 α 值附近，α 值的选择原则是检验误差最小。

$$\alpha=2/(N+1)$$

式中，N 为观察值数目。

在选择 α 的过程中若参考下列原则，则有利于尽快找到合适的 α 值：若观察值的发展趋势比较稳定，应选择小一点的 α 值，以包含长一些的时间序列信息；若观察值的发展趋势已发生了系统的改变或有理由认为近期数据更好地反映了发展趋势，则应选择大一些的 α 值。

② 初始值的确定。指数平滑法模型是一个迭代计算过程，所以首先必须确定初始值 S。它们的确定既可利用一定的数学方法进行计算，又可根据经验直接给定。利用数学方法计算一般比较复杂，并且依赖于足够的观察值数目，意义通常不大，更多情况下，可以采用直接将前几个观察值的平均值作为初始值的方法。

③ 模型系数的确定。在 α 和初始值确定之后，模型中的系数就可以确定了。

指数平滑法的特点：一是需存储的数据少；二是能够用于中短期预测。

(2) 因果分析预测法　因果分析预测法是从事物变化的因果关系出发，寻找市场发展变化的原因，分析原因与结果之间的联系结构，建立数学模型，据此预测市场未来的发展变化趋势和可能水平。

因果分析预测法中最常用的有回归预测模型和经济计量预测模型，这里只以回归预测模型为例说明。回归预测模型是基于惯性和相关理论的统计学模型，是最常用的预测模型之一。通常情况下，只选用一元线性回归预测模型。

一元线性回归分析法是在考虑预测对象发展变化本质的基础上，分析因变量随一个自变量变化而变化的关联形态，借助回归分析，建立它们之间因果关系的回归方程式，描述它们之间的变化数量关系，并以此进行预测的方法。

一元线性回归分析法属于数理统计的最基本方法，它首先假定只有一个变量（即某种因素）对预测结果产生影响，而且这种影响是线性的，然后从大量的基础数据中确定因素对结果的影响程度，即确定其线性关系。在预测中运用该方法时必须事先满足以下前提条件：

1）预测对象和影响因素间必须存在因果关系。

2）必须有足够多的基础数据。

3）基础数据均以二元组的形式出现（因素值和结果值）。

4）过去的和现在的数据之间应呈现出某种规律性（即数据的分布呈现出线性趋势），并能反映出未来状态。

一元线性回归的数学模型为

$$y = a + bx$$

式中 x——变量（即因素）；

y——因变量（即结果）；

a——基点，即在无 x 影响下 y 的值；

b——回归系数，即因素 x 对结果 y 的影响程度。

上述系数 a 和 b 的求法如下：

$$b = \frac{n\sum_{i=1}^{n} x_i y_i - \sum_{n=i}^{n} x_i \sum_{i=1}^{n} y_i}{n\sum_{i=1}^{n} x_i^2 - (\sum_{i=1}^{n} x_i)^2}$$

$$a = \frac{1}{n}\sum_{i=1}^{n} y_i - b\frac{1}{n}\sum_{i=1}^{n} x_i$$

式中 n——(x_i, y_i)观察值的组数；

x_i——样本点中的因素值；

y_i——样本点中的观察值。

一元线性回归预测的步骤：

1）确定预测目标和影响因素。根据决策目的的需要，明确进行预测的具体目标，分析并寻找影响预测目标的相关因素，并判断选出主要的影响因素，也就是决定自变量和因变量。

2）收集整理自变量和因变量观察样本资料。根据预测要求，通过市场调查，收集纵断面观察样本资料或横断面观察样本资料。

3）建立一元回归方程预测模型。

4）进行相关分析、方差分析和显著性检验。

根据模型进行预测。经过了相关分析与显著性检验后，利用达到某一显著水平的一元回归预测模型进行实际预测，包括计算预测值和置信区间。

3. 如何选择合适的预测方法

随着市场预测应用的日益广泛及预测研究的发展，近年来发展了许多种不同的预测方法，每一种方法都有一定的范围和局限性。即使对同一预测问题，若选用不同的预测方法，以及不同的取材和不同的分析思路，得到的预测结论也不一样，预测精度也不相同。仔细了解各种预测方法的基本原理，假设条件和适用范围，根据预测的具体要求和实际条件，因时因地制宜，选择合适的预测方法，往往可以收到良好的效果。

预测方法的选择取决于多种因素。预测目标及预测对象本身的特点、预测的范围，预测的时间界限，产品的生命周期，以及数据资料的丰富程度和预测精度的要求都是选择预测方法时必须考虑的问题。

（1）不同的预测目标适用的预测方法不同　产品需求预测、销售预测常运用趋势分析法或市场调查技术即可满足一定的精度要求；而新产品开发预测一般多采用专家咨询法进行前景分析；对于一些宏观部门或行业的某一产品预测，希望提供的是战略性的、带有指导意义的某一产品未来发展趋势的信息，由于某一工业产品的宏观发展必然与整个国民经济的发展和生产结构有一定的联系，如汽车工业的发展必然与国民经济发展走势及钢铁、能源、交通等其他行业的发展有关，所以，预测汽车工业的发展不能不考虑到工农业生产发展速度、固定资产投资指标等，也要考虑它与其他行业的关系，因而宏观预测常采用多元回归分析等多目标预测技术进行系统的预测。

（2）产品本身的特点也是选择预测方法时需要考虑的一个重要因素　有些产品，如汽车通用零配件、标准件，其特点是需求量大、需求面广，由于其各方面的许多正面影响与负面影响相互抵消，而总体需求却呈现出某种基本的发展趋势，因而其需求比较稳定。对这一类产品的预测，采用时间外推法不失为一种简易有效的方法。时间外推法主要是利用历史资料，根据预测销售量与较近实际数有关的原理，运用数学方法，将发展趋势外延、引申，从而达到预测未来的目的，如单纯移动平均法、趋势平均法等。对某些专用产品，如一些通用性差的特殊用途的零配件，由于其服务面窄、供求关系比较明显，故可以用相关分析的方法进行预测。

（3）产品所处的生命周期不同，选择的预测方法不同　对处于不同生命周期的产品，选择不同的预测方法。对处于投入期的新产品，因其刚刚问世不久，人们对其还不太了解，积累的数据资料也少，在此情况下，很难采用定量计算的方法进行预测，这时通常采用市场调查法和类推法。市场调查主要是调查用户对新产品的反映。类推法是通过对历史上的同类产品发展过程的分析，或对其他地区同类产品发展趋势的类比分析，预测产品的需求前景。

（4）预测的时间界限也是选择预测方法时必须考虑的一个因素　短期销售预测主要是指月度预测，采用市场调查法、移动平均法和作图法较为适宜；近期市场需求预测，特别是一年之内的销售预测，一般采用市场调查法与指数平滑法；对一年以上的中期预测则不能不考虑到某些影响因素的作用，常需要配合因果分析的方法；而对于长期发展预测，不确定的因素更多，单纯定量预测方法是不适宜的，常常采用专家咨询的方法，对预测目标未来的发展趋势进行定性分析。

此外，预测成本、现有的数据条件都是预测方法选择中必须考虑的问题。有的预测方法虽然精度高一些，但成本相当高；有的方法虽然预测精度稍差一些，但却成本低廉。

在实际预测工作中，不能把上述因素分开考虑，而应该加以综合，权衡利弊，立足现有基础，做出恰当的选择。

当采用定量预测方法时，对于同一预测对象，人们既可以采用多种预测模型，也可以对同一模型采用不同的自变量。这种对同一预测对象采用多种途径进行预测的方法叫作组合预测方法。它是现代预测科学理论的重要组成部分，其思想就是认为任何一种预测方法都只能部分地反映预测对象未来发展的变化规律，只有采用多种途径进行预测，才能更全面地反映事物发展的未来变化。实践证明，组合预测方法比单一预测方法对于改善预测结果的可信度具有更显著的效果。

本章小结

本章主要讲述了汽车市场调查和预测的原理和方法，汽车市场预测的方法属了解性的介绍。本章主要知识点和技能点有汽车市场调查的常用方法，包括间接调查法、直接调查法等，讲解了各种方法的优缺点及其适用性，并运用范例详细讲解了调查方案的设计和调查问卷的制作及其技巧，简单介绍了市场预测常用方法的使用。

本章内容	知识点	核心知识	技能点
汽车市场调查	汽车市场调查的概念与意义	有目的、有计划地收集整理资料信息	理解
	汽车市场调查的内容	4个方面	
	汽车市场调查的方法	间接调查法、直接调查法	能够选择适当的方法加以运用
	调查问卷的设计方法和技巧	问卷的设计原则、基本结构、提问技术	问卷设计训练
	汽车市场调查的步骤	准备阶段、实施阶段、总结阶段	掌握调查步骤
	调查报告的撰写	标题、目录、概述、正文、附件	能够撰写调查报告
汽车市场预测	汽车市场预测的概念和意义	根据已有信息，运用科学方法，对市场未来进行预判	预测方法的理解和运用
	汽车市场预测的步骤	5个步骤	基本掌握
	汽车市场预测的方法	定性预测、定量预测	各种方法的适应性和选用

复习思考题

1. 汽车市场调查对于汽车销售企业有什么重要意义？
2. 汽车市场调查的主要内容是什么？
3. 汽车市场调查有哪些方法？
4. 汽车市场调查的步骤是什么？
5. 汽车市场预测的步骤和方法是什么？

实践练习题

1. 设计一份关于国产家用轿车调查的问卷，并进行实践调查，最后写出调查报告。
2. 仔细阅读资料，总结什么是一则好的调查问卷，其要领是什么？

同步训练

营销策划书之三：

就选定的车型进行竞争者调查和消费者需求调查，包括消费行为和消费心理。制作调查问卷，展开调查。

第五章

汽车消费心理与消费行为

学习目标

理论要求：

1. 了解汽车市场的特点和分类。
2. 掌握影响汽车消费者购买的因素。
3. 掌握汽车消费者的行为模式和行为类型。
4. 掌握汽车消费者的动机产生过程及动机类型。
5. 掌握不同年龄、性别、职业的消费者的汽车消费心理与行为特点。
6. 掌握汽车生产资料市场的消费心理与消费行为特点。

实践要求

能够掌握在汽车消费中具有不同消费心理的消费者的消费行为特征。

第一节　汽车市场的特点和用户类型

一、汽车市场的特点

汽车作为一种特殊的工业产品在市场上主要以两种形式存在：生产资料和生活资料。在计划经济时代，汽车是生产资料，只能归国家、集体所有，市场容量有限。现在，汽车逐渐由生产资料变为生活资料，成为人民大众的生活必需品。依据汽车消费主体与消费目的的不同，可以将汽车市场划分为汽车生活资料市场与汽车生产资料市场。

从汽车产品的特性来看，汽车市场具有以下特点：

（1）需求具有伸缩性　一方面，汽车的个人消费需求具有较强的需求价格弹性，即价格的变动对汽车的个人需求影响很大。另一方面，这种需求的结构可变。当客观条件限制了这种需求的实现时，它可以被抑制，或被转化为其他需求，或最终被放弃；反之，当条件允许时，个人消费需求不仅会得以实现，甚至会发展成为流行性消费。

（2）需求具有多样性　消费者由于在个人收入和文化观念上的差别，以及在年龄、职业、兴趣、爱好等方面的差异，会形成不同的消费需要，从而使个人购买者的需求表现出多层次性或多样性。

（3）需求具有可诱导性　对大多数个人购买者而言，他们对汽车缺乏足够的专业知识，往往会受到周围环境、消费风气、人际关系、宣传等因素的影响。

(4) 需求具有替代性　个人购买者在面临多种车型的选择时，往往会对能够满足自己需要的商品进行比较、鉴别，只有那些对个人购买者吸引力强、引起的需求强度高的汽车产品才会导致消费者的最终购买。也就是说，同时能够满足消费者需要的不同品牌之间具有竞争性，需求表现出相互替代的特性。

(5) 需求具有发展性　个人购买需求一般从简单到复杂、由低级向高级发展。在现代社会中，各类消费方式、消费观念、消费结构的变化总是与需求的发展性和时代性息息相关。所以，汽车产品个人购买需求的发展也会永无止境，如在不过分增加购买负担的前提下，消费者对汽车的安全、节能和环保等性能的要求越来越高。

(6) 需求具有集中性和广泛性　一方面，由于私人汽车消费与个人经济实力关系密切，在特定时期内，经济发达地区的消费者或收入相对较高的社会阶层对汽车（或某种车型）的消费比较明显，需求表现出一定的集中性。另一方面，高收入者各地都有（尽管数量上的差异可能较大），而且随着经济发展会不断增多，所以，需求又具有地理上的广泛性。

二、汽车的使用特点

汽车本身是一种有形商品，但其使用特点又明显不同于一般生产资料和生活资料等有形商品。这种使用上的特殊性体现在以下两个方面：

(1) 汽车既是一种生产资料，又是一种生活资料　从使用角度看，汽车产品的用途大致有两种：

1）作为生产资料使用。例如，各类生产型企业利用自己拥有的汽车进行原材料、配套件、在制品及产成品的运输等。由于这类运输活动构成企业生产活动的一部分，因而汽车属于一种生产资料。国民经济基本建设单位、公共工程建设单位等集团组织，也将汽车作为其必不可少的设施装备使用，汽车也是其生产资料的一部分。对于从事公路专业运输、出租汽车运输、城市公共交通、汽车租赁、旅游业务等经营或营运活动的单位和个人来说，汽车是作为经营资料使用的，它是运输服务的物质载体，像这种作为经营资料使用的汽车，也可看作生产资料。所以，可以说绝大部分载货汽车、专用汽车、特种汽车、自卸汽车和一部分客车及轿车均作为生产资料在使用。

2）作为生活资料使用。汽车用作生活资料的一种表现是它属于一种集团消费资料。例如，用于满足各类企事业单位、各级各类政权机关、非营利组织团体等公务及事业活动需要的轿车及用于解决职工上下班的通勤客车等，都属于集团消费资料。很大一部分轿车及客车、某些载货汽车均作为集团消费资料在使用。汽车用作生活资料的另一种表现是它作为一种生活耐用消费品，进入广大居民家庭的消费领域。此时，汽车（轿车、微型客车等）作为消费资料主要用于私人代步，满足消费者个人出行的需要。

(2) 汽车是一种最终商品　从产品的加工程度看，汽车本身属于产成品。无论是作为生产资料使用的汽车，还是作为生活资料使用的汽车，都是最终可以直接使用的产品。在这一意义上，汽车与那些作为原材料、中间产品、生产协作件等形态的生产资料存在差别。

汽车的上述使用特点决定了汽车用户的广泛性，也决定了汽车的购买行为既有与一般生活资料和生产资料等商品相似的一面，又有不同的一面，值得汽车营销者进行研究。

三、汽车用户的类型

汽车用户有着明显的广泛性。依据各种用户在购买模式或购买行为上的共同性和差异性，汽车用户可以分为这样几种类型：

(1) 私人消费者 私人消费者是指将汽车作为个人或家庭消费使用，解决私人交通的用户。他们构成汽车的私人消费市场。目前，这一市场是我国汽车市场增长最快的一个细分市场，其重要性已经越来越引起各汽车厂商的关注。

(2) 集团消费者 集团消费者是指将汽车作为集团消费性物品使用，维持集团事业运转的集团用户。我国通常称为“机关团体、企事业单位”，他们构成汽车的集团消费市场。这一市场是我国汽车市场比较重要的一个细分市场，其重要性不仅表现在具有一定的需求规模，还常常对全社会的汽车消费起着示范性作用。这类用户主要包括各类企业单位、事业单位、政府机构、司法机关、各种社团组织及军队等。

(3) 运输营运者 运输营运者是指将汽车作为生产资料使用，满足生产、经营需要的组织和个人。他们构成汽车的生产营运者市场。这类用户主要包括具有自备运输机构的各类企业单位、将汽车作为必要设施装备的各种建设单位、各种专业的汽车运输单位和个人等。目前，这一市场在我国汽车市场上也占有重要的位置，特别是对某些车型而言，它是这些车型的主要市场。

(4) 其他直接或间接用户 其他直接或间接用户是指以上用户以外的各种汽车用户及其代表，主要包括以进一步生产为目的的各种再生产型购买者，以进一步转卖为目的的各种汽车中间商，他们都是间接用户。由这类购买者构成的市场，对于汽车零部件企业或以中间性产品（如汽车的二、三、四类底盘）为主的企业而言，是非常重要的。

以上各类汽车用户，从总体上也可以大体分为消费者个人和集团组织两大类，前者构成汽车的消费者市场，后者构成汽车的组织市场。也就是说，组织市场是指工商企业为从事社会生产或建设等业务活动，以及政府部门和非营利性组织为履行职责而购买汽车产品所构成的市场，即组织市场是以某种组织为购买单位的购买者所形成的市场，是消费者市场的对称部分。就卖方而言，消费者市场是“个人”市场，组织市场是“法人”市场。

各类不同的汽车用户对汽车的需求及其购买行为有着不同的表现，有必要进行分门别类的研究。

第二节 汽车生活资料市场的消费心理与消费行为

一、影响消费者个人购买行为因素的分析

影响消费者个人汽车购买行为的因素有文化因素、社会因素、个人因素和心理因素。各类因素的影响机理是：文化因素通过影响社会因素，进而影响消费者个人及其心理活动的特征，从而形成消费者个人的购买行为。

1. 文化因素

文化因素包括核心文化和亚文化。文化因素之所以影响购买者行为，是因为：

1）文化的存在可以指导购买者的学习和社会行为，从而为购买行为提供目标、方向和选择标准。

2）文化的渗透性可以在新的区域中创造出新的需求。

3）文化自身所具有的广泛性和普及性使消费者个人的购买行为具有攀比性和模仿性。所以，营销者在选择目标市场和制订营销方案时，必须了解各种不同的文化对于企业产品的影响，了解购买者对企业产品的实际兴趣阶段。

2. 社会因素

社会因素大体上有四类，它们分别是社会阶层、相关群体、家庭和角色地位。

（1）社会阶层　在市场营销学上，划分社会阶层的主要标准是购买者的职业、收入、受教育程度和价值倾向等。不同层次的购买者由于具有不同的经济实力、价值观念、生活习惯和心理状态，最终产生不同的消费活动方式和购买方式。从这种意义上而言，企业的营销工作应当集中主要力量为某些特定的阶层（即目标市场）服务，而不是同时去满足所有阶层的需要。换言之，企业要针对所服务阶层的特点选择适当的营销组合策略。

（2）相关群体　相关群体是指能够影响消费者个人消费行为的个人或团体。相关群体一般可分为三类：

1）紧密型群体。紧密型群体即与购买者个人关系密切、接触频繁、影响最大的群体，如家庭、邻里、同事等。

2）松散型群体。松散型群体即与购买者个人关系一般、接触不太密切，但仍有一定影响的群体，如个人所参加的学会和其他社会团体等。

3）渴望群体。渴望群体即购买者个人并不是这些群体的成员，但却渴望成为其中一员，仰慕该类群体某些成员的名望、地位，而去效仿他们的消费模式与购买行为。这类群体的成员主要是各种社会名流，如文艺体育明星、政界要人、学术名流等。

相关群体对个人购买者购买行为的影响是潜移默化的。因为，人类天生就具有趋同性和归属感，个人购买者往往要根据相关群体的标准来评价自我行为，力图使自己在消费、工作、娱乐等方面同一定的团体保持一致。

（3）家庭　家庭是社会的细胞，它对于个人购买者的影响极大。例如，个人购买者的价值观、审美情趣、个人爱好、消费习惯等，大多是在家庭成员的影响与熏陶下形成的。在个人购买者购买决策的参与者中，家庭成员的影响作用居于首位。

根据家庭的购买权威中心的差别区分，家庭基本上可以分为四类：丈夫决策型、妻子决策型、协商决策型和自主决策型。私人汽车的购买，在买与不买的决策上，一般是协商决策型或丈夫决策型，但在款式或颜色的选择上，妻子的意见影响较大。从营销观点来看，认识家庭的购买行为类型，有利于营销者明确自己的营销对象。

（4）角色地位　营销学中的角色地位是指个人购买者在不同场合所扮演的角色及所处的社会地位。因而，个人购买者在购买商品时，其需求及其购买行为要考虑与其角色和地位相一致。

3. 个人因素

通常在文化、社会各方面因素大致相同的情况下，仍然存在个人购买行为差异极大的现象，其中的主要原因就在于个人购买者之间还存在着年龄、职业、经济状况、生活方式和个性和自我观念等个人情况的差别。

（1）年龄和生命周期的阶段性　人们不仅会在不同的年龄阶段上有不同的需求和偏好，而且还会随着年龄的增长而不断改变其购买行为，这是年龄对于个人购买决策的直接影响。它的间接影响则是它还往往影响社会的婚姻家庭状况，从而使家庭也具有生命周期。西方学术界通常把家庭生命周期划分为9个阶段：

1）单身期。单身期是指离开父母后独居的青年时期。

2）新婚期。新婚期是指新婚的年轻夫妻，无子女阶段。

3）“满巢”一期。“满巢”一期是指子女在6岁以下，处于学龄前儿童阶段。

4）“满巢”二期。“满巢”二期是指子女在6岁以上，处于已经入学的阶段。

5）“满巢”三期。“满巢”三期是指结婚已久，子女已长成，但仍需抚养的阶段。

6）“空巢”一期。“空巢”一期是指子女也已成人分居，夫妻仍有工作能力的阶段。

7）“空巢”二期。“空巢”二期是指已退休的老年夫妻，子女离家分居的阶段。

8）鳏寡就业期。鳏寡就业期是指老人独居，但尚有工作能力的阶段。

9）鳏寡退休期。鳏寡退休期是指老人独居，并且已经退休的阶段。

一般来说，处于不同阶段的家庭，其需求特点是不同的，企业在进行营销时只有明确目标顾客所处的生命周期阶段，才能拟订适当的营销计划。对汽车营销而言，面临的家庭阶段主要是处于“满巢”期的各类顾客。

（2）职业　职业状况对于人们的需求和兴趣有重大影响。通常，企业的市场营销人员在制订营销计划时，必须分析营销所面对的个人购买者的职业状况，在产品细分许可的条件下，注意开发适合于特定职业消费需要的产品。

（3）经济状况　经济状况实际上决定的是个人和家庭的购买能力。它对于企业营销的重要性在于，有助于了解个人购买者的个人可支配收入的变化情况，以及人们对消费开支和储蓄的态度等。当企业对经济发展形势估计有误时，则应按实际经济状况重新调整企业营销策略，如重新设计产品、调整价格，或者减少产量和存货，或者采取一些其他应变措施。

（4）生活方式　生活方式的不同也会形成不同的消费需求。在企业与消费者的买卖关系中，一方面，个人购买者要按照自己的爱好选择商品，以符合其生活方式；另一方面，企业也要尽可能提供合适的产品，使产品能够满足消费者个人生活方式的需要。

（5）个性和自我观念　个性是影响个人购买行为的另一个因素，它所指的是个人的性格特征，以及与其相关联的另一个概念，即购买者的自我观念或自我形象。对于企业营销来说，了解个人购买者的这些个性特征，可以帮助企业确立正确的符合目标消费者个性特征的产品品牌形象。

4. 心理因素

个人购买者的购买决策通常还受动机形成、感知、学习、信念和态度等的影响。它们各自在购买过程中具有不同的作用。

（1）动机形成　动机是指推动人们去从事某种活动，达到某种目的，指引活动满足一定需要的意图、愿望和信念。

购买动机是顾客购买行为心理的重要组成部分，是由顾客需要、兴趣等心理活动而产生的购买行为的内在动力。

常见的购买动机：

1）生存及健康的愿望：生存和健康、提升生活品质的动机。

2）追求利益的愿望：获得物质和精神的利益的动机。

3）家庭关系和睦的愿望：改善家庭关系，营造亲情氛围的动机。

4）个人地位重要性的愿望：获得他人认同、赢得赞誉、提升社会地位的动机。

5）领先的愿望：领先潮头、引领时尚的动机。

6）实现自我人生价值的愿望：不断提升价值和成绩感的动机。

案例：

购买动机的来源

有位先生到悉尼参加大型车展，他在一部车前徘徊许久，始终没有决定是否要买。第二天，他又来了，这一次没有任何犹豫，直接找到负责车展销售的人员，签合同，付定金，购买了这辆豪华汽车。为了研究他的动机，事后杂志社的记者采访了他，问他是什么原因使他在第二天下决心购买这部车。他的回答非常简单：我太太。

（2）感知　感知是指人们通过自己的身体感觉器官而对外界刺激物所做的反应。消费心理学认为，消费者的感知过程是一个有选择的心理过程，它有选择性注意、选择性曲解和选择性记忆三种方式。

（3）学习　学习是指个人购买行为方式并不是先天具有的，而是受后天的经验影响而形成和改变的。这种现象通常可以称为“刺激—反应”学习模式。

刺激物是能满足个人购买者需求的整体产品；诱因是能诱发个人购买行为的所有因素；反应是指消费者为满足需要所采取的购买行为；强化则是消费者的购后评价，主要是指对刺激物的反应和评价。

（4）信念和态度　信念是指人们对事物所持的认识。个人购买者的见解不同信念就不同。购买行为中的信念，有的是建立在对名牌产品的信任基础上的，有的是建立在某种偏见或讹传的基础上的。而不同的信念又可导致不同的购买态度。例如，名牌商品会使个人购买者争相选购，而新品牌则往往遭到消费者怀疑。

一般来说，改变个人购买者的态度是较为困难的，因而在企业的营销过程中，企业应当力求使自己的产品适应个人购买者的现有态度。

以上分析了影响个人购买行为的各种因素，营销者应对其进行全面的研究，才能掌握消费者的个人购买模式。

案例：

每一种产品都有自己的味道

乔·吉拉德曾经说过：“不要推销牛排，推销‘滋滋’声；不要推销汽车，推销拥有车的感觉。”

每一种产品都有自己的味道，乔·吉拉德特别善于推销产品的味道。

与“请勿触摸”的做法不同，乔·吉拉德在与顾客接触时，总是想方设法地让顾客先“闻一闻”新车的味道——他让顾客坐进驾驶室，握住转向盘，自己触摸并操作一番。如果顾客住在附近，乔·吉拉德还会建议他把车开回家，让他在自己的太太、孩子和上司面前炫耀一番，顾客很快地被新车的“味道”陶醉。根据乔·吉拉德本人的经验，凡是坐进驾驶室把车开上一段距离的顾客，没有不买他的车的。即使当时不买，不久后也会来买。新车的“味道”已深深地烙印在他们的脑海中，使他们难以忘怀。他们不仅亲身感受了新车，还由此产生很多美好的联想，促使他们进一步下决心买下这辆车。

乔·吉拉德认为，人们都喜欢自己来尝试、接触、操作，人们都有好奇心和想象力。不论你推销的是什么，都要想方设法地展示你的产品，而且要记住，让顾客亲身参与，如果你能吸引住他们的感官，让他们产生更多的联想，那么你就能掌握住他们的感情了。

二、个人汽车消费者购买行为过程与类型

1. 个人汽车消费者购买行为过程

所谓汽车消费者购买行为，就是汽车消费者为了满足自身的需求，在寻求购买、使用和评估汽车产品及相关服务时所表现的行为。在现代社会中，由于需求状况、购买动机、消费方式和习惯的不同，汽车消费者表现出形形色色的购买行为，但是在千差万别的消费行为背后仍然有着带有规律性的共性的东西，可从心理学的角度来揭示它的共性和规律。

一般来说，人的行为是基于心理活动而发生和发展的。所以，汽车消费用户购买行为必然也要受个人的心理活动支配。消费者购买商品是一种行为，这个行为产生的原因是某种刺激，而购买行为是对这种刺激的反映，外部刺激被消费者接收后经过一定的心理过程，产生看得见的行为，叫作消费者购买行为模式。按照心理学的“刺激—反应”理论，人们行为的动机是一种内在的心理活动过程，像一只黑箱，是一个不可捉摸的神秘过程。客观的刺激，经过黑箱（心理活动过程）产生反应，引起行为，只有通过对行为的研究，才能了解心理活动过程。平时，只能看到外部刺激与购买者的反应，由于顾客具有不同的文化心理，因此就有不同的确认问题、收集信息、评估方案等决策过程，这些过程就是一个“购买者黑箱”。作为商家，最关键的就是了解这“黑箱”里面是什么。

面对着庞大的消费者市场的汽车企业，实际上所面对的是许多的个人购买需求和动机，汽车企业要想能正确判断和引导消费者的购买动机实现，满足他们的各种需求，就必须对消费者的对营销刺激和其他刺激的反应、购买行为的模式有较全面的认识。

研究消费者购买行为的理论中最有代表性的是“刺激—反应”模式，如图 5-1 所示。

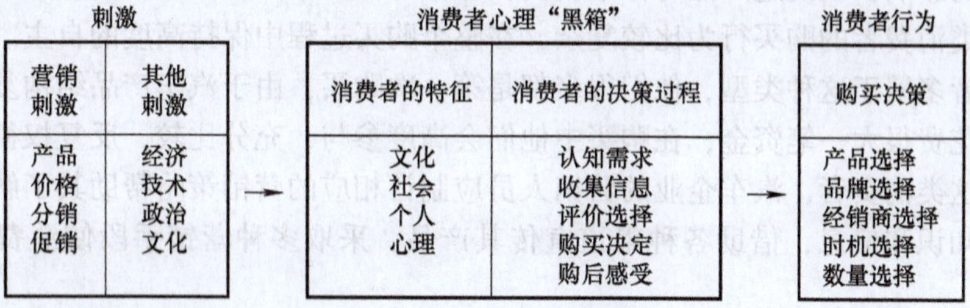

图 5-1　消费者购买行为模式

图 5-1 表明所有的消费者行为都是因为某种刺激激发产生的，这种刺激包括营销刺激和其他刺激。营销刺激是指汽车企业营销活动的各种可控因素，即产品、价格、分销和促销等因素的影响；其他刺激则是指汽车企业营销活动的各种不可控因素，即经济、技术、政治、文化等因素的影响。在各种刺激因素的作用下，消费者经过复杂的心理活动，产生购买动机。在动机的驱使下，消费者进行购买决策，从而形成一系列可以观察到的购买反应，即对汽车产品、品牌、经销商、时机、数量等方面的具体选择，由此完成一次完整的购买行为。

刺激和反应之间的消费者“黑箱”包括两个部分：第一部分是消费者的特征，其受许多因素影响，它能够影响消费者对刺激的理解和反应，不同特征的消费者对同一种刺激会产生不同的理解和反应；第二部分是消费者的决策过程，它直接影响消费者决策的最后结果。

消费者购买行为模式表明，可以通过可控的市场营销因素和不可控的环境因素刺激消费

者。消费者根据自己的特征处理这些信息，经过一定的决策过程产生一系列购买决定，即消费者对刺激因素产生反应。

2. 个人汽车消费者购买行为的类型

汽车消费者的购买行为有多种类型，可从不同角度做相应的分类，但较为普遍的分类方法是以购买态度为基本标准。因为，购买态度是影响个人购买行为的主要因素。汽车销售人员要善于揣摩消费者的心理，但是消费者的心理是深藏的，难以准确分辨，因此销售人员还应认真观察消费者的行为，根据消费者已经表现出来的行为特征来分析和判断消费者大致的性格，从而有针对性地进行服务。

不同性格的消费者在进行挑选和购买的时候会表现出不同的行为特点。汽车消费者按其购买行为的特点可分为习惯型、理智型、冲动型、经济型和情感型等几种。

（1）习惯型　习惯型汽车消费者可能有过使用某种或某几种品牌的经验，形成了固定的品牌偏好，也就是买东西时只认某种牌子。这种偏好将指导他们形成固定的购买行为。他们在购买汽车时，习惯按照自己的想法进行购买，较少受广告宣传和时尚的影响，也不需要到处寻找、收集有关汽车产品的信息，而是按习惯重复购买同一品牌。对习惯型汽车消费者的购买行为的主要营销策略：一是利用汽车的价格与销售手段吸引消费者；二是利用大量重复性的广告加深消费者的印象；三是增加汽车消费者的购买介入程度和品牌差异。

（2）理智型　理智型汽车消费者善于观察、分析和比较，他们比较冷静，是以理智指导购买行为的人。在购买汽车前他们通常要经历广泛的信息收集和比较，充分了解和学习汽车的相关知识，通过网络、媒体、熟人或销售人员等多种渠道对不同品牌的汽车及品种进行充分的调查和评估。在实际购买时，他们表现得理智和谨慎，不容易受到销售人员和商家广告的影响；在挑选产品时仔细认真，经常对比多个品牌和销售商，非常有耐心。也就是说，这类消费者的购买行为比较复杂，在整个购买过程中保持高度的自主。目前，我国的汽车消费者多属于这种类型，他们很多都是第一次购买，由于汽车产品结构复杂，专业性强，而且要花费很大一笔资金，在购买中他们会高度参与，充分比较，反复权衡后慎重做出决定。对于这类消费者，汽车企业的营销人员应制订相应的营销策略帮助其了解更多的有关汽车方面的知识和信息，借助各种渠道宣传其产品，采取多种营销手段使消费者简化购买过程。

（3）冲动型　冲动型汽车消费者对外界的刺激很敏感，心理反应活跃，在购买时，他们一般不会进行具体的比较，会依靠直觉诱发购买行为。年轻、时尚且资金实力强的消费者容易表现出这种冲动。他们在购买时常常受到各种汽车广告、媒体、推销人员、朋友的影响。通常较新的时尚车型最能吸引他们。这种需求的实现过程较短，客户较少占用太多的时间进行反复比较。但是这类消费者常常在购买后会认为自己所买的汽车可能存在某些不足之处或不如其他同类汽车产品的性价比高而产生失落感，从而怀疑自己购买决策的正确性。对于这类购买行为，汽车企业应提供完善的售后服务，并通过各种途径经常向消费者提供有利于本企业和产品的信息，使消费者相信自己的购买决策是正确的。

（4）经济型　经济型汽车消费者对商品的价格非常敏感。具有这类购买态度的个人，往往以汽车价格作为确定购买决策的首要标准。以价格高低评价商品的消费者一般表现出两种不同的类型：一种是选高价行为，消费者往往认为价格高的商品质量高，价格越高越积极购买，如买那些高档、豪华轿车的购买者多是这种购买行为；另一种是选低价行为，即消费者更注重选择价格低廉的汽车，以经济、节约成本为主要出发点，他们的购买力较差，对购买行为约束较大，目前，市场上多数工薪阶层的汽车消费者及二手车的消费者主要是这种购买行为。

（5）情感型　情感型汽车消费者感情丰富，想象力也比较丰富，容易兴奋。持有这类购买态度的汽车消费者的情感体验较为深刻，购买时容易受感情的支配，较为容易受促销宣传和情感的诱导，对汽车的选型、色彩及品牌都极为敏感，他们多以汽车是否符合个人的情感需要作为购买决策的标准。如很多女性汽车消费者被甲壳虫可爱、时尚的外形吸引而成为其消费者。

对于购买行为类型不同的消费者，销售人员应制订不同的营销策略，实现营销目标。

三、不同人群的消费心理与消费行为

1. 不同年龄的消费者的汽车消费心理和消费行为

针对购买汽车的消费者的不同年龄，将汽车生活资料市场的消费主体划分为青年消费者、中年消费者和老年消费者三个群体，不同的消费群体都有其鲜明的消费心理与特点。

（1）青年消费者的消费心理和消费行为　青年消费者人数众多，具有独立的购买能力和较大的购买潜力。但由于汽车的价值较高，有能力购买中高档汽车的青年消费者只占很少的一部分。现在的青年进入中老年后，又将成为购买中高档汽车的生力军。所以，在市场营销中，研究青年消费者的消费心理，成功打动他们至关重要。

青年消费者的消费心理具体表现在以下几个方面：

1）追求时尚。青年人思想活跃，富于幻想，勇于创新，追求新潮，积极向上。这些心理特征反映在对商品的需求上就是追求新颖、时尚和美的享受，敢于领导消费潮流，体现时代特征。一般来讲，投放市场的新产品或时尚商品，都会引起青年消费者的极大兴趣和购买欲望。他们的购车行为趋向求新、求美，喜欢购买富有时代特色的车辆，以展现其现代化的生活方式，博得他人的赞许和羡慕。因此，投放市场的新车和社会流行的某一款车都会引起他们极大的兴趣和购买欲望，购买动机也会随之形成。

2）突出个性。青年消费者处于少年不成熟阶段向中年成熟阶段的过渡时期。他们追求个性独立，希望形成完善的个性形象，自我意识迅速增强。反映在消费心理上就是消费倾向从不稳定到稳定过渡，愿意表现自我个性与追求，非常喜欢个性化的商品，力求在消费活动中充分表现自我。

21世纪的汽车厂商也嗅出“个性化”的味道，为了迎合消费者的口味，纷纷给自己的车加入了“自我”的元素。奔驰、捷豹、日产和宝马公司也推出了自己的个性理念。个性化的流行，不仅体现在车型上，还将蔓延到内部设计、功能服务等方面。现在，在公路上跑的，已不仅仅是那些品牌特征非常明显的轿车，还出现了一些具有个性特点的轿车。正如庄重大方是一种美；热情奔放也是一种美；不受羁绊、张扬个性更是一种美。

3）肯用高价购买名牌。青年消费者所具有的追求时尚与新颖、表现时代、追求个性的消费心理，决定了他们在选购商品时，对新品种、新花色、新样式情有独钟，以领导时代新潮流为荣。他们对旧品种、旧花色、旧样式的商品不感兴趣，同样的质量和用途，宁愿多花钱购买名牌产品。

4）有明显的冲动性且变化性强。青年人的心理特征一方面表现出果断迅速，反应灵敏，另一方面也表现出感情冲动，草率行事。因此，其购买动机具有明显的冲动性。他们首先讲究车辆美观、新异，其次才注意质量、价格，而不能冷静地分析车辆的各种利弊因素，许多人凭对车辆的感情来判断车辆的好坏、优劣，形成对车辆的好恶倾向。因此，他们的购车动机的随机性、波动性较大。

现在有不少年轻人喜欢提前消费，如早早买车，也有人喜欢用信用卡透支消费，还有些人特别喜欢购买名牌。在很多大城市出现了数量不少先购车后置房的消费者，其中绝大多数都是青年人。

很多青年人购买了第一辆汽车后，最初的一段时间感觉非常新奇，对新车爱不释手，但经过一段时间后，新鲜感渐渐消失，此时青年人特有的多变心理使他们开始对其他车型产生了兴趣，他们开始考虑将现在手中的车卖掉，置换一款自己更中意的车。有资料显示，现在的二手车交易市场中，由于青年人的喜新厌旧而淘汰的旧车在整体旧车数量中占有不小的比例。

(2) 中年消费者的消费心理和消费行为　中年消费者的消费心理和消费行为如下：

1) 理智性强，冲动性小。中年人阅历广，生活经验丰富，情绪反应一般比较平稳，多以理智支配自己的行动，感情用事的现象不多见。

2) 计划性强，盲目性小。中年消费者处于向老年过渡的阶段，大多是家庭经济的主要承担者。尽管他们的收入不低，但肩负着养老育幼的重任。因此，他们养成了勤俭持家、精打细算的消费习惯，以量入为出作为消费原则，消费支出计划性强，很少计划外开支和即兴购买。

3) 注重传统，创新性小。他们希望以稳重、老练、自尊和富有涵养的风度有别于青年。反映在消费方面，就是不再完全按照自己的兴趣爱好选择商品或消费方式，而是更多地考虑他人的看法，以维护自己的形象，与众人保持一致。例如，在购买汽车时，他们宁可压抑个人的爱好而从众，也不愿意让别人感到自己花样翻新和不稳重。

中年人喜欢购买的车如：奔驰 C 系列、丰田佳美、别克新世纪或帕萨特。

(3) 老年消费者的消费心理和消费行为　老年消费者的消费心理和消费行为如下：

1) 怀旧心理强烈，品牌忠诚度高。

2) 注重实际，要求得到良好的服务。

3) 较强的补偿性消费心理。

2. 不同性别的消费者的汽车消费心理和消费行为

性别在人类的消费活动中也扮演了举足轻重的角色，男性消费者和女性消费者具有不同的消费心理特征。汽车销售人员在对待消费者时应男女有别。

不同消费者的性格和爱好等肯定各不相同，但异中有同，同中有异。就男性和女性而言，一般男性买车时比较粗心，而女性往往比较细心。

针对这种情况，汽车销售人员在接待男性消费者时要细心一些，接待女性消费者时要耐心一些。这样双方结合起来，取长补短，多加关注，买卖才容易成功。

一般男性消费者买车的目标比较明确，易于做出买或不买的决定，不大爱挑来挑去，比较相信汽车销售人员，这些都有利于成交。在这种情况下，汽车销售人员的责任反而加重了，因为此时若不细心帮助消费者挑选，买回去后就可能因为不合适而使消费者失望，造成不良影响，甚至出现消费者投诉销售人员的情况，给双方带来很多麻烦。

女性消费者一般都比较细心，一是观察仔细，往往反复几次，拿不定主意，而且特别注意观察别的消费者是否买，效仿性较强；二是挑选时特别仔细，往往要反复察看，互相比较，不厌其烦；三是询问得特别细，对于产地、性能、价格、质量无所不问，而且特别注意别人的使用情况。

针对这些，汽车销售人员要特别耐心，而且要有针对性地接待。例如，多介绍别人用车后的反映，卖得快不快，价格高不高，挑选时要多拿些车型资料让其充分选择，不要催促。总之，要特别耐心细致，切不可有烦躁的表现。

3. 不同社会阶层的消费者的汽车消费心理和消费行为

（1）社会阶层的概念与划分依据　社会阶层是指社会上的个体和家庭，因社会经济角色条件、地位不同及相应生活方式和价值观念的差异而区分出的不同层次。处于同一社会阶层的人们，在生活方式、价值观念、社会地位等方面就比较接近。相反，属于不同的社会阶层的人，其生活方式、价值观念、社会地位等方面存在着比较大的差异。

社会阶层不是受单一因素的影响，而是同时受到职业、收入、教育、财富等多种因素的影响。

（2）社会阶层对消费的影响　社会阶层的差别是客观存在的，处于不同阶层的人，在需求特点和购买行为方面存在着较大的差异。任何社会，各种档次、各种类型的产品均有其相对应的市场。同一阶层的消费者在消费观念、需求内容、消费动机等方面具有相似性。

1）贫困型家庭。贫困型家庭几乎要将收入的全部来维持基本生活，因而无从产生独立、清晰的消费意识，求廉与求实是其主导性消费动机。这类家庭在将来的很长一段时间内很难产生汽车消费需求。

2）温饱型家庭。温饱型家庭在维持生理性需要的前提下，收入略有结余。他们开始谨慎地扩展消费项目，但由于经济并不宽裕，因此具有强烈的忧患意识。他们倾向于储蓄，花钱精打细算。这类家庭在将来相当长的一段时间内很难产生汽车消费需求。

3）小康型家庭。由于经济已不再拮据，小康型家庭的消费个性初步形成，他们开始按照自己的心理倾向扩展消费领域，增加消费项目。这类家庭已经产生或即将产生汽车消费需求，他们最关心汽车的价格、耗油量、维修费用、各种使用费用等。

4）富裕型家庭。富裕型家庭已经完全具备良好的生活条件，因而，追求消费个性化已成为他们明确的主题。汽车已经成为这类家庭的生活必需品，他们对汽车品牌和汽车质量比较挑剔。

现在已经崛起和正在形成的所谓“中产阶层”，他们有体面的工作，有稳定的收入，家庭生活富裕。他们中有个体经营者、大公司职员、国家公务员、教师、医生、律师、建筑设计师、会计师等。他们事业上比较成功，对于汽车的要求方面，他们希望无论平日上班、从事商务活动，还是节假日合家旅行，既不失身份，又不必过分铺张。同时，他们希望自己的车有良好的品牌形象，安全系数高，因此，10 万元以下的车已经难以满足他们的需要，而那些太贵的轿车难免有些张扬，而且养车与用车的价格不菲。这就需要一款价格介于两者之间，具有相对良好的安全性、舒适性的轿车。因此，20 多万元的轿车成为他们首选的目标。

5）富豪型家庭。富豪型家庭的生活条件已相当优越，因此，他们失去了物质消费的激情，不再有人们通常能够感受到的消费冲动和消费满足感。高档消费在他们的生活中已常规化、随意化，其消费心理倾向几乎移出“物质消费”领域。这类家庭对汽车的豪华程度比较关心，很多人热衷于汽车改装、拉力赛等更加刺激的活动。

近10年来，中国经济发展上行，汽车市场呈现了明显的消费升级，奥迪、路虎、宝马、奔驰以及沃尔沃、雷克萨斯、英菲尼迪等中高端车型的畅销，也是中国经济发展的一种体现。随着国家各项经济发展战略的实施，消费升级将会更加明显，人民群众精神、文化、健康等消费将会大幅提升。

第三节　汽车生产资料市场的消费心理与消费行为

汽车生产资料市场中不同群体的消费心理和消费行为如下：

1. 出租车公司、客运公司、货运公司采购汽车的消费心理和消费行为

汽车作为生产资料，是出租车公司和其他营运公司进行生产时所需要使用的资源和工具，购买生产资料的价格、生产资料的耐用程度和维护生产资料的费用是它的使用者最关心的问题。

购买者在购车时往往将价格、油耗、维修（维修是否方便、维修价格是否公道）作为该车是否值得购买的衡量标准，而对其他一些如外观是否突出个性、是否使用了最新科技、颜色是否优雅等方面没有特殊的要求。

汽车生产商和经销商如果能够为此类购买者提供价廉物美的商品和优质实惠的售后服务，就能得到长期、稳定的客户群体。

将汽车作为生产资料的一般多为消费大户，所谓消费大户，是指行业或单位汽车消费量相对较高的用户。瞄准消费大户，进行重点公关，往往可以产生事半功倍的促销效果。

2. 政府采购汽车的消费心理和消费行为

在西方发达国家，一般都制定有政府采购法，凡属政府机关及部队、学校等非营利性社会团体，在购买所需产品时，都必须通过公开竞卖和竞买的形式来实现产品所有权的最终转移。

在我国，政府采购车辆走过了逐步上升又逐步下降的趋势。21世纪初，政府采购处于上升阶段，政府车辆采购构成了一个独立的市场。近年来，随着政府车辆改革的深化，政府采购这个市场越来越小。

政府采购汽车有其特殊的心理和行为特点：第一，要求产品具有较高的品质和很好的安全性；第二，需要端庄、稳重的外观，与政府形象相衬；第三，要有良好的售后服务体系；第四，产品要有较高的性价比；第五，企业要有保持产品一致性的能力；第六，政府采购行为越来越公开透明，企业向采购部门推荐的产品必须经得起公开、公正、公平的对比。

在能源趋于紧缺，油价连年上涨，城市交通严重拥堵，国产品牌汽车发展迅速和政府用车改革不断深化的大背景下，政府用车出现了国产化、轻量化、新能源化的总趋势，许多国产品牌汽车和新能源汽车进入了政府采购的目录。

资料：

公务车选用仅限国产品牌

工信部发布《2012 年度党政机关公务用车选用车型目录（征求意见稿）》（以下简称《目录》），并面向全社会征集意见，截止日期为 2013 年 3 月 9 日。《目录》中的车型包括轿车、多功能乘用车、越野车和新能源汽车。此番发布的《目录》最引人注目的是，所列车型清一色都是自主品牌车型，如江淮汽车、比亚迪、奇瑞汽车、上汽股份、广州汽车和长安汽车等，外资和合资企业的车型没有一款入选。

本章小结

本章主要讲述了汽车市场的特点，汽车生活资料市场和生产资料市场的消费特征。主要知识点和技能点包括汽车消费的影响因素，汽车消费者行为与心理，不同消费群体的消费心理和消费行为的分析与把握，针对消费者心理的车型选择。

本章内容	知识点	核心知识	技能点
汽车市场的特点和用户类型	汽车市场的特点	伸缩性、多样性、可诱导性、替代性、发展性、集中性和广泛性	
	汽车的使用特点	既是生活资料，又是生产资料	
	汽车用户的类型	生活资料：私人用户、集团用户 生产资料：运输经营	典型人群特征的把握
汽车生活资料市场的消费心理与消费行为	影响消费者个人购买行为因素的分析	文化因素、社会因素、个人因素、心理因素	影响方式
	个人汽车消费者购买行为过程与类型	购买行为模式和购买行为类型	
	不同人群的消费心理与消费行为	典型类型的典型特征	不同人群的消费心理与消费行为的把握
汽车生产资料市场的消费心理与消费行为	汽车生产资料市场的发展	发展过程的简单了解	
	汽车生产资料市场的消费心理和消费行为	营运车用户、政府用户的不同心理和行为	

复习思考题

1. 汽车市场的特点是什么？

2. 依据汽车消费主体与消费目的的不同，可以将汽车消费市场划分为哪两类？

3. 影响消费者的情感变化的因素主要有哪些？在汽车消费过程中，它们是如何影响消费者的情感变化的？

4. 什么是消费者的需要？消费者的需要主要包括哪两大部分？消费者的需要有什么特征？

5. 青年消费者有什么消费心理？青年消费者在购买汽车过程中一般比较注重汽车的哪些方面？女性消费者有什么消费心理？女性消费者在购买汽车过程中一般比较注重汽车的哪些方面？

6. 政府采购汽车有什么样的心理和行为特点？

实践练习题

在国产汽车市场上，针对中老年客户和中青年客户的消费心理特征各选出五款适合的车型，并说明理由。

同步练习：

营销策划书之四：

研究既定车型的消费者购买行为和购买心理，将可能的购买行为和购买心理进行排列。

第六章

汽车市场细分与目标市场定位

学习目标

理论要求：

1. 了解汽车市场细分的概念和作用。
2. 了解市场细分的标准和步骤。
3. 了解目标市场的评价因素。
4. 了解汽车市场定位的含义。

实践要求

1. 掌握汽车市场细分的方法。
2. 掌握汽车产品目标市场定位策略及其运用方法。

STP 策略，即市场细分（Segmentation）、目标市场选择（Targeting）和市场定位（Positioning），是现代市场营销的基本思路和核心方法。

进入21世纪，中国汽车市场竞争愈加激烈，消费者的需求更加多样化。任何汽车企业都无法在整个市场上为所有用户服务，通过市场细分发现潜在目标市场，并以此制订相应的产品计划和营销计划为其服务，把有限的资源、人力、财力用到能产生最大效益的地方。确定目标市场，选择那些与企业任务、目标、资源条件等一致，与竞争者相比本身有较大优势，能产生最大利益的细分市场作为企业的目标市场并做出合理的市场和产品定位是 STP 营销的主要任务。

第一节　汽车市场细分

一、市场细分的含义

市场细分也称市场细分化（Marketing Segmentation），是20世纪50年代中期由美国人温德尔·斯密提出的新概念。所谓市场细分，是指根据整体市场上消费者需求的差异性，以影响消费者需求和欲望的某些因素为依据，将一个整体市场划分为两个或两个以上的消费者群体，每一个需求特点相类似的消费者群就构成一个细分市场（或子市场）。在各个不同的细分市场，消费者需求有较明显的差异，而在同一细分市场上，消费者具有相同或相近的需求特点。例如，服装市场，可按消费者的性别因素，细分为男士市场、女士市场；按年龄因素细分为老年市场、中年市场、青年市场、儿童市场；按地理因素细分为国外市场、国内市场，或者城市市场和乡村市场，或者南方市场和北方市场等。汽车市场可以按用户的用途要求分为货车市场、客车市场；按用户的购买力分为高档车、中档车和低档车市场等。以上每个细分市场的需求各不相同，同一细分市场内的需求基本相似。

所以，市场细分不是通过产品分类来进行的，如汽车市场、服装市场、机床市场等。它是按照消费者的需求爱好的差别和需求点来区分的，最终形成若干客户群体。在这若干个细小市场中，选择经营对象和目标市场，以特定的产品功能定位和形象定位满足特定客户群体的消费需求。

二、市场细分的作用

市场细分对企业市场营销的影响和作用很大，它表现在以下几个方面：

（1）有利于企业发掘新的市场机会　企业经过市场调查和市场细分后，对各细分市场的需求特征、需求的满足程度和竞争情况了如指掌，并能从中发现那些需求尚未得到满足或需求尚未充分满足的细分市场，这些市场为企业提供了一个新的极好的市场开拓机会。

（2）有利于小企业开拓市场，在大企业的夹缝中求生存　消费者的需求是多变的，各不相同的。即使是大企业，其资源也是有限的，不可能满足整个市场的所有需求，更何况小企业。为求得生存，小企业应善于运用市场细分原理对整体市场进行细分，拾遗补阙，从中找到尚未满足需求的细分市场，采取与目标市场相应的产品、价格、销售渠道、销售促进的市场营销组合策略，从而获得良好的发展机会，取得较大的经济效益。

（3）有助于企业确定目标市场　通过市场细分，有助于企业深入了解消费者需求，结合企业的优势和市场竞争情况，进行分析比较，从细分市场中选择并确定企业的目标市场。企业的经营服务对象已定，就能有的放矢，有针对性地制订有效的市场营销组合策略，提高企业经营管理水平，增强市场竞争力。

（4）有利于企业合理配置和使用资源　企业根据市场细分，确定目标市场的特点，扬长避短，将有限的人力、物力和财力集中用于少数几个或一个细分市场上，可避免分散使用力量，取得事半功倍的经济效果，发挥最大的经济效益。

（5）有利于取得信息反馈以调整营销策略　就整体市场而言，一般信息反馈比较迟钝，不易敏感地察觉市场变化。而在细分市场中，企业为不同的细分市场提供不同的产品，制订相应的市场营销策略，企业能轻易得到市场信息，察觉消费者的反应，这将有利于企业挖掘潜在需求，适时调整营销策略。

三、市场细分的要求

消费者市场细分的主要要求在于：被细分的子市场的差异必须十分明确、清楚，有一定的购买群体。同时，细分市场必须是有效的，可以被衡量和被测定，即通过调查和测算可以定性和定量地被描述出来。

四、汽车市场细分的标准

市场细分通常是从消费者需求的不同角度将产品市场按照一定的标准进行细分。就一般的产品而言，消费者的利益取向总是可以遵循一定的规律进行划分和寻找。

就一般消费品而言，影响消费者需求的因素可以归结为四类，即地理因素、人口因素、心理因素和行为因素。这四类因素也就构成了市场细分的一般标准或市场细分变量。

对汽车市场的细分进行具体化：

1. 按地理和气候因素来划分

寒冷地区的汽车用户，对汽车的保暖、暖风设备更加关注，对汽车的防冻和冷起动效果、汽车的防滑安全措施有较高的要求；炎热潮湿地区的汽车用户，对汽车的空调制冷、底盘防锈和漆面保护等有较高要求；平原地区的汽车用户，希望汽车底盘偏低，悬架软硬适中，高速行驶稳定性好；丘陵山区的汽车用户更关注车辆的通过性，以及爬坡能力和操控性等。

2. 按人口因素来划分

因性别、年龄、收入、职业、教育、家庭、种族、宗教信仰等的差异而形成的对汽车产品的不同需求，从而细分汽车市场。

3. 按心理因素来划分

不同的生活方式、性格和偏好等心理因素方面的差异促成了消费者不同的消费倾向。例如，简约的生活方式或奢华的生活方式，外向的性格或内敛的性格，以及偏向于追求名牌或对品牌较为随意等，形成了对汽车档次、品牌、价格、功能、款式和色彩方面的差异性需求。

4. 按行为因素来划分

行为因素是指消费者购买汽车的理由、追求的利益、使用状况和使用率、汽车待购阶段、对产品的态度等。汽车消费者行为因素体现在为什么要购买，是用来代步，还是商用，还是用来出游，抑或是几者兼备；是追求实用，还是追求时尚；是即刻购买，还是持币待购等消费类型。

案例：

宝马汽车的美国市场营销

德国宝马汽车在美国市场上的成功营销就在于其对美国市场的有效细分和对子市场的准确测量。在20世纪70年代中期，德国宝马汽车在美国市场上将目标对准高级轿车市场，但经测量，发现该细分市场的消费者不喜欢该车。于是，生产厂家将目标转向收入较高、充满生气的青年人市场。结果，市场销售情况十分看好。直到20世纪90年代初，美国经济开始走向萧条，原来的目标消费者已经成熟，加上日本轿车物美价廉的冲击，宝马面临挑战。后经市场调查，厂家将目标市场对准了相信高技术驾车人应驾驶好车的消费者；为了家庭安全，希望提高驾驶技术的消费者；希望以高超驾驶技术体现个人成熟魅力的消费者。结果尽管当时美国汽车市场疲软，但宝马的销量依然大增。

同样，日本本田汽车公司在美国推销汽车时，成功地进行了市场细分，并选择了自己的目标市场。20世纪90年代初，本田公司预测，随着美国两人家庭的增多，其收入也越来越多，涉足高级轿车市场的年轻人也会越来越多。于是，本田公司决定开辟这个在当时尚未被竞争者重视的消费者群体，将其划入自己的目标市场，结果获得成功。

案例：

长城争锋细分市场

当众厂商纷纷以赛弗为蓝本推出自己的经济型SUV，行业竞争面临同质化时，作为行业领导者，长城汽车洞察到的却是市场形势发生变化后的消费需求多样化倾向。从赛弗每年的更新换代到赛影、赛骏的相继推出，再到之后上市的哈弗，可以看到，为了迎接消费需求多样化时代的到来，作为经济型SUV领头羊的长城汽车正在不断丰富着自己的产品系列，并拉开了以细分市场比拼为特征的新一轮竞争的大幕。

经过近几年的飞速发展，长城汽车已经从原来的轻型货车专业生产商扩展到SUV专业生产商，形成赛弗、赛影、赛骏、哈弗相映生辉的四大SUV产品系列，这在行业内是独一无二的。这四种产品各有千秋，分别为有着不同用车需要的人士打造。赛弗的特征是运动型SUV，适用于玩车一族，2004款赛弗经过16项技术改进，从外观、内饰、功能、配置方面可谓是脱胎换骨，独特、个性、四驱越野迎合了大中城市白领阶层和“玩车族”的需求，让赛弗占了一个绝对优势。赛影RUV充分体现了客货性，是一款休闲多功能车，它包含了两层意思：一是休闲，它既有越野性能，更具备城市休闲功能；二是多功能，即乘客载物两相宜，不仅适于城市家庭用车，也适于商务用车。赛骏SUV则是紧凑型都市越野SUV，动力强劲，兼顾都市和越野使用，采用越野车底盘，比普通经济型SUV轴距短265mm左右，有良好的通过性。哈弗CUV是一款标准的轿车化SUV，它抢占的是中高档SUV市场。

五、汽车市场细分的步骤

1. 选定产品市场范围

选定市场范围是根据企业的实际与企业战略目标选定企业的行业属性与产品方向。就汽车行业而言，其市场范围可以有不同的划分方法。

按照《机动车类型　术语和定义》（GA 802—2014）对汽车的定义：汽车（Automobile）由动力驱动，具有四个或四个以上车轮的非轨道承载的车辆，主要用于载运人员和/或货物（物品），牵引载运货物（物品）的车辆或特殊用途的车辆，专项作业车辆，并包括无轨电车、整车整备质量超过400kg的不带驾驶室的三轮车辆、整车整备质量超过600kg的带驾驶室的三轮车辆。

（1）按照车辆用途划分

1）载客汽车：设计和制造上主要用于载运人员的汽车，包括装置有专用设备或器具但以载运人员为主要目的的汽车。

2）载货汽车：设计和制造上主要用于载运货物或牵引挂车的汽车，包括装配有专用设备或器具但以载运货物为主要目的的汽车。

3）专项作业车：装配有专用设备或器具，在设计和制造上用于专项作业的汽车，如汽车起重机、消防车、混凝土泵车、清障车、高空作业车、扫路车、吸污车、钻机车、仪器车、检测车、监测车、电源车、通信车、电视车、采血车、医疗车、体检医疗车等。

（2）按照汽车的规格划分（表6-1）

表 6-1　按汽车规格划分的汽车类型

分类			说明
汽车	载客汽车	大型	车长不小于 6000mm 或者乘坐人数不小于 20 人的载客汽车
		中型	车长小于 6000mm 且乘坐人数为 10 ~ 19 人的载客汽车
		小型	车长小于 6000mm 且乘坐人数不大于 9 人的载客汽车，但不包括微型载客汽车
		微型	车长不大于 3500mm 且发动机气缸总排量不大于 1000mL 的载客汽车
汽车	载货汽车	重型	最大允许总质量（以下简称“总质量”）不小于 12000kg 的载货汽车
		中型	车长不小于 6000mm 或者总质量不小于 4500kg 且小于 12000kg 的载货汽车，但不包括低速货车
		轻型	车长小于 6000mm 且总质量小于 4500kg 的载货汽车，但不包括微型载货汽车和低速汽车（三轮汽车和低速货车的总称，下同）
		微型	车长不大于 3500mm 且总质量不大于 1800kg 的载货汽车，但不包括低速汽车
		三轮（三轮汽车）	以柴油机为动力，最大设计车速不大于 50km/h，总质量不大于 2000kg，长不大于 4600mm，宽不大于 1600mm，高不大于 2000mm，具有三个车轮的货车。其中，采用转向盘转向、由传动轴传递动力、有驾驶室且驾驶人座椅后有物品放置空间的，总质量不大于 3000kg，车长不大于 5200mm，宽不大于 1800mm，高不大于 2200mm。三轮汽车不应具有专项作业的功能
		低速（低速货车）	以柴油机为动力，最大设计车速小于 70km/h，总质量不大于 4500kg，长不大于 6000mm，宽不大于 2000mm，高不大于 2500mm，具有四个车轮的货车 低速货车不应具有专项作业的功能
	专项作业车		专项作业车的规格术语分为重型、中型、轻型、微型，具体参照载货汽车的相关规定确定

（3）按照汽车的结构划分（表 6-2）

表 6-2　按汽车结构划分的汽车类型

分类			说明
汽车	载客汽车	普通客车	车身为长方体或近似长方体，单层地板，一厢或两厢式结构，安装座椅的载客汽车，但不包括面包车
		双层客车	车身为长方体或近似长方体，双层地板，一厢或两厢式结构，安装座椅的载客汽车
		卧铺客车	车身为长方体或近似长方体，单层地板，一厢或两厢式结构，安装卧铺的载客汽车
		铰接客车	车身为长方体或近似长方体，单层地板，由铰接装置连接两个车厢且连通，安装座椅的载客汽车
		轿车	车身结构为两厢式且乘坐人数不超过 5 人，或者车身结构为三厢式且乘坐人数不大于 9 人的载客汽车
		面包车	平头或短头车身结构，单层地板，发动机中置（指发动机缸体整体位于汽车前后轴之间的布置形式），宽高比（指整车车宽与车高的比值）不大于 0.90，乘坐人数不大于 9 人，安装座椅的载客汽车
		专用校车	设计和制造上专门用于运送 3 周岁以上学龄前幼儿或义务教育阶段学生的载客汽车
		专用客车	需经特殊布置安排后才能载运人员（通常为特定人员）的载客汽车，如囚车、殡仪车、救护车、客车整车改装的运钞车等，包括旅居车、乘坐人数大于 6 人的专用汽车（如电力工程车），但不包括专用校车
		无轨电车	以电动机驱动，与电力线相连，具有四个或四个以上车轮的非轨道承载道路车辆
		越野客车	车身结构为一厢式或两厢式，所有车轮能够同时驱动，接近角、离去角、纵向通过角、最小离地间隙等技术参数按照高通过性设计的载客汽车

（续）

分类			说明
汽车	载货汽车	普通货车	载货部位的结构为栏板的载货汽车（包括具有随车起重装置的栏板载货汽车），但不包括具有自动倾卸装置的载货汽车
		厢式货车	载货部位的结构为厢体且与驾驶室各自独立的载货汽车；厢体的顶部应封闭、不可开启
		仓栅式货车	载货部位的结构为仓笼式或栅栏式且与驾驶室各自独立的载货汽车；载货部位的顶部应安装有与侧面栅栏固定的、不能拆卸和调整的顶棚杆
		封闭货车	载货部位的结构为封闭厢体且与驾驶室联成一体，车身结构为一厢式或两厢式的载货汽车
		罐式货车	载货部位的结构为封闭罐体的载货汽车
		平板货车	载货部位的地板为平板结构且无栏板的载货汽车
		集装箱车	载货部位为框架结构，专门运输集装箱的载货汽车
		车辆运输车	载货部位经过特殊设计和制造，专门用于运输商品车的载货汽车

（4）按照汽车的使用性质划分（表6-3）

表6-3　按汽车使用性质划分的汽车类型

分类		说明
营运	公路客运	专门从事公路旅客运输的机动车
	公交客运	城市内专门从事公共交通客运的机动车
	出租客运	以行驶里程和时间计费，将乘客运载至其指定地点的机动车
	旅游客运	专门运载游客的机动车
	租赁	专门租赁给其他单位或个人使用，以租用时间或租用里程计费的机动车
	教练	专门从事驾驶技能培训的机动车
	货运	专门从事货物（危险货物除外）运输的机动车
	危化品运输	专门用于运输剧毒化学品、爆炸品、放射性物品、腐蚀性物品等危险化学品的机动车
非营运	警用	公安机关、国家安全机关、监狱、劳动教养管理机关和人民法院、人民检察院用于执行紧急公务的机动车
	消防	公安消防部队和其他消防部门用于灭火的专用机动车和现场指挥机动车
	救护	急救、医疗机构和卫生防疫部门用于抢救危重病人或处理紧急疫情的专用机动车
	工程救险	防汛、水利、电力、矿山、城建、交通、铁道等部门用于抢修公用设施、抢救人民生命财产的专用机动车和现场指挥机动车
	营转非	原为营运机动车，现改为非营运机动车
	出租转非	原为出租客运机动车，现改为非营运机动车

注：非营运机动车没有对应细类的，使用性质确定为“非营运”。除使用性质确定为“非营运”“营转非”“出租转非”以外的机动车，为生产经营性车辆

不同的车辆类型拥有特定的消费群体，构成了不同的消费者市场。

2. 列举潜在客户的基本需求

从消费者对汽车消费需求的角度考虑，潜在客户的基本需求可以从两大系列来挖掘。一是客户属性系列，即从地理因素、人口因素、心理因素和行为因素中进一步细化来获得（表6-4）。

表 6-4　汽车市场细分的标准及需求划分

分类标准	可变因素	常用分界点
地理环境	地形地貌	平原、丘陵、山区
	气候	寒带、温带、亚热带、热带
人口社会因素	城市统计区人口	不足 5 万人、5 万～20 万人、20 万～50 万人、50 万～100 万人、100 万～600 万人、600 万～1000 万人、1000 万人以上
	人口密度	城区、近郊、乡村
	人口统计，年龄	18～34 岁、35～49 岁、50 岁以上
	性别	男、女
	家庭人口	1～2 人、3～4 人、5 人以上
	家庭周期	单身青年、年轻夫妇、满巢期、空巢期、鳏寡期
	家庭年收入（人民币）	不足 5 万元、5 万～10 万元、10 万～20 万元、20 万～50 万元、50 万元以上
	职业	公务员、文教卫生、工商企业经理、专业技术管理人员、商贸、中介机构业务人员、自由职业者、无业人员、其他
	文化程度	高中及以下、大专、本科以上
	社会阶层	低下阶层、中产阶层、上等阶层
	宗教信仰	天主教徒、基督教徒、伊斯兰教、其他
	人种	东亚人种（黄种人）、高加索人种（白种人）尼格罗人种（黑种人）、澳洲人种（棕种人）
	国籍	中国、其他
购买行为及心理	购买心理	求实心理、求廉心理、求新心理、求全心理、预期心理
	购买行为	理智型、情感型、经济型、从众型
	生活方式	封闭型、开放型
	个性	沉稳、活泼、内敛、外显
	行为场合	一般场合、特殊场合

二是从潜在客户对汽车产品的消费利益取向来寻找。由于受地理因素、人口因素、心理因素和行为因素的影响，消费者在追求汽车产品的利益时形成了价格、品牌、款式、功能等方面的基本需求。因此，汽车的功能、档次、款型就成了潜在消费者的基本需求。

3. 分析潜在客户的不同需求

在消费者存在的每一个基本需求方向上划分其需求差异。例如，三厢轿车是消费者的一项基本需求，但不同的消费者对三厢轿车的档次要求又存在着差异。

在乘用车市场上，可以有用途与功能性、款式要求、级别要求和外形要求的差异，见表 6-5。

表 6-5　消费者的基本需求及需求差异

潜在消费者的基本需求	需求差异
用途与功能性要求	商务用车、代步用车、多功能用车、休闲旅游用车
款型要求	三厢轿车、两厢轿车、多功能车、越野车
级别要求	高级豪华车、中高级车、中级车、普通型车、微型车
外形要求	古朴典雅型、稳重大方型、时尚新潮型

4. 为细分市场定名

用细分变量为细分市场定名。

5. 对细分市场进行评价

要想知道细分市场是否有效，是否能成为企业的备选目标市场，就要对细分市场进行评价。有效的细分市场应具备五个条件：

（1）可测量性　各子市场的购买力能够被测量。市场范围、市场大小、市场容量和市场潜力应能量化，并且足够大，有一定发展潜力。

（2）可进入性　企业利用自身的资源、技术专长和产品开发能力能够进入所选定的子市场。

（3）可赢利性　企业进行市场细分后所选定的子市场的规模和市场中的行业利润足以使企业有利可图。

（4）可区分性　细分市场对企业市场营销组合中的任何一项因素的变动能做出差异性的反应。也就是说，细分市场是独立的，能够用特定的营销组合作用于细分市场。

（5）可行动性　企业能制订有效的营销方案吸引和服务细分市场。

细分市场可以根据细分变量来进行，一个市场可以划分成若干个子市场，但不是所有的子市场对企业都是有益的，只有具备了上述5个条件的子市场才能成为企业的备选目标市场。

六、市场细分的方法

我们对汽车市场进行一次模拟细分来讲解市场细分的方法。

实践：

命题：某公司是汽车经销商，长期以经销轿车为主，随着轿车市场竞争状况的加剧，公司拟开辟新的汽车销售市场，通过市场细分试图找到新的目标市场。试对汽车市场进行细分。

第一步：选定产品市场范围，确定市场。

根据企业的目标和产品的市场范围选定为汽车市场。

第二步：列举潜在客户的基本需求并找出潜在消费者的需求差异。

在汽车市场上，潜在客户的基本需求可以列举为用途与功能性的需求、款型需求、级别需求、外形需求等。如果选择一项需求进行细分，就是：

1）单一因素法：只选择一个因素来进行市场细分。例如，只选择用途一个因素进行市场细分，其细分的结果如图6-1所示。

图6-1　就用途一个因素对汽车市场的细分

2）双因素法：同时选择两个因素从两个方向细分。例如，同时选用功能和价格对汽车市场进行细分，如图6-2所示。

3）多因素法：选择两个以上的因素，从多个角度进行细分。例如，同时选择用途、级别和外形因素来进行市场细分，如图6-3所示。

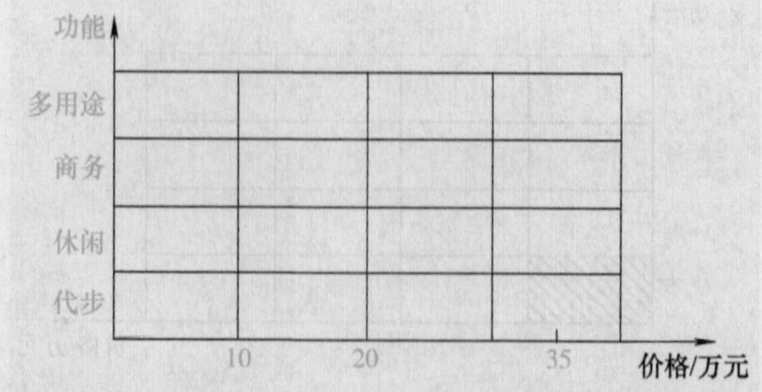

图 6-2 功能和价格双因素对汽车市场的细分

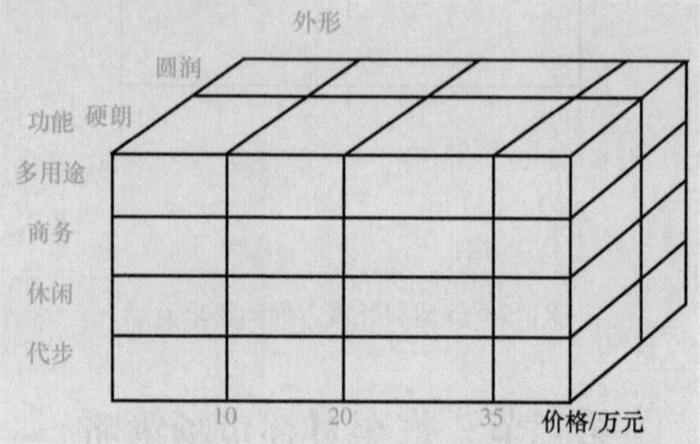

图 6-3 两个以上的因素对汽车市场的细分

在上面的单一因素法中，市场被细分成了 5 个子市场；双因素法中，市场被细分成了 16 个子市场；在多因素法中，市场被细分成了 32 个子市场，如果再增加一个细分变量，细分区间为 4 的话，则子市场为 $32 \times 4 = 128$ 个。如果再增加细分变量，所分出的子市场将异常庞大，企业要对这众多的子市场逐个评价，其工作量是不可想象的，也是徒劳的。因为，其中大多数子市场对企业是毫无意义的。

因此，本书结合企业实际提出层级细分的方法，在每一次细分中只选择 1 个或 2 个子市场进行再次细分。

1）一次细分：先选择功能和价格两个细分变量来进行细分，如图 6-4 所示。

2）二次细分：通过一次细分，企业结合自身的优势和特点和对细分市场的初步分析，认为只在 10 万元以下的用以代步的子市场中有可能进入，故而暂且放弃其他子市场，仅对这个子市场进行再次细分。

根据这一子市场的消费者特点，存在款型和外观方面的需求差异，如图 6-5 所示。

经过二次细分，就划分出了 10 万元以下作为代步用车的轿车在款型和外观上针对不同人群、不同用车偏好的细分市场，对各细分市场进行评价后选择备选目标市场。

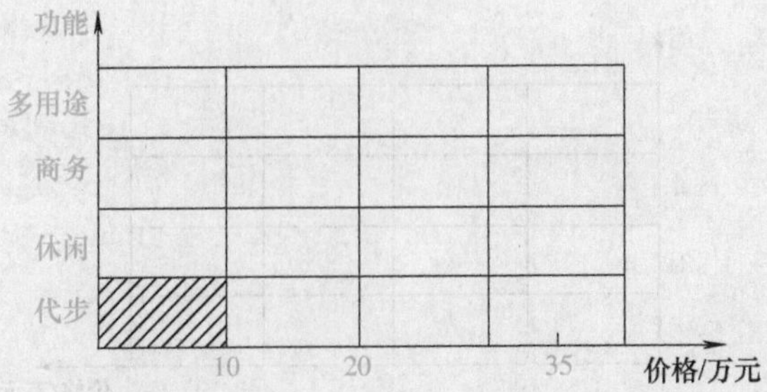

图 6-4　功能和价格两个细分变量的细分

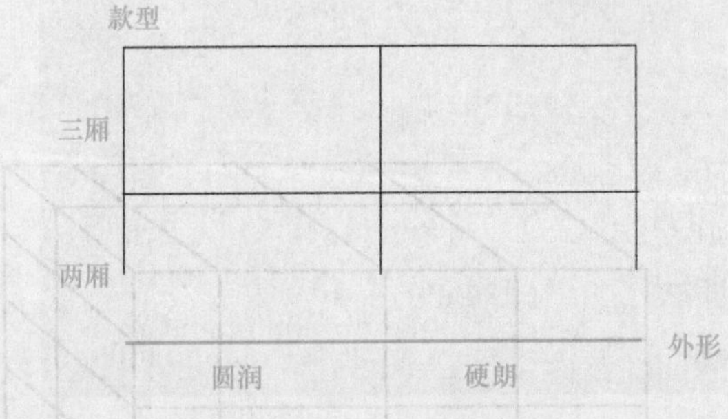

图 6-5　款型和外观方面的需求差异

第二节　汽车目标市场策略

企业在完成市场细分后，就必须评价各种细分市场，决定为多少个细分市场服务，并根据客观条件选择好目标市场，目的在于不断拓展市场。

目标市场是指企业的目标顾客群，也就是企业营销活动所需要满足的市场需求，是企业决定要进入的市场。企业的一切营销活动都是围绕目标市场进行的，选择和确定目标市场，明确企业的具体服务对象，是企业制订营销策略的基本出发点。

目标市场的选择是指估计每个细分市场的活动程度，并选择进入一个或多个细分市场。企业选择的目标市场应是那些企业能在其中创造最大价值并能保持一段时间的细分市场。绝大多数企业在进入一个新市场时只服务于一个细分市场，在取得成功之后，才进入其他细分市场，大企业最终会选择完全市场覆盖。正如通用汽车公司所宣称过的，它“要为每一个人的钱包和个性生产汽车”。

一、评估细分市场

1. 细分市场的规模和发展评估

细分市场的规模和发展评估主要是对目标市场的规模与企业规模和实力相比较进行评估，以及对市场增长潜力的大小进行评估。

2. 细分市场结构的吸引力评估

这里所指的吸引力主要是指企业目标市场上长期获利能力的大小，主要取决于五个群体

（因素）：同行业竞争者、潜在的新参加的竞争者、替代产品、顾客、供应商。

① 对同行业竞争者：使其不易进入，或者进入壁垒高。

② 对潜在的新参加的竞争者：采取适当的产品和价格策略。

③ 对替代产品：需密切注意其价格趋势。

④ 对顾客：提供无法拒绝的优质产品。

⑤ 对供应商：建立良好的关系和开拓多种供应渠道。

如果某个市场已有为数众多或实力强大的竞争者，或有可能招致更多的竞争者，或替代产品竞争能力很强，或顾客的谈判能力很强且各种苛求又太多，或企业的供应商能够在很大程度上控制企业对该市场产品的供应，那么这个细分市场的吸引力就会下降。企业是否将这样的细分市场作为目标市场就应审慎决策。反之，细分市场的吸引力就会增强。

3. 企业自身的目标和资源评估

汽车企业必须考虑对市场的投资和企业资源是否一致，如某个市场具有一定规模和发展特征，其组织结构也具有吸引力，但若不符合企业的长远目标，就得放弃；即使该市场符合企业的目标，还要考虑企业是否具备获胜能力及是否具备获胜所需的技术和资源。

二、目标市场的选择方法

汽车企业对目标市场进行科学评估后，就必须选择进入哪些市场并提供相应的服务。企业可以进入的目标市场模式有五种，分别是产品—市场集中化、产品专业化、市场专业化、选择性专业化和全面覆盖策略，如图6-6所示。

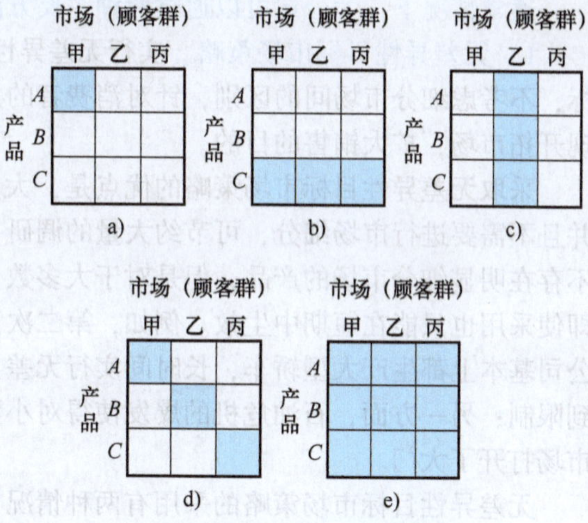

图6-6　目标市场覆盖策略

a）产品—市场集中化　b）产品专业化

c）市场专业化　d）选择性专业化　e）全面覆盖

1. 产品—市场集中化

企业的目标市场（顾客）是从产品角度出发，都是集中于一个细分市场，因而企业只生产一种产品，只供应某一顾客群。小企业通常采用这种策略。

例如，豪华轿车劳斯莱斯的生产厂家使用的就是这种策略，将目标市场固定在“有很高的社会地位，追求享受，并且将汽车作为身份地位象征的顾客”这一专门的细分市场上。这种策略最适于实力一般的中小型汽车企业。

2. 产品专业化

企业专注于某一类产品的生产，并将其产品推销给各类顾客。企业通过这种策略，可以在某个产品上得到很高的声誉。一般来讲，这种策略适合中小型企业使用，在早期的汽车企业中有所运用。美国福特汽车公司早年生产的T型车。但是，随着汽车工业的进步，汽车产品多样化开始出现，以不同的车型满足不同的消费需求成为20世纪20年代以来汽车产品的主流。

3. 市场专业化

企业向某一个专业市场（某专业顾客群）提供所需要的各种产品。例如，山东黑豹集团有限公司是农用车生产的专业化企业，生产的各类农用车专门面向农村短途运输市场，在农用汽车市场中占有很高的市场份额。

4. 选择性专业化

企业有选择地进入几个不同的细分市场，其中每个细分市场都具有吸引力，并且符合企业的目标和资源水平。例如，上汽通用汽车有限公司在2004年以前有选择地占领了几个市场：GL8系列进入中高档商务车市场，别克、君威轿车进入中高档轿车市场，凯越系列进入中档轿车市场，而赛欧系列进入经济型轿车市场。

5. 全面覆盖

全面覆盖策略就是要面对整个市场，为满足各个细分市场上不同的需要，分别设计不同的产品，采取不同的市场营销方案，分别向各个细分市场提供各种不同品种的产品，并以所有的细分市场为目标的营销策略。

这种策略比较适合于大型汽车企业（集团），企业实力显著，有足够技术和资源生产各种产品满足各种消费者的需要。例如，以宽系列、全品种发展汽车产品的营销战略便是面对各个细分市场。

通常情况下，大公司可以通过两种主要方法来实现完全市场覆盖：

1）无差异性目标市场策略。实行无差异性市场策略的企业，把整个市场作为一个大目标，不考虑细分市场间的区别，针对消费者的共同需要，制订统一的生产和销售计划，以实现开拓市场，扩大销售的目的。

采取无差异性目标市场策略的优点是，大量生产、储运、销售而使得产品平均成本低，并且不需要进行市场细分，可节约大量的调研、开发、广告费用。这一策略适用于一些本身不存在明显细分市场的产品，但是对于大多数像汽车这样具有明显差别的商品是不适用的，即使采用也只能在短期中生效。例如，第二次世界大战后美国的整车制造厂，如通用、福特公司基本上都生产大型轿车，长时间实行无差异市场策略，结果几家公司竞争激烈，销售受到限制；另一方面，石油危机的爆发使得对小型轿车的需求突然增加，为日本汽车占领美国市场打开了大门。

无差异性目标市场策略的采用有两种情况：一是在完全垄断市场上，产品由一个企业独家垄断，消费者对产品没有选择的余地。但在今天的消费品市场中，几乎已经不存在完全垄断市场。二是消费者对产品或服务的需求同质，没有差异或差异不明显，如电力和燃气市场。

2）差异性目标市场策略。实行差异性目标市场策略的企业，通常是把整体市场化分为若干细分市场作为其目标市场。针对不同目标市场的特点，分别制订不同的分销计划，按计划生产营销目标市场所需要的商品，满足不同消费者的需要。汽车市场是具有明显差异性的异质性市场，因此，差异性目标市场策略是当今汽车企业共同的选择，而且差异性的划分越来越细致，市场越分越小。上汽大众汽车的产品演进就体现了市场越分越细和越来越小的特点。

采用差异性目标市场策略的优点是：小批量，多品种，生产机动灵活，针对性强。但是，由于品种多，销售渠道和方式及广告宣传的多样化，使产品改进成本、生产制造成本、管理成本、存货成本大大增加。决定采用差异性目标市场策略之前，汽车企业要认真研究所选择的目标市场是否可以进入并具有一定的容量。因此，采用这个策略时，汽车企业要避免对市场的过度细分，因为那样会增加成本，减少盈利率。

案例：

奇瑞的市场细分与 QQ 的市场定位

微型客车曾在 20 世纪 90 年代初持续高速增长，但是自 20 世纪 90 年代中期以来，各大城市纷纷取消“面的”，限制微型客车，微型客车至今仍然被大城市列在“另册”，受到歧视。同时，由于各大城市在安全环保方面的要求不断提高，成本的提升使微型车的价格优势越来越小，因此，主要的微型客车的生产厂家已经把主要精力转向轿车生产，微型客车产量的增幅迅速下降。

在这种情况下，奇瑞汽车公司经过认真的市场调查，精心选择微型轿车打入市场；它的新产品不同于一般的微型客车，是微型客车的尺寸，轿车的配置。QQ 微型轿车在 2003 年 5 月推出，6 月就获得良好的市场反应，到 2003 年 12 月，已经售出 28000 多辆，同时获得多个奖项。奇瑞 QQ 的目标客户是收入并不高但有知识、有品位的年轻人，同时也兼顾有一定事业基础且心态年轻、追求时尚的中年人。一般大学毕业两三年的白领都是奇瑞 QQ 潜在的客户。人均月收入 2000 元即可轻松拥有这款轿车。

许多时尚男女都因为 QQ 的靓丽、高配置和优性价比而选择了此款车。

奇瑞在最初的市场细分和市场定位中做得很成功。

三、选择目标市场时考虑的因素

企业往往将经营目标分散于几种策略之中，根据具体情况加以选择实施。一般来说，企业在选择目标市场策略时应考虑五个方面的因素：

（1）企业实力　企业生产能力、技术能力和销售能力很强时，就可采用无差异性策略和差异性策略。反之，最好采用产品—市场集中化策略。

（2）产品特性　对于一些相似性很强的产品及不同工厂或地区生产的在品种、质量方面相差较小的产品，宜采用无差异性策略。而对于消费者的要求差别很大的产品，宜采用差异性策略或产品—市场集中化策略。大多数轿车都属于消费者要求差别大的产品，适合使用差异性策略。

（3）市场特性　如果不同市场对同一产品的需求和爱好相近，宜采用无差异性策略。

（4）产品的生命周期　通常在产品处于投入期和成长期时，可采用无差异性策略，以探测市场和潜在顾客的需求。当产品进入成熟期或衰退期时，则采用差异性策略，以开拓新的市场，或者采取产品—市场集中化策略，以维持和延长产品的生命周期。

（5）竞争者所采用的市场策略　分析竞争者的策略和势力，可以采取正面竞争的进攻策略，也可采取避让型的侧翼策略或防守策略。

案例：

福特“野马”的市场

美国福特汽车公司的“野马”车面世时，福特是按照购买者的年龄来细分汽车市场的，因为该公司的“野马”牌轿车是专门为那些想买便宜跑车的年轻人而设计的，但是令人惊讶的是，事实上不仅某些年轻人购买“野马”车，许多中老年人也购买“野马”车。经过市场调查，福特公司找到了原因，因为这些中老年购买者认为“野马”车可使他们显得年轻，富有活力。这时，福特汽车公司认识到，其“野马”车的目标市场不应只是年轻人，而应该是所有心理上年轻的人。福特及时修改了目标市场营销战略并大获成功。

第三节　汽车企业的产品市场定位

一、市场定位的概念

市场定位又称产品定位，主要是指明确企业的产品在目标市场中所处的位置，即根据所选定目标市场上的竞争者现有产品所处的位置和企业自身的条件，从各方面为企业和产品创造一定的特色，塑造并树立一定的市场形象，以求在目标顾客心目中形成一种特殊的偏好。

汽车市场定位不仅要反映汽车产品的内在特征，而且应反映由促销战略、定价决策和分销渠道选择而共同造就的产品形象。在多品牌公司中，有选择地使用品牌也有助于形成理想的形象。例如，对轿车购买者而言，福特公司的水星（MERCURY）品牌就能表达与福特品牌自身所不同的含义。再如，德国大众的“甲壳虫”轿车，其定位就非常明确，在所有汽车品牌都追求轿车向更长、更低、更好看设计时，“甲壳虫”却追求更小。“甲壳虫”为了打响品牌知名度，在宣传中一改以往汽车的宣传要素，以“想想还是小的好（Think Small）”来定位，在广告表现上也一改传统手法，将“甲壳虫”在广告中处理得小小的，似一个小甲壳虫一般，让人一想到小型车，首先就会联想到小巧可爱的“甲壳虫”，使该品牌在小车型中成为“领导者”。

在汽车行业众多的品牌中，定位观点各不相同。同是高档汽车，宝马车强调“驾驶的乐趣”，富豪强调“耐久安全”，马自达强调“可靠”，萨博（SAAB）强调“飞行科技”，丰田（TOYOTA）强调“跑车外形”，菲亚特强调“精力充沛”，而奔驰则强调“高贵、王者、显赫、至尊”（奔驰的广告中较出名的是“世界元首使用最多的车”）。

可见，企业产品市场定位要解决的问题是：顾客真正需要什么？企业把自己的产品定位于目标市场中的何处？目标市场中的竞争者的产品处于什么位置？

二、市场定位的依据

对多数企业而言，产品市场定位是在寻求产品的差异化，突出产品对特定人群、特定消费需求的适用性。那么，产品在目标市场上根据什么来定位，大致可归纳为：根据属性定位，根据利益定位，根据用途定位，根据使用者定位，根据竞争者定位，根据产品种类定位，根据质量定位，根据价格定位。

三、汽车市场定位的差异化

汽车营销在体现产品与服务特性方面，可以从产品、服务、人员、渠道和形象方面进行差异化设计，见表6-6。

表6-6　汽车产品定位的差异化

产品	服务	人员	渠道	形象
特色 性能 一致性 耐用性 可靠性 可维修性 风格和设计	订货方便 安装 客户培训 客户咨询 维修 服务人员 其他多种服务	能力、资格 谦恭 诚实 可靠 负责 沟通	覆盖面 专业化 绩效	标志 文字与视听媒体 气氛 事件

1. 产品差异化

并不是每一种产品都有明显的差异化，但是，几乎所有的产品都可以找到一些可以实现差异化的特点。汽车是一种可以高度差异化的产品，其差异化可以表现在特色、性能、一致性、耐用性、可靠性等方面。

（1）特色　特色是指产品的基本功能的某些增补性能。例如，对于汽车来说，其基本功能就是代步和运输，汽车产品的特色就是在基本功能上的增加，如保险带、安全气囊、ABS、空调和电动窗等。由于汽车可以提供的差异化项目很多，因此，汽车制造商需要确定哪些特色应该标准化，哪些是可以任意选择的。

产品的特色体现了制造商的创造力，一个新特色的产生可能为产品带来意想不到的生命力。例如，汽车安全气囊发明后，引起了业界的广泛注意，并且很快在世界各大汽车公司中被广泛运用，虽然到现在为止，该产品的安全性和实用性仍然倍受争议，可是，无可争议的是，安全气囊已经成为中高档汽车中不可缺少的一个配置。由此可见，率先推出某些有价值的新特色，就是一种最有效的竞争手段。

（2）性能　性能是指产品主要特点在运用中的水平。一般来说，产品的性能可以分为四种：低、平均、高和超级。性能高的产品总体来说可以产生较高的利润，但是，当性能超过一定边界后，由于价格因素的影响，会使愿意购买的人越来越少。例如，一家汽车企业在华东地区大量推销高性能越野吉普车，由于华东地区多是平原，同时经济的发达使道路条件相对优越，因此，即使该吉普车的性能优越，购买人数也是相当有限的。

（3）一致性　一致性是指产品的设计和使用与预定标准的吻合程度。例如，帕萨特轿车设计为每百公里耗油5.5L，那么流水线上的每一辆帕萨特轿车都符合这一标准，该汽车就具有高度一致性；反之，一致性就差。质量一致性是制造商信誉的体现，高度一致性可以增强消费者对该产品的信任度，从而在一定程度上增加产品的销售量。

（4）耐用性　耐用性是衡量一个产品在自然条件下的预期操作寿命。一般来说，购买者愿意为耐用性较长的产品支付更高的售价。但是，如果某产品的时尚性相当强的话，耐用性就可能不被重视，因为，流行一旦过去该产品就失去价值。同样，技术更新较快的产品也不在此例，如计算机。总体来说，由于汽车产品特点的作用，对汽车来说，耐用性是反映该产品优劣的一个重要指标，生产商完全可以将耐用性作为差异化因素加以宣传。

（5）可靠性　可靠性是指在一定时间内产品将保持正常的使用性能的可能性。购买者一般愿意为产品的可靠性付出溢价。由于汽车属于耐用商品，即属于较长期使用的产品，因此可靠性和耐用性一样，是受到汽车消费者重视的指标。

2. 服务差异化

除了实际产品差异化以外，企业也可以使其所提供的与产品有关的服务具有差异化。在整车销售中，服务的重要性正日渐为厂家所重视，并且成为决定销售业绩的一项重要因素。特别是当实际产品较难差异化时，在竞争中取得成功的关键常常有赖于服务的增加和服务的质量。

在汽车营销中，服务差异化主要体现在订货方便、客户培训、客户咨询、维修服务人员和其他多种服务上。

（1）订货方便　订货方便是指如何使顾客以最为便捷的方式向公司订货。网络的普及和电子商务的盛行为顾客提供了一种随时随地可以订货的购物方式，这种便捷的订货方式已经开始被广泛使用，因此，作为汽车销售商和生产商，发展电子商务是必然的趋势。

（2）客户培训　客户培训是指对客户单位的雇员进行培训。特许经营是当今汽车销售行业中比较常见的销售渠道策略，大多数汽车公司都会对它的特许经销商进行培训，以便他们更好地经营专卖店。此外，在汽车销售中，客户培训也可以看作是教会顾客如何了解并使用他们的新汽车，这项工作并不一定要靠销售人员来进行，一本详细的使用说明书也可以起到客户培训的作用。

（3）客户咨询　客户咨询是指卖方向买方无偿或有偿地提供有关资料、信息系统和提出建议等服务。例如，帕萨特助理式服务中要求销售人员为客户提供提醒服务，其中有：提醒消费者按时享受生产商或经销商的承诺服务（如7500km的免费保养）；提醒消费者注意某些常规使用规范，如进行年检、购置保险等。

（4）维修　维修是指消费者所能获得的修理服务的水准。由于汽车是一种耐用商品，消费者购买汽车后一般情况下总希望能尽可能长时间地使用。在中国，由于消费收入因素的影响，这一点可能更为明显。因此，汽车消费者非常关心他们从经销商那里可以获得的修理服务的质量。

维修是售后服务的一项内容，在服务营销日渐被汽车营销行业重视的今天，优秀的整车生产商和销售商都会注重维修服务的提供。上汽大众和上汽通用这两家汽车公司都在全国各地建立了许多特约维修点，并且经常对工作人员进行统一培训，以便为顾客提供标准化、良好的维修服务。

（5）服务人员　汽车企业还可以通过聘用和训练比竞争对手好的服务人员取得很强的竞争优势。高素质的销售服务人员可以为企业赢得很高的声誉，从而能够不同于竞争对手。如果没有高素质的职员，服务的精神就无法得到体现，更可能根本无法实现企业原定提供的服务。因此，上海汽车公司在推出“帕萨特”及其助理式服务的同时，销售总公司对销售人员进行了专门的培训，使之了解助理式服务的含义和内容，以便更好地为顾客服务。

（6）其他多种服务　汽车企业还能找到许多其他方法以提供各种服务来增加价值，也可以将上述差异因素融合起来。如果将企业提供的服务和产品融合为一体的话，那么企业可以根据提供服务的差异性为产品定位。在汽车营销中，中、高档汽车，尤其是高档汽车面对的价格弹性相对较低，因此对于这些顾客来说，服务可能比价格更具有吸引力。对于高档汽车的购买者来说，舒适、快捷、无微不至的服务，和汽车的外观、内饰一样，是拥有者身份地位的体现。

例如，上汽大众在推出帕萨特轿车时，同时推出了助理式服务的理念，这种理念就是将多种服务融合为一体的服务差异化的运用。推出助理式服务的目的是，提升帕萨特轿车用户的满意度和忠诚度，与消费者建立持久的知识同盟，维持合资销售公司的核心竞争优势。该服务贯穿从寻找潜在消费者到售前、售中、售后的整个销售保修过程，每个服务模块的设计都力求体现以下原则：

1）体现帕萨特轿车安全、优质、服务至上的品牌内涵。

2）体现合资销售公司重视消费者、重视服务的企业理念和企业形象。

3）体现增加消费者服务让渡价值的原则。

助理式服务是一种全方位、全过程的服务，对消费者在整个购车过程，乃至从第一次购买新车到旧车置换，再到第二次购车的整个生命周期的服务，另外，这也是一种个性化的服务。

3. 形象差异化

即使竞争产品及其服务看上去很相似，顾客也能从企业或品牌形象方面得到一种与众不同的印象。为树立汽车企业形象，可以利用标志、文字、媒体和特殊事件等来完成。

标志可以提供很强的企业或品牌识别及形象差异。标志将品牌名称视觉化和形象化，企业设计的标志和标识语应能被人轻而易举地辨认出来。例如，劳斯莱斯除了用两个 R 字叠合而成商标之外，还在车头安放了一个展翅欲飞的女神雕像，象征“速度之神”，现在人们一想起劳斯莱斯就会想起这个女神雕像。

企业选择的标志、文字通常通过对企业或品牌的个性做广告来向外传播。广告是为了建立起一种故事情节、气氛或性能标准，使企业和品牌显得与众不同的东西。奇瑞“东方之子”曾推出一个形象广告，“东方之子”急驰在高速公路上，几乎同时与空中的直升机一起到达目的地，勾起了飞机上的老总驾驶汽车的欲望，这毫无疑问地显示了该轿车良好的动力性能和舒适的乘坐性。

四、汽车市场定位策略

1. 比附定位策略

比附定位就是攀附名牌，比照名牌来给自己的产品定位，以借名牌之光而使自己的品牌生辉。例如，沈阳金杯客车制造公司“金杯海狮，丰田品质”的定位就属此类。

2. 属性定位策略

属性定位是指根据特定的产品属性来定位。例如，本田在广告中宣传它的低价，宝马在促销中宣传它良好的驾驶性能等。

3. 利益定位策略

利益定位是指根据产品所能满足的需求或所提供的利益、解决问题的程度来定位。例如，“解放卡车，挣钱机器”即采用此定位策略。

4. 针对竞争对手竞争策略

针对竞争对手竞争是指对某些知名而又属司空见惯类型的产品做出明显的区分，给自己的产品定一个相反的位置。

5. 市场空当定位策略

市场空当定位策略是指企业寻找市场尚无人重视或未被竞争对手控制的位置，使自己推出的产品能适应这一潜在目标市场的需要的定位策略。例如，国内推出 MPV 车时在定位上就采用了这一策略。把 MPV 车定位在“工作 + 生活”这个市场空当，获得了较好的效果。

6. 性价比定位策略

性价比定位是指结合对照质量和价格来定位，如物有所值、高质高价或物美价廉等定位。例如，一汽轿车的红旗明仕的市场定位“新品质、低价位、高享受”即属此类。

本章小结

本章讲述了汽车市场细分、汽车目标市场选择、产品市场定位的 STP 策略过程。主要知识点和技能点包括市场细分的概念及作用、市场细分的变量及其方法、市场细分的步骤、目标市场选择的方法、市场定位分析和市场定位的常用策略。

本章内容	知识点	核心知识	技能点
汽车市场细分	市场细分的含义和作用	具有相近需求特征的细小群体	
	市场细分的要求和标准	明确、清晰、可衡量；四个标准	
	市场细分的步骤	五个步骤，六个环节	掌握步骤
	市场细分的方法	单因素、多因素；一次细分，二次细分	掌握细分方法
汽车目标市场策略	评估细分市场	细分市场评估的要素	能够对细分市场进行简单评估
	选择目标市场考虑的因素	五个因素	
	目标市场的选择方法	五种覆盖策略	各种策略优劣和适用性
产品的市场定位	市场定位的含义	满足用户特定需求的产品形象	
	市场定位的依据	属性定位、利益定位、用途定位、使用者定位、竞争者定位、产品种类定位、质量—价格定位	
	汽车市场定位策略	常用的策略	常用策略的掌握

复习思考题

1. 什么是市场细分？市场细分的作用是什么？
2. 汽车市场细分的标准和步骤是什么？
3. 什么是目标市场？怎样进行目标市场的选择？
4. 常用的汽车目标市场策略有哪些？
5. 什么是市场定位？汽车市场定位的策略有哪些？

实践练习题

1. 试用款型和级别两个变量对乘用车市场进行细分。
2. 就目标市场选择的五个方法查找对应案例进行分析并说说体会。
3. 寻找至少三款同一级别不同品牌的家用乘用车的产品定位形式进行比较分析。

同步训练

营销策划书之五：

进行市场细分，确定目标市场，为既定车型进行市场定位。

第七章

汽车产品策略

学习目标

理论要求：

1. 了解汽车产品的概念及延伸产品的含义。
2. 了解产品组合的含义及不同产品组合的适用状况。
3. 了解产品生命周期的原理及其产品生命周期各阶段的特征。
4. 了解品牌、商标的含义与区别。
5. 掌握产品的基本策略。

实践要求

1. 掌握产品组合的运用方法。
2. 能够运用生命周期原理制订产品策略。
3. 掌握品牌策略的应用。

第一节 汽车产品及产品组合

一、产品的概念

对产品概念的解释，有狭义和广义之分。狭义的产品概念是指传统意义上的解释，它仅局限在产品的特定物质形态和具体用途上；广义的产品概念是现代营销学上的定义，它被归结为满足人类需要和欲望的媒介物。这样，广义的产品概念所包含的内容大大扩充了：产品是指人们向市场提供的能满足消费者或用户某种需求的任何有形产品和无形服务。有形产品主要包括产品实体及其品质、特色（如色泽、味道等）、式样、品牌和包装等；无形服务包括可以给购买者带来附加利益和心理上的满足感及信任感的售后服务、保证、产品形象、销售者声誉等。这就是产品的整体概念。

在产品的定义中，指明了产品具有三个主要的性质：①产品是用来满足需要和欲望的，即通常所说的作为产品的物具有的使用价值；②产品是指提供市场，即用来进行交换的物品或服务，因此，营销学所说的产品往往是和商品这一概念在同义上使用；③产品有多种存在形式。说到产品，人们熟悉的往往的是一个有形物，如飞机、汽车、电视机等。但是，像理发，是一种服务（无形的）；公园、电影院等是一个场所；咨询，给人们的是一个主意；学校和某种人员的训练机构，输出的是人员（人才）或组织，这些都是产品。

二、产品的整体概念

一般认为，产品的整体概念包含了三个层次，即核心产品、形式产品和附加产品。而对汽车产品而言，其延伸产品、潜在产品的意义更为重大。下面就汽车产品整体概念的五个层次（图 7-1）逐一展开。

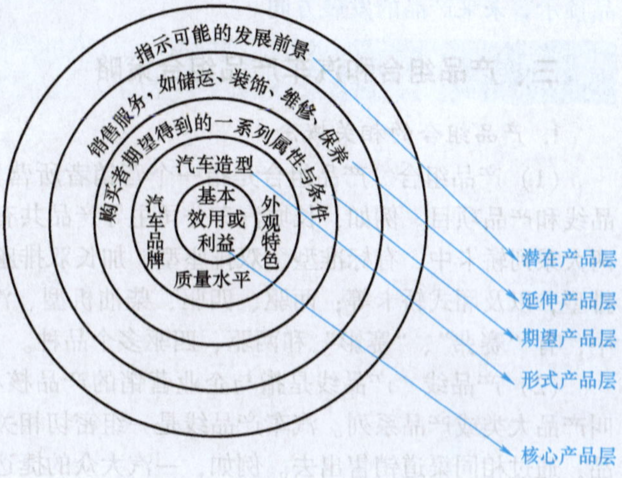

图 7-1 汽车产品的整体构成

1. 核心产品层

核心产品层是从产品的使用价值来分析的，其处于产品整体概念最基本的层次，是指产品提供给消费者的最基本的效用和利益。消费者通过购买可以得到诸如快捷、省时、省力、享受、愉悦、健康、舒适等物质效用及美观、炫耀等心理效用。例如，人们购买电冰箱，并不是为了买到装有压缩机、冷藏室、开关按钮的大铁箱，而是为了通过电冰箱的制冷功能，使食物保鲜，更好地方便人们的生活。核心产品向人们说明了产品的实质，产品如果不含有实质，它就失去了存在的必要，也不会有任何人会花钱去购买它。企业营销人员在推销产品时，最重要的是向消费者说明产品的实质。

汽车的核心产品部分即实现运载（载人或载货）需要。

2. 形式产品层

形式产品即产品的形式，较产品实质具有更广泛的内容，这是产品在市场上出现时的具体物质外形。产品形式一般通过不同的侧面反映出来，如质量水平、产品特色、产品款式及产品包装和品牌。例如，电冰箱的产品形式不是指电冰箱的制冷功能，人们在购买时还要考虑产品的品质、造型、颜色、品牌等因素。

汽车的形式产品部分是指汽车的质量水平、外观特征、汽车造型、汽车品牌。

3. 期望产品层

期望产品层是消费者在购买产品时期望能得到的一系列附属性条件。

汽车的期望产品部分是指消费者在购买汽车时还希望得到舒适的车厢、安全保障设备和导航设施等附属功效。

4. 延伸产品层

延伸产品层又称附加产品层，是消费者在购买形式产品和期望产品时还想得到附加的服务和利益。

汽车的延伸产品部分是指汽车的各种售后服务，如储运、装饰、维修、保养、年检、保险等。众所周知，汽车由于其固有的消费特性，售后服务在其消费链条中占据了超过三分之二的比重，汽车产品的延伸部分是汽车消费者和汽车售后服务商都十分重视的部分。

5. 潜在产品层

对汽车产品而言，还存在潜在产品层。汽车的潜在产品是指包括现有汽车产品的所有延伸和演进部分在内，最终可能发展成为未来汽车产品的潜在状态的汽车产品。潜在的汽车产品预示着未来产品的发展方向。

三、产品组合和汽车产品组合策略

1. 产品组合的相关概念

（1）产品组合　产品组合是指一个营销者所营销的全部产品的结构。它包括所有的产品线和产品项目。例如，长城汽车公司主导产品共有四大汽车系列，在“迪尔”和“赛铃”两大系列轿卡中，有标准型、双排座型、加长双排座型、中双排座型、一排半型，大、小单排型，以及厢式轿卡等；两驱、四驱、柴油机型、汽油机型等多种款式。在SUV两大系列中，有“赛弗”、“赛影”和两驱、四驱多个品种。

（2）产品线　产品线是指与企业营销的产品核心内容相同的一组密切相关的产品，也叫产品大类或产品系列。汽车产品线是一组密切相关的汽车产品，往往是一个品牌的系列产品，通过相同渠道销售出去。例如，一汽大众的捷达轿车、宝来轿车、高尔夫轿车就是三个产品系列。

（3）产品项目　产品项目是构成产品组合和产品线的最小产品单位。它是指在某些产品属性上能够加以区别的最小产品单位。汽车产品项目往往是同品牌系列中不同款型、不同价格、不同配置的汽车产品，如捷达轿车系列中的捷达王、海风之旅等款型。

（4）产品组合的测量尺度　产品组合是指在产品广度、深度和长度上的构成，通常需要对它进行度量，以掌握其特征。

1）广度（宽度）。产品组合的广度是指其中所包含的产品线的数目，即在产品组合中包括有多少条产品线。企业的产品组合中包括的产品线越多，其产品组合的广度就越宽。

2）深度。产品组合中的深度是指产品线（系列）中包含的产品项目数。

3）长度。产品组合的长度是指产品组合中产品项目的总和，即所有产品线中的产品项目相加之和。

4）关联度。关联度是指各个产品线在最终用途方面、生产技术方面、分销方面及其他方面的相互关联程度。最终用途是指各个产品线的产品所提供的使用价值，也就是产品的核心内容。生产技术则是指产品的生产、工艺流程、加工技术等。分销方面是指产品的分销渠道、仓储运输、广告促销等。

产品组合的相关度与企业开展多角化经营有密切关系。相关度大的产品组合有利于企业的经营管理，容易取得好的经济效益；反之，则对企业的要求高，经营管理难度大。

2. 汽车产品组合策略

汽车产品组合策略就是根据汽车企业的目标，对汽车产品组合的广度、深度和关联度进行决策，确定一个最佳的汽车产品组合。

（1）扩大汽车产品组合策略　扩大汽车产品组合有三种方式：

1）扩大汽车产品组合的广度。一个汽车企业在生产设备、技术力量所允许的范围内，既专业又综合地发展多品种。扩大汽车产品组合的广度可以充分利用企业的各项资源，使汽车企业在更大的市场领域中发挥作用且能分散汽车企业的投资风险。上汽大众在扩大汽车产品组合的广度上的做法是从普通桑塔纳到桑塔纳 2000 到帕萨特再到 POLO 等经济型轿车。

2）加深汽车产品组合的深度。从总体来看，每个汽车公司的汽车产品线只是该行业整个范围的一部分。例如，宝马公司的汽车在整个汽车市场上的定价属于中高档范围。加深汽车产品组合的深度，可以占领同类汽车产品更多的细分市场，迎合更广泛消费者的不同需要和偏好。上汽大众在帕萨特轿车基本型的基础上研制开发了豪华型车和变形车，就是加深产品组合深度的例子。位于不同市场地位的企业加深汽车产品组合的深度，可以向下（低档）扩展和向上扩展（高档），也可以双向扩展。

3）加强汽车产品组合的关联度。一个汽车企业的汽车产品尽可能地配套，如汽车和汽车内饰、汽车涂料等。加强产品组合的相容度，可提高汽车企业在其行业或某一地区的声誉。但扩大汽车产品组合往往会分散经销商及销售人员的精力，增加管理困难，有时会使边际成本增加，甚至由于新产品的质量性能等问题而影响本企业原有产品的信誉。

案例：

奔驰汽车对产品的认识

奔驰汽车公司认识到提供给消费者的产品不仅是一个交通工具，还应包括汽车的质量、造型、功能与维修服务等，以整体产品来满足消费者的系统要求，不断创新，从小轿车到 255t 的大型载重车共 160 种 3700 多个型号，以创新求发展是公司的一句流行口号，推销网与服务站遍布全国各个大中城市。

（2）缩减汽车产品组合策略　缩减汽车产品组合策略也同样有缩减汽车产品组合广度、深度、关联度三种方式。采取缩减策略有以下好处：

1）可集中精力与技术，对少数汽车产品改进品质、降低成本。

2）对留存的汽车产品可以进一步改进设计、提高质量，从而增强竞争力。

3）使脱销情况降至最低限度。

4）使汽车企业的促销目标集中，效果更佳。

采取该策略会使汽车企业丧失部分市场，增加汽车企业经营风险。因此，一个汽车企业对于某种汽车产品，在决定是否淘汰之前，应深思熟虑。

（3）向上延伸、向下延伸和双向延伸策略　向上延伸是种高档汽车产品策略，是在一种汽车产品线内增加高价汽车产品，以提高汽车企业现有的声望。上汽大众为桑塔纳 2000 加装 ABS、2VQS 发动机、电子防盗等多项国内首次采用的先进装置，使其成为“时代超人”。这样既可增加原汽车产品的销量，又可逐步推动高价汽车产品的销售。

向下延伸是种低档汽车产品策略，是在高价汽车产品线中增加廉价汽车产品项目，目的是利用高档名牌汽车产品的声誉，吸引购买力较低的消费者，使其慕名来购买廉价汽车产品。双向延伸策略是向上和向下同时延伸，旨在扩大汽车子市场的覆盖面。双向策略需要企业具备较强的实力，拥有雄厚的资金和强大的市场运作能力。

（4）汽车产品异样化和汽车产品细分化策略　汽车产品异样化和细分化均属扩大汽车产品组合策略。

1）汽车产品异样化。汽车产品异样化是指在同质市场上，汽车企业为强调自己的产品与竞争产品有不同的特点，避免价格竞争，尽可能地显示出与其他产品的区别，以在不完全竞争市场上占据有利地位。例如，两种汽车产品在动力、安全等性能上没有差别，但可采用不同的设计、造型等。再如，面对12万～15万元轿车的客户群，日产风神的颐达轿车主张的是超大内部空间，而天津丰田的威驰轿车则以全球统一的丰田技术为其卖点。

特别应注意的是，该策略的实质是在同质汽车产品市场中寻求产品的异样化，而不是异质化。因此，企业不能使自己的产品过于独特，以免丧失原有的市场。

2）汽车产品细分化。汽车产品细分化则是指在市场细分化基础上产生的汽车产品策略。它假定市场上总存在着未满足的需求，因此，汽车企业总能对同质市场做进一步细分后寻找到未满足的需求，并进入该市场为此生产一些独特的汽车产品。

汽车产品异样化实质上是要求汽车消费者的需求服从生产者的意志，而汽车产品细分化则是从汽车消费者的需求出发，而且承认汽车消费者的需求是不同的，它充分体现了汽车市场营销的观念。

第二节 汽车产品的寿命周期及其策略

一、汽车产品的寿命周期

产品寿命周期是指从产品试制成功投入市场开始，到被市场淘汰为止所经历的全部时间过程。

同样，汽车产品的寿命周期是指一款汽车车型从投放市场开始到该产品停产并退出市场所经历的时间。特别要注意的是，汽车产品寿命周期与汽车产品的使用寿命的概念不同。汽车使用寿命是就一辆汽车而言，是指一辆汽车从开始使用（登记上牌）直到主要机件达到技术极限状态而不能再修理时为止的总体实用时间，或者能继续使用但成本明显增加而造成使用不经济的寿命时刻，受汽车产品的自然属性和使用频率等因素影响。

而这里的汽车产品的寿命周期是指一种汽车款型从进入市场到退出市场的时间，也就是在市场上销售的时间，其长短受汽车消费者需求变化、汽车产品更新换代速度等多种市场因素所影响。

随着汽车新技术的发展和新车型开发周期的缩短，汽车产品寿命周期在也逐渐缩短。20世纪初，美国福特公司推出的T型车历时20年，创造了汽车史上单种车型产量和生产销售时间上的奇迹。中国上海大众汽车公司生产的普通桑塔纳车型从20世纪80年代中上市到21世纪初退出市场，历时近20年，在中国汽车工业发展初期演绎了一场汽车神话。而今天，一款新的车型的寿命周期最长不过五年，而短的只有半年到一年。

那么，汽车在其整个寿命周期内经历了怎样的过程呢？和其他消费品一样，一般来说，汽车产品的寿命周期可分为四个阶段，即导入期、成长期、成熟期和衰退期，如图7-2所示。

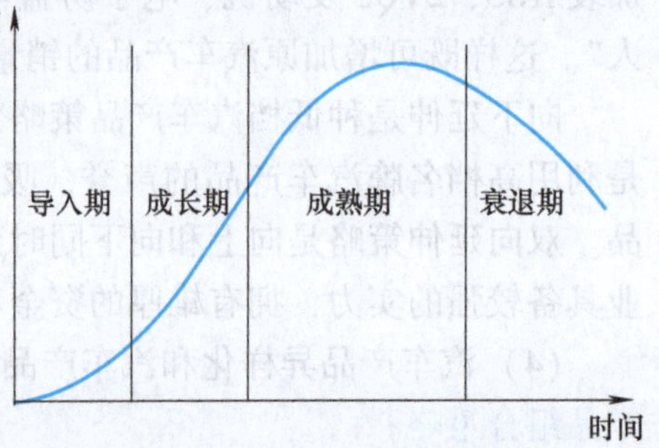

图7-2 汽车产品寿命周期的四个阶段

汽车产品寿命周期的各个阶段在市场营销中所处的地位不同，具有不同的特点：

各种档次、各种类型的汽车产品的寿命周期及其经历各阶段的时间长短不同。有些汽车产品的寿命周期可能只有2~3年，有些汽车产品的寿命周期可以长达几十年。每种汽车产品经历的寿命周期各阶段的时间也不尽相同。有些汽车产品经过短暂的市场导入期，很快就达到成长期、成熟期；而有些汽车产品经过许多年的导入期才逐步为广大汽车消费者所接受。

各种汽车产品虽有寿命周期，其形状近似正态分布曲线，但这只是反映变化趋势的基本模式。实际上，许多汽车产品并不呈现这种理想化的状态，其具体形态是多种多样的。例如，有的汽车产品开始需要量上升，但后来趋于平衡；有的汽车产品，市场对其性能、造型很敏感，呈现出周期性上下波动。同时，并不是所有的汽车产品都一定要经过四个阶段，有的汽车产品一进入市场，尚属导入期即被淘汰，成为夭折的“短命”产品；也有某些属于成长期的汽车产品，由于营销失策而未老先衰；还有的汽车产品一进入市场就达到成长阶段等。

二、产品寿命周期各阶段的特点和营销策略

从企业的角度来讲，如果产品的生命周期呈现出图7-2所示的一般形态，那并不是企业所希望的。通过对产品生命周期各阶段特性的研究，企业希望运用一定的营销策略对产品寿命周期的形态加以改变，以使企业能更大地获得利润。

1. 导入期的特点与营销策略

（1）导入期的特点　导入期是指汽车产品投入市场的初期阶段。在此阶段，产品刚刚下线，产量低，技术不完善；汽车消费者对汽车新产品不够了解，销售量低，销售增长率小；费用及成本高，利润低，有时甚至亏损。

（2）导入期的市场营销策略（表7-1）　由于导入期的特点，其营销策略的目的应是尽量将该阶段缩短，使其尽快进入成长期。因此，导入期应集中突出一个“短”字。从价格与促销两个营销因素综合来考虑导入期的策略安排，处于导入期的汽车新产品的营销策略有以下四种，企业可以根据自己的实际情况灵活运用。

1）快速掠取策略。快速掠取策略是指以高价格和大促销力度推出新产品。实行高价是为了在单位销售额中获得最大的利润，高促销费用是为了引起目标市场的注意，加快市场渗透。成功实施这一策略可以尽快收回新产品开发的投资。国内外汽车公司在推出富有特色的中高级轿车时常采用这一策略。

2）缓慢掠取策略。缓慢掠取策略是指以高价格和小促销力度将新产品推入市场。高价格和小促销力度结合可以使企业获得更多利润。东风汽车公司在推出EQ1171G（EQ153）和EQ111B（EQ175）两种车型时，采用的营销策略大致就属此类。

3）快速渗透策略。快速渗透策略是指以低价格和大促销力度推出新产品，目的在于先发制人，以最快的速度打入市场。该策略可以给企业带来最快的市场渗透率和最高的市场占有率。日本、韩国的汽车公司在刚进入北美市场时便大量采用此种营销策略。

4）缓慢渗透策略。缓慢渗透策略是指企业以低价格和小促销力度推出新产品。低价是为了促使市场迅速接受新产品，小促销力度则可以实现更多的净利润。

表 7-1 导入期的市场营销策略

销售价格 \ 促销力度	大	小
高	快速掠取策略	缓慢掠取策略
低	快速渗透策略	缓慢渗透策略

2. 成长期的特点与营销策略

(1) 成长期的特点　成长期是指汽车产品经过试销，汽车消费者对汽车新产品有所了解，汽车产品销路打开，销售量迅速增长的阶段。在此阶段，汽车产品已定型，并且大批量生产；销售增长率很高，分销途径已经疏通，市场份额增大；成本降低，价格下降，利润增长；同时，竞争者逐渐开始加入。

(2) 成长期的营销策略　成长期的销售增长率迅速提高的特点决定了该阶段营销策略的核心是“快”，企业应在尽量短的时间内提高市场占有率，在竞争者尚未进入之前占有最大的市场份额，同时创造品牌影响力，先入为主，赢得客户的认可。因此，突出一个“快”字是成长期营销策略的核心。

1) 迅速稳定产品技术，不断提高汽车质量，赢得客户的信任。

2) 开拓市场，完善营销网络，增加新的分销渠道，扩大市场覆盖面。

3) 加大广告宣传和促销的力度，扩大品牌的知名度和影响力。

4) 采取适当的价格策略和营销手段，抑制竞争对手，吸引老客户，开辟新客户。

3. 成熟期的特点和营销策略

(1) 成熟期的特点　成熟期是指汽车产品的市场销售量已达饱和状态的阶段。在这个阶段，销售量总额达到最大，但增长速度减慢，甚至开始呈下降趋势，产品成本下降，利润较丰厚，但因竞争激烈，利润可能开始下降。

(2) 成熟期的营销策略　成熟期是企业产品获利的阶段，是产品项目的金牛时期，但也从此走向衰退。因此，延长产品的“中年”期，突出一个“长”字是营销策略的核心。同时，企业应抑制竞争，开发新产品。

1) 市场多元化策略，即开发新市场，寻求新用户。

2) 产品再推出策略，即改进产品的品质或服务后再投放市场，包括两方面：一是提高产品质量，如提高汽车的动力性、经济性、操纵稳定性、舒适性、制动性和可靠性等，创名牌、保名牌，此种策略适合于企业的产品质量有改善余地，而且多数买主期望提高质量的场合；二是增加产品的功能，如提高轿车的观瞻性、舒适性、安全性和动力性等，以及使小型车高级化等措施，这些都有利于增加产品品种，扩大用户的选择余地，使用户得到更多的效用。

3) 营销组合改良，通过改变定价、销售渠道及促销方式来延长产品的成熟期。

4. 衰退期的特点与营销策略

(1) 衰退期的特点　衰退期是指汽车产品已经陈旧老化而被市场淘汰的阶段。在这个阶段，销售量下降很快，新产品已经出来，老产品淘汰并逐渐退出市场。

(2) 衰退期的营销策略　在此阶段，营销策略应突出一个“转”字，即有计划、有步骤地转产新产品，这对企业来讲将是代价昂贵的。因此，对大多数企业来说，应当机立断，弃旧图新，及时实现产品的更新换代，如上汽大众对普通桑塔纳的停产。

如果企业决定停止经营衰退期的产品，还应当慎重决策：是彻底停产放弃还是把该品牌出售给其他企业；是快速舍弃还是渐进式淘汰。而且，企业应注意处理好善后事宜，应继续安排好后期配件供应和维修技术支持，以保证老产品的使用需要。否则，企业形象将会受到损害。

综上所述，汽车产品寿命周期各阶段的基本特点及营销策略可归纳成表7-2。

表7-2　汽车产品寿命周期各阶段的基本特点及营销策略

阶段 项目	导入期	成长期	成熟期	衰退期
销售额	低	快速上升	最高	下降
单位成本	高	平均水平	低	低
销售利润	无	上升	高	下降
营销策略	建立知名度	抢占市场	争取利润最高	实现产品更新换代

第三节　汽车品牌策略

一、汽车品牌的概念

1. 汽车品牌

所谓汽车品牌，是指用来标志并识别某一或某些车型的符号系统。美国市场营销协会定义委员会对品牌的定义是："品牌是用以识别一个或一群出售的产品，并与其他竞争者相区别的名称、名词、符号和设计，或者以上四种的组合。"

这是对品牌最原本、最直白的表述，是狭义的理解。今天，品牌对于企业来讲，已决不仅仅是一种符号和标记，而是成为企业创造核心竞争力的战略措施。从更深层来理解，品牌是对企业整体的诠释：品牌蕴含企业的核心价值；品牌体现企业的经营思想；品牌是企业精神的物化；品牌反映产品技术与质量；品牌传递消费者需求。

那么，可以从更深一层的意义上来理解，品牌是代表了企业和产品形象，用以感知、感觉和认知企业和产品的价值系统。

2. 汽车品牌的意义

汽车品牌既是消费选择的线索，也是汽车价值的体现。

（1）汽车品牌是消费选择的线索　品牌是产品的代表。当消费者受时间和空间的限制，难以身临其境，无法耳闻目睹某种车型的时候，那就只有根据品牌所提供的信息，即文字或图形标志所提供的信息，来选择自己所需要的汽车。特别是当消费者已经胸有成竹，已经心仪于某个汽车品牌的时候，汽车品牌无疑就成了名副其实的导购。这就如世界著名的庄臣公司董事长杰姆斯所说："如果你心中拥有一个了解与信任的品牌，那么，这将有助于使你在购物时能更轻快便捷地做出选择。今天的消费者是有着很强的品牌意识的。"

其实，比选择线索更为重要的是，品牌还是沟通供需的桥梁。在互联网时代，在经济全球化的今天，汽车的买卖，特别是在生产者与中间商之间的买卖，则具有超越地域和疆界的特点。重视“直销渠道”，运用“网络广告”，以汽车品牌为起点讨价还价，以电子货币为终点达成交易。在这里，汽车品牌不仅是消费者选择的线索，而且是生产者与消费者进行沟通的桥梁。为了适应这种销售模式的变化，有人提出了“品牌营销”的思想，即创造名牌，进行品牌销售。1998 年，我国一汽集团就抛弃了多品牌“捆绑销售”的模式，实行了“品牌专卖”的销售模式，并取得了捷达、奥迪、解放、红旗四大品牌车销量的持续增长。

（2）汽车品牌是汽车价值的体现　汽车品牌作为产品的代表，不但代表着汽车的车型，而且代表着汽车的价值和附加价值，是汽车功能、质量、信誉和形象的综合反映，是汽车生产厂家对消费者提供的价值保证。美国著名品牌研究专家大卫·艾维克指出：“品牌是一种错综复杂的象征。”品牌的知名度和认知度、美誉度和忠诚度，以及其他与品牌有关的价值因素，都是构成品牌价值的重要因素。显然，品牌并不只是消费者选择的线索，还是消费者价值判断的重要依据。

其实，比价值体现更为重要的是，品牌还是价值连城的财富。从市场营销的角度看，汽车品牌因形象设计而获得价值，因商标注册而得到保值，因广告宣传而不断增值，因汽车消费等而持续增值。随着汽车品牌的知名度和美誉度的不断提高，文化的品牌甚至可以超过物质的汽车而成为企业价值连城的无形资产。因此，美国著名广告研究专家莱瑞·莱特认为：“未来的市场营销是品牌的战争——品牌争长论短的竞争。无论是工业界还是商业界，都将认识到只有品牌才是企业最珍贵的资产。”中国的强盛同样需要中国品牌的力量。品牌是商业的利器，更是实力的体现，要时刻增强这种自信。

二、品牌营销的策划

品牌营销是使商标转化为名称，名称转化为品牌，品牌转化为强劲品牌的过程，是通过强劲品牌的建立，增大市场占有率，扩大企业规模，提高投入产出效益，提升产品附加值，建立和巩固企业核心竞争力的过程和方法，实现“你卖不出去，我能卖出去，你卖的少，我卖的多，你卖得便宜，我卖得贵”。

品牌营销策划是对品牌从建立到传播再到扩展的全过程设计。

品牌营销策划的步骤如图 7-3 所示。

1. 创造品牌的核心价值，找到品牌的核心生命点

品牌的核心价值是凝结在产品和服务当中的，能够体现消费者核心利益的价值主张，即产品为消费者提供的最根本的利益。例如，麦当劳：快乐的时光在这里；飞利浦：让我们做得更好；海尔：真诚到永远。而如汽车当中的佼佼者沃尔沃轿车崇尚安全的核心价值，将安全作为消费者的核心利益点。英国戴安娜王妃因一场车祸去世，沃尔沃便抓住机遇，在媒体上刊登沃尔沃的广告，当时的《澳门日报》上就有这么一则广告：“如果乘坐的是沃尔沃，戴妃会香消玉殒吗？”并且，从技术上洋洋洒洒地分析了一番后，得出的结论是“以沃尔沃的安全技术，戴妃能保全性命”，把安全这一核心利益点传达得淋漓尽致。

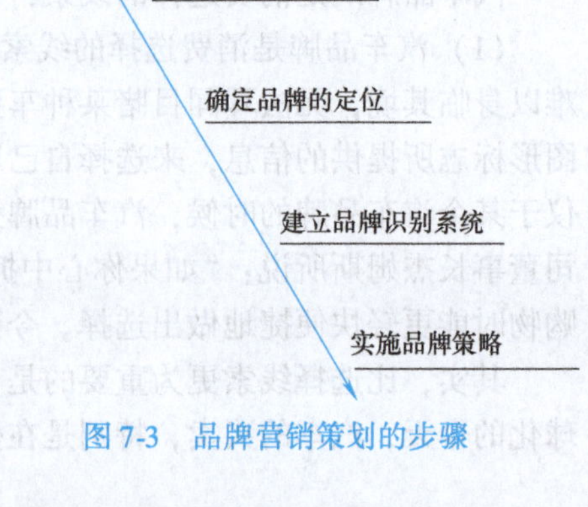

图 7-3　品牌营销策划的步骤

这些核心理念代表了品牌给予消费者的核心利益点，并且引发消费者的情感共鸣。

2. 确定品牌的定位

品牌定位是对品牌核心价值的具体化，是确立产品功效和产品形象所针对的消费群体和特定的消费需求。

品牌定位的方法很多，其中差异化策略用得多一些，主要工作是分析自己的目标消费群，针对目标消费群来准确定位。目标消费群找得准确，品牌才可能定位准确。

品牌定位体现特定的消费需求，即使在同一市场上，也表现出差异性。同是豪华轿车，劳斯莱斯定位于“皇家贵族的坐骑”；奔驰定位于“王者、尊贵、显赫”；宝马定位于“驾驶的乐趣”；沃尔沃则定位于“安全”。

3. 建立品牌识别系统

1）品牌识别系统是名称、名词、符号和设计的组合。名称（文字）和图形是品牌的核心要素。文字与图形是用以标志并识别产品的符号系统，可以是文字标志的形式，可以是图形标志的形式，也可以是文字与图形的组合。例如，汽车行业中被国家工商总局最先认定为“驰名商标”的东风品牌，其文字标志为行书的“东风”，其图形标志则是抽象的“燕子”。

2）确定车标。用来标志并识别车型的符号还有车标。品牌和商标好似一棵大树，可以容纳门类不同的汽车车型，车标则是一个标签，只为某一种车型专门设计，而商标更多的是为产品的定位和产品形象而设计。车标往往有着特定的寓意。德国宝马车标由圆形中的BMW字母和蓝白相间的颜色构成，字母BMW是制造商巴伐利亚发动机股份有限公司的简称，蓝白颜色象征着蓝天白云（巴伐利亚发动机股份有限公司历史上以生产飞机发动机著称）；法国标致汽车的车标是一只站立的狮子，是创始人别儒（Peugeot）家族的徽记；德国大众汽车车标是由圆环内的三个V形叠加而成的，取自德文单词Volks和Wagen（大众化的车）的头一个字母；日产马自达的英文Mazda的意思是希腊神话中的光明之神，其标志是一个艺术化的“M”，寓意翱翔中的双翅，象征着飞向未来，飞向世界（图7-4）。1958年5月12日，我国自己制造的第一辆轿车虽名为“东风”，但车标却是一条“金龙”。三个月后，“东风”扬起了“红旗”。

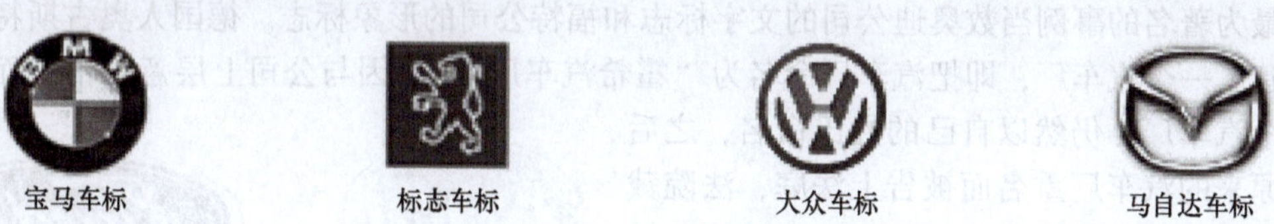

图7-4　名车车标

3）取得产品的商标。品牌是产品的标识，商标从原本意义上讲也是产品的标记，但在使用中，商标通过注册具有商标权，在法律上具有实际意义。按照我国的《商标法》，商标经过注册后的注册商标属于工业产权的一种，受法律保护，具有独占性和排他性。商标不但具有品牌所具有的所有职能，而且具有品牌所不具有的特殊职能，即保护汽车品牌、积累无形资产的职能。

商标的申请有“使用在先”和“注册在先”两种形式。“使用在先”是谁先使用，谁先获得商标权；而“注册在先”是谁先提出注册申请，谁可获得产品的商标权。包括美国在内的世界上大多数国家使用“注册在先”的原则，中国的商标申请也采用“注册在先”的原则。历史上美国通用汽车公司曾经生产过一种“环美”牌轿车，但是，上市之后却遭到了美国运动车俱乐部的拦截。其原因是，该俱乐部已经将“环美”注册在先。两家对簿公堂，通用庞蒂克分公司只得以每辆车5美元的代价向这家俱乐部购买“环美”品牌的使用权。由于品牌不等于商标，精明的汽车生产厂家纷纷“未雨绸缪”，将未来可能用到的品牌注册在先，本田和丰田公司就分别注册了3000和7000个汽车品牌。

4）主标与副标。一般来说，企业名称为主标，即不变之标，如通用、福特、丰田、本田和日产等；汽车品牌为副标，即可变之标，如别克、林肯、皇冠等。从市场营销的角度看，企业品牌与汽车品牌应当具有统一性，只有这样才能做到“宣传企业就是宣传汽车，宣传汽车也是宣传企业”。现在，统一化已经成为一种著名的品牌策略。1983年以前，日产公司曾经使用过“达特桑”品牌。为了实现在1990年之前占领世界汽车市场8.5%的目标，该公司决定从1983年年底开始放弃“达特桑”，树起“日产”旗。但是，由于市场细分和目标市场的多样性，相当多的企业还是有主标和副标之分。

4. 实施品牌策略

汽车品牌策略的实施可以体现在品牌的命名、品牌的使用、品牌的定位和名牌战略四个方面。

（1）汽车品牌的命名策略　汽车品牌的命名策略如下：

1）体现个人意志的命名策略。所谓体现个人意志，是指以个人智慧为基础，由企业决策者或专家和专家集团等来决定汽车的品牌。从管理学的角度看，这是一种非常传统的命名模式。当企业管理权和资本所有权紧密结合并“合二为一”的时候，采取此种命名模式就是不可避免的了。

一般来说，体现个人意志的命名模式，大多集中在汽车产生和发展的早期阶段。以卡尔·本茨为首，当他们生产了自己的汽车，或者创办了自己的汽车工厂时，几乎无一例外地将工厂或汽车冠上自己的大名。除本茨即奔驰之外，为大家所熟悉的还有戴姆勒、福特、标致、雷诺、别克、欧宝、丰田、本田、铃木、摩根、雪铁龙、克莱斯勒、劳斯莱斯等。其中，最为著名的事例当数奥迪公司的文字标志和福特公司的形象标志。德国人奥古斯特·霍希创建了一个汽车厂，即把汽车厂命名为“霍希汽车厂”，后因与公司上层意见不合而重建了一个汽车厂，仍然以自己的姓氏命名，之后因与原来的汽车厂重名而被告上法庭，法院裁定必须改名后，他将德文（Horch）（霍希）转换成拉丁文Audi，即形成了现在的“奥迪”。亨利·福特不但以自己的名字为企业冠名，而且因为他本人喜欢小动物，其形象标志也就成了小白兔（图7-5）。

德国奥迪Audi　　美国福特Ford

图7-5　品牌命名

2）体现群体智慧的命名策略。所谓体现群体智慧，是指在广泛征求群众意见的基础上，通过多中选优的过程来决定汽车的品牌。从市场营销学的角度看，汽车的品牌不但是汽车的代表，而且是消费选择的线索和汽车价值的体现，具有强烈的促销功能。同时，理想的汽车品牌还具有为汽车增色添彩的附加价值。世界上许多汽车厂家都把品牌设计视为一种与汽车生产并驾齐驱的“价值工程”。

案例：

福特公司从1947~1957年历时10个春秋才开发出来的“埃德塞尔”牌中档轿车，其品牌也是从2000多个候选方案中精心挑选而来的。在我国，江铃与福特公司联合开发的“全顺”汽车，其品牌也是征集而来的。此款名为Transit的汽车，原来有“捷运”和“穿梭”两个中文名字。但是，无论是江铃还是福特公司都认为这两个名字差强人意。于是，公司决定向社会公开征集Transit车的中文标志。1997年1月9日，江铃公司以“Transit车已来中国，怎么称呼Transit车中国名”为题，在《经济日报》上刊登了半版征名广告。要求寓意深刻，符合特点，易识、易记，贴近中国汽车文化，最好能与Transit相谐音。广告登出后，公司共收到有效应征作品3767件。经征名活动评委会反复评议、精心挑选，认为“全顺”品牌不但贴近中国文化，符合中国公众追求吉祥、平顺的心理，而且与Transit的读音相若，不失为上乘之作，遂以“全顺”登征文并发布。

3）移花接木的命名策略。所谓移花接木，即借用其他公司的汽车品牌，为自己生产的汽车命名。

案例：

为了向欧洲轻型汽车领域扩展，并与主要由标致雪铁龙集团和菲亚特公司结成的联盟进行竞争，美国通用公司于1997年采取了一项堪称“合纵连横”的策略，与法国雷诺公司签订了一项联合开发、生产并销售质量为2.5~2.8t的商用车的协议。根据该协议，雷诺公司将把自己生产的雷诺Trafic牌提供给通用下属的欧宝公司，然后换成欧宝和沃克斯豪尔Arena品牌进行销售。此外，雷诺还正在开发一种质量为2.8~3.5t的商用车系列产品也将在雷诺公司的巴蒂里厂生产，并仍然以欧宝和沃克斯豪尔的品牌销售。通用公司尽管有利可图，但在品牌中没有体现出自己的形象，而法国雷诺则可以从中分享一部分销售成果。

4）自我演变的命名策略。所谓自我演变，即随着汽车的更新换代，其品牌也在进行相应的演变。

案例：

标致汽车公司也称别儒汽车公司，其历史可以追溯到1810年。标致家族的皮埃尔兄弟开办了一家以生产锯条为主，同时生产弹簧和咖啡粉碎机等铁制品的小作坊。该公司的形象标志为一头雄狮，以表现其锯齿像雄狮的牙齿一样锋利和经久耐用；其锯身像雄狮的骨骼一样坚韧和富有弹性。1890年，第一辆标致牌的汽车问世时即采用了此形象标志，随着时代的变迁和公司的发展，该形象标志也在不断演化，其第五代已经演化成一头站立起来的狮子。删繁就简、威武雄壮，其张牙舞爪之状，颇有狮王称霸、所向无敌的气势。除法国标致的雄狮之外，德国戴姆勒汽车公司于1909年6月27日正式注册的“希望之星”也经过了6次演化。1926年，戴姆勒与奔驰汽车公司合二为一，组成了戴姆勒—奔驰汽车公司，此“希望之星”仍然是梅塞德斯和奔驰两种车型的形象标志。还有欧宝品牌，1900年注册的商标中还标有其创始人阿德姆·奥佩尔（Opel）的姓名和公司所在地吕塞尔斯海姆（Rüsselsheim）的名称，也是删繁就简，到了1930年就改成了现在的闪电形标志；1983年又对该形象标志进行了修改，更加突出了欧宝轿车的特点，同时也展示了该公司在空气动力学方面的成就。

（2）汽车品牌的使用策略　汽车品牌的使用策略如下：

1）统一品牌策略。所谓统一品牌策略，即单一品牌策略，是指以同一品牌统一标志不同的车型。

使用统一品牌的优势是不言而喻的。从广告宣传的角度看，企业生产的所有车型均使用同一品牌，不但可以提高该品牌的展露度和出镜率，从而使企业的知名度和美誉度得以提高，而且可以借助该品牌的信誉和形象来提携新开发的产品，产生“大树底下好乘凉”的结果。20世纪八九十年代，日产公司生产的轿车有公爵王、贵夫人、地平线、达特桑等多种车型，但是，当这些轿车用于出口时，却一律以达特桑牌子以冠之。在我国，东风公司为了统一东风形象，方便东风用户，从1998年1月1日起，所有出厂的载重汽车都必须悬挂统一的东风标志。使用统一品牌可以产生一荣俱荣的结果，但在某种情况下也可能一损俱损。

2）差异品牌策略。所谓差异品牌策略，即多品牌策略，是指以不同的品牌分别标志不同的车型。差异品牌策略使不同的等级、不同定位群的产品得以区分。目前，世界上更多的汽车制造商采取了差异品牌的策略。

案例：

大众汽车集团在世界范围内就拥有奥迪、宾利、布加迪、西亚特、斯柯达、劳斯莱斯、兰博基尼、大众汽车和大众商务车等多个品牌，这些品牌几乎涵盖了全部级别的汽车车型。一般来说，企业的品牌会随着企业地位的改变而变化，汽车品牌则随着汽车车型的变化而改变。有些汽车品牌，如吉普、皮卡等，还由此生发开去，发展成了一种特定的车型。“道莫彼尔”（Dormobile）原来只是一种供野营用的车顶可以升降的汽车。生产厂家为它取名时，取“宿舍”（Dormitory）的前半部和“汽车”（Automobile）的后半部组合而成，结果也被人们接受而成了一种车型的称谓了。

3）品牌输出策略。品牌输出策略是一种将汽车品牌提供给国外生产厂家使用的策略。通过品牌输出，不但可以提高品牌的知名度，扩大企业的影响，而且在相当多的情况下，品牌还可以作为一种资本，即无形资产，拥有合资企业的股权。我国大街上如潮水般涌动的奥迪、奥拓、捷达、三菱、桑塔纳、帕萨特等，都非常直观地表现了世界著名汽车生产厂家品牌输出策略的成功。

4）品牌输入策略。品牌输入策略是一种通过购买国外汽车品牌来生产自己汽车的策略。通过品牌输入，借名牌行其道，为自己的汽车创造名牌效应，是世界汽车生产厂家常用的策略。

案例：

1998年7月28日，德国汽车工业两大竞争对手——大众和宝马终于达成协议：宝马公司以6600万美元买下了劳斯莱斯品牌，而大众则以7.93亿美元买下了该品牌2003年之前的使用权。2003年以后，宝马拿到了劳斯莱斯“飞天女神”品牌，大众则以“宾利”为它生产的豪华轿车命名。通过输入品牌，宝马和大众产品形象都大大提升。

5）注册铺路策略。所谓注册铺路策略，是指在汽车出口之前，将汽车品牌在目标市场国先行注册，从而为国际市场营销铺路搭桥的策略。因为，按照国际惯例，一个企业的产品要进入别的国家或地区，必须事先在该国或地区进行商标注册，只有在所有国没有注册相同商标的情况下，才能获得市场准入的资格。

以前富康轿车仅出口到越南和喀麦隆。但从长远和未来的角度考虑，则必须未雨绸缪。为此，神龙公司已经先后在25个国家和地区注册了神龙、富康和DCAC等汽车商标。这25个国家大多分布在亚洲、非洲和拉丁美洲地区，主要包括朝鲜、埃及、古巴和俄罗斯等18个“马德里协定”签约国，以及泰国、老挝、缅甸、柬埔寨、菲律宾及我国的台湾和香港等国家和地区。

6）借牌销售策略。所谓借牌销售策略，是指借用其他汽车企业的知名品牌，销售本企业所产汽车的策略。一般来说，采取此种策略的汽车生产厂家大多是一些经营基础较好，品牌信誉较差的企业。当企业必须通过更换品牌来重塑形象的时候，借牌销售往往是一种比较理性的选择。

法国标致在广州合资生产广州标致轿车，其不成功的合作成为中国汽车发展史上的一个败笔。然而，初具规模的广州标致汽车公司成功地找到了新的合作伙伴，与日本本田汽车公司合资生产本田汽车公司颇负盛名的雅阁（Accord）牌轿车，成功地树立起了广州本田的品牌。

7）品牌专卖策略。所谓品牌专卖策略，即以开设专卖店的形式，专门销售某一品牌的汽车。显然，这是一种与百货店或超市相对立的品牌经营模式。品牌专卖可以提升品牌的知名度，也可以降低品牌的对比度，使企业在汽车定价和促销策略等方面更加主动。

品牌专卖是一些发达国家汽车销售的基本形式。近几年来，品牌专卖在我国也得到了较大的发展。集汽车销售（Sale）、维修服务（Service）、配件供应（Spare part）、信息反馈（Survey）功能于一体的4S店成为我国汽车销售的主要模式。国家商务部2005年2月28日颁布的《汽车品牌销售管理实施办法》中规定国产轿车从2005年7月1日起，其他车型从2006年12月31日起实行特许经营，越来越多的企业将实行品牌专卖。

8）品牌置换策略。所谓品牌置换策略，即当某一汽车品牌已经不具有理想的发展潜力，则应当机立断，弃旧图新，寻求置换。

案例：

福特公司的埃德塞尔品牌是从征集到的2000多个候选方案中挑选而来的。为促使“埃德塞尔”的成功，公司不但专门成立了埃德塞尔销售部，而且从7600多名应征经销商中挑选出1200名组成了专门推销埃德塞尔的“突击大队”。与此同时，该公司还成立了一个由总裁直接管辖的公关特别宣传小组，并不惜斥资5000万美元在《生活》杂志上连续刊登了70天双跨页广告。促销手段登峰造极，汽车销量却不尽如人意。埃德塞尔车从隆重上市到悄然下场仅两年多的时间，成为汽车生产史上最为短命的品牌。

（3）汽车品牌的定位策略 汽车品牌的定位策略如下：

1）按目标市场定位的策略。目标市场是企业通过市场细分而确定的特定消费者群。由于不同的消费者群在社会地位、经济条件、心理倾向、个性特征等方面各不相同，因此，他们对品牌的认知选择和价值判断也千差万别。显然，无论是品牌的命名还是品牌的使用，都必须根据目标市场的特点进行定位。

案例：

美国通用在日本铃木、五十铃和富士重工三家汽车公司都拥有部分股权，但是，通用公司却完全没有控制这些公司品牌的计划。其原因正如时任通用公司总裁的里克·瓦戈纳所说："我们与铃木、五十铃和富士重工的关系是两种完全不同的概念。"这就如同英国的"捷豹"和"戴姆勒"一样，虽然都是豪华轿车的品牌，但是，各自的大树底下都集结着自己的拥护者。

2）按企业理念定位的策略。企业理念也可以称为"MI 理念识别系统"，既是企业形象识别系统的重要组成部分，也是企业行为的出发点和动力之源。显然，不同的企业理念必须会导致不同的经营行为。情同此理，影响品牌命名及使用的最先和最后的因素，毫无疑问是企业的理念。按企业理念进行定位，既可以保持汽车品牌的稳定性，也可以保障企业的长远利益。

大众公司的宗旨是"面向大众"，大众汽车的品牌是"大众之车"。因此，无论是大众的文字标志，还是大众的图形标志，都是由两个德文单词 Volks 和 Wagen 组成的"大众"，既旗帜鲜明，也突出特色，从而保证了大众汽车公司的成功。除此之外，日本本田和五十铃汽车公司也采取了按企业理念定位的策略。本田公司生产雅阁牌轿车，其文字和形象相统一的标志"Accord"即体现了该公司"人与汽车、车与环境"协调一致的设计理念，低公害、高质量，深受消费者的欢迎，并成为全球最为畅销的车型之一。日本五十铃的形象标志是并排向上两根柱子，一根象征着"与广大用户并肩前进的五十铃"，另一根象征着"与世界各国协作发展的五十铃"。当然，也有人将第二根柱子解释为"与世界汽车技术同步发展的五十铃"。如果说本田公司定位于"人与汽车、车与环境"的和谐，那么，五十铃公司则定位于"公司与用户、公司与同行，公司与世界、公司与未来"的和谐，其心胸开阔、气势磅礴之状震撼人心。

(4) 汽车品牌的名牌战略　何谓名牌，通俗理解即知名度较高的品牌。但是，在这里，名牌却有其质的规定性，其内涵深刻。名有好名恶名，只有那些既有知名度也有美誉度的品牌才可以称为名牌。而知名度和美誉度的背后是产品的品质和企业的文化。1997 年，我国机械工业部制定了《中国机械工业名牌产品的认定管理办法》，其中规定，只有同时具备以下四个条件者可称为名牌：

其一，产品实物质量与技术水平达到了国际或国内同行业先进水平。

其二，用户满意度高，用户评价产品好用、适用、服务满意，有良好的信誉。

其三，产品适销对路，市场占有率高，其性能价格比在同行业中处于领先地位。

其四，企业建立了完善的质量体系并在有效运行，工艺管理达到了良好等级。

1）名牌成名模式。一般来说，名牌的成名模式主要有质量成名式、传播成名式、销售成名式、评比成名式、威望成名式、活动成名式六种类型。成名的模式只是成名的途径，通过不同的途径扩大其知名度并不难。然而，要创造真正意义上的名牌，长盛不衰的名牌，必须同时满足上述四个条件。

上汽通用汽车公司曾经以"不允许有任何水分"为题，于 2000 年在《车迷》杂志上刊登了一页彩色广告。微风细雨、烟雨朦胧，街道两侧的楼群和街道上奔跑的汽车也都淹没在雾霭之中。画面上唯一光洁如洗、清晰可见者是上汽通用汽车公司生产的别克牌汽车。其原因显然是别克轿车在质量方面“不允许有任何水分”。而且，下面的文字也说明了“别克轿车凝聚了上汽通用汽车的创新精神，追求卓越的高质量，为你提供前所未有的安全、舒适、高性能。所有型号均配备2.98L V形6缸发动机、电控7档自动变速器、动力总成控制模块、双安全气囊和ABS。”显然，上汽通用所走的既是“质量成名”模式，也是“传播成名”模式。

2）名牌创造的策略。按照名牌成名的模式，确实可以使企业一举成名。但是，任何一种成名模式都非一日之功，而且需要花费较大的代价。但名牌成名也有捷径，即名牌创造的策略。一般来说，名牌创造的策略主要有企业独创、合资兼并、借牌扬名、买牌自重、自居反射、提前抢注六种类型。

日本是世界著名的汽车生产大国，所生产的汽车50%以上销往国外。促成日本汽车业成功的宏观和微观因素固然很多，但是，相当多的美国企业家认为，日本人善于为汽车命名也是一个不可忽视的因素。日本汽车总是在最适当的时间和最适当的地点，以最适当的名称出现在最适当的市场。为了保护将来可能用到的品牌，汽车生产厂家常常将这些品牌进行注册。显然，它们所采取的既是“企业独创”的策略，也是“提前抢注”的策略。

3）名牌使用策略。名牌成名之后，科学地使用名牌，不但可以使名牌所固有的价值发挥到极致，而且可以使它在发挥作用的过程中进一步增值，产生名牌价值的滚雪球效应。一般来说，名牌使用的策略可以归纳为名牌延伸策略和名牌扩散策略，即将名牌所具有的价值通过名牌投资、名牌出租等兑现出来。

4）名牌保护策略。保护名牌的关键是发展名牌。企业只有根据消费者的需求不断赋予它新的内涵，才能使名牌之树永远长青。除此以外，还要善于运用法律的武器保护名牌，形成一个科学的保护体系。一般来说，这种保护体系主要包括利用惯例保护法、及时注册保护法、延续注册保护法、打击侵权保护法四个方面。

案例：

1999年，国家工商行政管理局商标局曾经发文，明令各地工商行政管理机关对涉及“富康”（汽车）等280种重点商标的侵权假冒案件，以“从严、从重、从快”的原则，及时受理，依法严惩。为“加强商标办案工作，突出商标执法重点，加大商标执法力度，树立商标执法权威”，国家工商行政管理局商标局专门将神龙汽车有限公司的“富康”（汽车）等280种商标编制成《重点商标保护名录》（以下简称《名录》），并通告各省、自治区、直辖市及计划单列市工商行政管理局，将这些重点商标作为当前和今后一个时期商标专用权特别保护的重点。据了解，凡是进入该《名录》的重点商标，都是从全国各地工商行政管理机关及有关商标代理组织上报的材料中筛选出来的，在市场上均享有很高的知名度，是被侵权比较严重且涉及两个以上省级行政区域的注册商标。

5）名牌全球化策略。名牌要想立于不败之地，就必须走向世界。闭目塞听、坐井观天，很容易被风起云涌的世界名牌所淹没。显然，名牌全球化是名牌发展的必由之路。一般来说，产品目标国际化、产品标准国际化、产品生产国际化、产品销售国际化是通向名牌全球化的基本途径。

案例：

宝马汽车的品牌营销

“如果你只是跟着别人的步伐，那么你就不要期望能够超越它。”这是宝马公司总裁Pischetsider先生在表述其公司哲学时的一句名言。宝马凭借这一追求、创新的公司哲学和独具特色的行销方略，犹如一匹剽悍的黑马，行空欧美，驰骋亚洲。

1993年，大多数国家的汽车制造业被卷入一个全新调整时期，处于汽车王国的美国制造厂商早在20世纪80年代就被迫进行传统结构的修正，日本及欧洲一些国家也在不景气中开始类似的重新改组，面对低迷的市场，宝马适时地采取行动，整合市场定位和提高生产力，绕过了汽车市场的低谷。当年，宝马是德国唯一能够避免减时工作却又能创造利润的汽车制造商，交车数量达到537397辆，维持了汽车市场中高级豪华车种最成功品牌的地位。

独具特色的宝马市场行销方略集中反映在它的品牌定位、产品策略、定价策略和沟通策略上。

1. 设计、动力与科技：宝马的品牌定位

“最完美的驾驶工具”是宝马别出心裁的品牌定位。这个诉求结合了设计、动力与科技三大要素，从而树立了宝马“尊贵、年轻、活力”的形象，与传统名牌奔驰汽车的“尊贵、传统、豪华”区分开来。宝马公司所有的传播沟通策略都至少以其中一项作为主题依据，每一个要素的定义都特别考虑到宝马的顾客群，使宝马在亚洲树立成功的新象征。

宝马的品牌定位，巧妙地绕过了奔驰这一强劲敌手。通过区别旧与新，使宝马从其他品牌中分离出来，全力吸引新一代的经济和社会地位成功的亚洲商人，明述宝马能够满足那些在乎形象、追求极致表现的车主的所有要求，而不是紧紧跟随奔驰过去的步伐。

2. 系列优雅风格：宝马的产品策略

宝马的汽车种类繁多，分别以不同系列来设定它们的等级。从较小型、时髦的三系列，到提供安全舒适空间的五系列，再发展适合高级人员的七系列房车，直到独特优雅的八系列双门跑车，所有车系都具备了宝马汽车惯有的优雅风格、潜在的动力、高品质的做工，以及无与伦比的安全标准，从而进一步稳固宝马“成功的新形象”。

3. 高价位：宝马的定价策略

宝马的目标是追求成功的高价策略，以高于其他大众车品牌的价格出现。这一定位是基于宝马优于其他品牌的产品及具备完善的服务特性以及宝马品牌象征的价值。这一价位策略达成了以下机能：

作为宝马汽车品质的指标，价格也传达了品牌象征与声望的信息；相对于竞争品牌的专用性与独特性，消费者的社会成就可以在他的生活里得到反映。

从价位角度再次折射出宝马成功的新形象。

4. 广告、直销、项目策划：宝马的沟通策略

如上所述宝马对亚洲市场的目标主要在加强宝马的形象，并赋予宝马的顾客一种价值：当和顾客接触时，他们无时无刻不忘传达宝马与生俱来的实力——创新、动力、美感。因此，宝马的沟通策略无不紧紧围绕着宝马新形象来进行。

当与豪华汽车市场潜在顾客沟通时，宝马首先确立了沟通战略目标：成功地把宝马的牌子定位融入潜在车主中；加强车主与宝马之间的感性联结；在宝马的整体象征之下，一致地勾勒宝马产品与服务的组合；针对宝马的产品提供详尽的信息。

依据上述战略目标，宝马通过自己的沟通渠道——广告、直销、项目策划等把这一战略变成现实。

今天的消费者面临着无数的广告和商业信息的包围。为了能够有效地接触到自己的顾客群，宝马采用不同的沟通渠道，包括广告、直销、项目策划以及公共关系的建立，综合各种不同渠道使宝马创造和顾客直接接触的机会，传达许多不同的信息，这项策略反过来又帮助宝马建立起正面的形象。

(1) 多层次的广告　随着世界越来越像个“地球村”，整合宝马在多种不同广告上呈现的“象征”变得十分重要。为了适应这项需要，宝马在亚洲地区发展了品牌象征的计划。如今越来越多的媒体具备超越国界的影响力，使其所传达的讯息能够一致，宝马充分利用统一的广告手法树立起完整的宝马形象。

不论在哪一个市场，宝马公司的广告任务都集中在提升并支援宝马的整体形象上，并通过四个层次予以推进。

第一层：企业性宣传活动——全球性地推广和品牌定位。

第二层：亚洲地区广告网——以加强宝马品牌的优越形象和建立其在当地的信誉与地位来支援宝马的品牌广告网。

第三层：全国性形象塑造活动——在各地树立形象以提高品牌知名度，进一步赢取短期利益，并支持品牌所诉求的信息。

第四层：适当地用当地行销的策略性广告——激发销售量，引导并支援产品的定位。

以上四个层次广告逐层递进，并配之以亚洲地区品牌宣传活动，使宝马形象日臻完美，收到了预期的效果。

区域性品牌宣传活动的主旨则是提升品牌，利用宝马清晰明确的定位，展现宝马在亚洲是成功的新象征。

在第一阶段的宣传活动里，主要告诉消费者有关宝马居高级豪华车市场的第一把交椅，同时阐明宝马公司的成就与成功经验。

在第二阶段的宣传活动里，宝马采用七系列作为主打产品，用于证明在汽车设计、安全、舒适和照顾顾客的需要方面，宝马是顶尖汽车市场里的领导者。

(2) 直销　直销在世界各地日渐重要的事实已成共识。在一些国家，这种比较个人化的沟通方式的支出已达到所有宣传费用的一半。宝马同样十分重视直销方式，所以，当宝马汽车公司在企划广告和销售计划时，与目标消费群直接对谈占了越来越重的比例。身为一个独特、个人化且技术领先的品牌，宝马锁定的对象并非是大众化汽车市场。随着亚洲市场的快速发展，宝马必须了解变化了的环境对顾客群沟通方式的影响，因此，宝马采用慎选的个人化手法，用合宜有效的方式把信息传达给顾客，这就是宝马的直销计划。

这一计划是依据消费者方面、产品方面、市场方面、沟通方面的各种趋势而制订的。

以沟通方面为例，由于信息污染程度越来越严重，特别是在广告上，越来越多的电视台与报刊使得对已锁定的目标顾客的沟通工作越来越不容易进行。在这种情况下，在亚洲直销的两个主要目标更加明显：一方面要有能力面对明确的目标顾客，另一方面要能把信息成功地传达给目标顾客。但是在这方面采用传统广告是很难实现的。因此，只有直销最符合这种需要。同时，直销还具有下列功效：使宝马成为和顾客距离最近的一个成功企业，并表现出对宝马车主或驾驶人的承诺；利用有条理的面谈，和宝马的顾客建立一定的关系，将宝马的各项服务整体对外沟通，如财务状况、销售情形、售后服务和零件配备；缩小目前目标顾客群信息渴望程度的差距，利用顾客来作为宝马的“品牌大使”；利用现有宝马客户的资讯来发展内部管理资讯系统。

(3) 项目策划　在争夺客户方面，宝马成功地策划了两个销售促进活动，达到了直接与目标客户接触，争取潜在客户的目的。

一是宝马国际金杯赛。这项活动对宝马和重要目标客户的直接沟通有很大的帮助。这是目前高尔夫球业余赛中规模最大的赛事，有6万名参赛者和在20个以上的国家举行。它使宝马在目标客户心中显示出来。同时它又与其他传讯项目密切配合，其作用集中表现在：传达了一些其他传讯方法不能如此集中表达的信息；高尔夫球呼唤出了目标客户的心声；提供了与目标客户直接沟通的机会；高尔夫球赛代理商在车主和潜在客户间建起了一座桥梁。

这一活动更提供了以下机会：帮助顾客下决心去购买；保持联系；增加品牌忠诚度；使客户把宝马和代理商的形象带上潮流；支援正在筹备的策划；起到公共关系的作用。

二是宝马汽车鉴赏巡礼。这是宝马行销策划的又一力作。随着竞争的加剧，潜在客户沟通的方式就变得一定要和其他品牌不同，而且要安排在特定的环境里，因而宝马汽车鉴赏巡礼的主要目的就是把宝马的世界带给目标客户。这一项目非常具有激发性，因为陈列展示的宝马汽车反映出了品牌的基本特性、动力、创新和美感。因而，宝马通过这一活动把它的经验和领先群体的意识灵活地带给目标客户。

宝马这一销售促进活动加强了潜在客户、现在客户和潮流领导者之间的关系，增强了与其他场合不易传达的潜在客户的联络，传递了有关品牌和产品的特性，把客户产品的印象带上潮流，加强和肯定品牌的形象，并介绍或提供某些典型汽车。

此外，宝马还对一些特别锁定的目标客户开展了一些特别项目策划：如每月定期和某些主要的新闻记者聚会，和一些媒介代表探讨车子的功能，和特别目标客户群尝试七系列的宝马，为进口商主动提供一些社交及文化活动，资助一些现有和固定的活动，如运动、社交和文化等。

“宝马就等于形象、动力和性能”。宝马和它的品牌所代表的，就是实际资产、竞争力和将来的丰厚利润。宝马的今天，得益于它的策略性管理，它的优越地位和口碑，这使它长驱直入，驰骋亚洲。

本章小结

本章主要讲述了汽车产品及产品策略。主要知识点和技能点包括产品的整体概念，产品组合的概念及各种组合的适应性分析，产品寿命周期的概念及其各个阶段的营销策略，产品品牌策略及其应用。

本章内容	知识点	核心知识	技能点
汽车产品及产品组合	产品的整体概念	汽车产品的五个层次	
	产品的组合	产品线，产品项目，产品组合：广度、深度、长度、关联度	产品组合的内在机理
	产品组合策略	扩张策略，缩减策略，多向延伸策略、异样化和细分化策略	对产品组合策略的适用性的分析
汽车产品的寿命周期及其策略	汽车产品的寿命周期的概念，寿命周期的四个阶段	产品寿命周期四个阶段的特点	
	产品寿命周期的营销策略	“短”“快”“长”“转”	运用营销策略改善寿命周期曲线
汽车品牌策略	汽车品牌的概念		
	汽车品牌营销策划	品牌营销的策划过程	品牌营销的策划

复习思考题

1. 什么是产品整体概念？对汽车企业营销有何意义？
2. 产品组合中的产品线、产品项目、宽度、深度、长度的含义是什么？
3. 如何理解汽车产品组合对汽车企业经营的影响？如何调整汽车产品组合？
4. 汽车产品寿命周期分为哪几个阶段？各自的特征是什么？其营销策略是什么？
5. 在汽车经销中如何运用汽车产品品牌策略？

实践练习题

1. 收集一个汽车产品策略的案例，描绘出该产品的寿命周期曲线，与一般形态的周期曲线相比较，看有何不同，试分析。如何理解汽车产品组合对汽车企业经营的影响？

2. 收集一例汽车品牌策略的案例，分析其品牌策略的内容。

同步训练

营销策划书之六：

进行产品销售策略设计，包括系列产品的选择及其与产品项目的组合策略设计。

第八章

汽车价格策略

学习目标

理论要求：

1. 了解汽车产品成本的构成和影响价格的主要因素。
2. 掌握定价的主要方法和主要的定价策略。

实践要求

1. 掌握汽车产品定价的全过程。
2. 掌握汽车产品定价的依据和方法。
3. 能够灵活地运用价格策略对汽车产品进行价格调整。

价格策略是营销组合中最重要、最独具特色的因素之一。一方面，它直接关系到产品能否为消费者所接受、市场占有率的高低、需求量的变化和利润的多少；另一方面，与产品策略、分销策略和促销策略相比，价格策略是企业可控因素当中最难于确定的因素。企业的营销管理人员不仅需要充分认识价格策略在营销组合中的地位和作用，更有必要掌握营销中定价的理论依据，深刻认识制约定价的各种因素，合理制订企业的定价目标，在日益激烈的市场竞争中，艺术性地运用基本的定价策略和方法。

第一节　汽车产品价格的形成

一、汽车产品价格的构成

汽车价值决定汽车价格，汽车价格是汽车价值的货币表现。但在现实汽车市场营销中，由于受汽车市场供应等因素的影响，汽车价格表现得异常活跃，价格时常同价值的运动表现不一致：有时价格高于价值，有时价格低于价值。汽车价值转化为汽车价格构成的四个要素：汽车生产成本、汽车流通费用、国家税金和汽车企业利润。

1. 汽车生产成本

汽车生产成本是汽车价值的重要组成部分，是汽车价格形成的基础，也是制订汽车价格的重要依据。

2. 汽车流通费用

汽车流通费用是发生在汽车从汽车生产企业向最终消费者移动过程各个环节之中的，并与汽车移动的时间、距离相关，因此，它是正确制订同种汽车差价的基础。

3. 国家税金

国家税金是汽车价格的构成因素。国家通过法令规定汽车的税率并进行征收。税率的高低直接影响汽车的价格。国家对汽车企业开征的有增值税、所得税、营业税，在汽车产品的流通过程中还有消费税和购置税。

4. 汽车企业利润

汽车企业利润是汽车生产者和汽车经销者为社会创造和占有的价值的表现形态，是汽车价格的构成因素，是企业扩大再生产的重要资金来源。

5. 汽车价格的组成类型

从汽车市场营销角度来看，汽车价格组成类型有

汽车生产成本 + 汽车生产企业的利税 = 汽车出厂价格

汽车生产成本 + 汽车生产企业的利税 + 汽车批发流通费用 + 汽车批发企业的利税 = 汽车批发价格

汽车生产成本 + 汽车生产企业的利税 + 汽车销售费用 + 汽车销售企业的利税 = 汽车销售价格

6. 汽车购置费用

汽车购置费用是消费者拿到一辆车实际承担的费用。汽车购置费是在汽车销售价的基础上加上车辆的购置税。由于汽车销售价格中包含 17% 的增值税，而增值税的税金不构成车辆购置税的纳税基数，因此，应从汽车销售价中剔除增值税部分。

汽车购置费的计算为

汽车购置费 = 汽车销售价格 + 车辆购置税 = 汽车销售价 + [汽车销售价/(1 + 增值税率)] × 车辆购置税率

汽车生产企业通常为增值税一般纳税人，其增值税税率为 17%。

车辆购置税的基准税率是 10%。出于减排节能的考虑，国家出台了几轮的汽车消费政策对不同车型的税率进行调整，总体上是小排量的汽车税率下浮，大排量汽车的税率上浮。2008 年，我国对小型乘用车的购置税的规定：气缸容量（排气量）在 1.0L（含 1.0L）以下的税率为 1%；1.0L 以上至 1.5L（含）的税率为 3%；1.5L 以上至 2.0L（含）的税率为 5%；2.0L 以上至 2.5L（含）的税率为 9%；2.5L 以上至 3.0L（含）的税率为 12%；3.0L 以上至 4.0L（含）的税率为 25%；4.0L 以上的税率为 40%。最新的一期的政策是 2015 年 9 月颁布的，国务院出台汽车消费的三项政策：一是完善新能源汽车扶持政策；二是 1.6L 及以下排量乘用车实施减半征收车辆购置税；三是加快淘汰营运黄标车。

例如：一辆价格（车身价）为 10 万元的轿车（排气量 1.5L），加上车辆购置税后的实际购车费用为

$$10 \times \{1 + [1/(1 + 17\%)] \times 5\%\} = 10 \times (1 + 0.8547 \times 5\%) = 10.42753 \text{ 万元}$$

二、汽车产品的定价基础

价格大于成本是定价的前提。在成本上加利润（包括赋税），构成产品基础价格。这一

价格与产品的产量有关，即价格的制订应能在现实产能水平下实现企业的目标利润。在此基础上根据各影响因素进行价格调整，形成产品的出厂价格，或者同时考虑营销的需要，进行价格策略安排，形成最终的市场价格。在整个定价过程中，成本是最核心的要素。

产品成本是由产品的生产过程和销售过程所花费的物质消耗和支付的劳动报酬所形成的。在实际营销活动中，产品定价的基础因素是产品的成本，因为，产品价值凝结了产品内在的社会必要劳动量，但这种劳动量是一种理论上的推断，企业在实际工作中无法计算。作为产品价值的主要组成部分——产品成本，企业则对此可以相当精确地计算出来。

成本费用可以分为以下几种，它们对定价起着不同的影响作用：

（1）固定成本费用　固定成本费用是指在既定生产经营规模范围内，不随产品种类及数量的变化而变动的成本费用，如固定资产折旧、租金、产品设计、市场调研、管理费用、管理人员工资等项支出。

（2）变动成本费用　变动成本费用是指随产品种类及数量的变化而相应变动的成本费用，主要包括用于原材料、燃料、运输、存储等的支出，以及生产工人工资、部分营销费用等。

（3）总成本费用　总成本费用即全部固定成本费用与变动成本费用之和。当产量为零时，总成本费用等于未开工时发生的固定成本费用。

（4）单位固定成本费用　单位固定成本费用是指单位产品所包含的固定成本费用的平均分摊额，即固定成本费用与总产量之比，它随产量的增加而减少。

（5）单位变动成本费用　单位变动成本费用是指单位产品所包含的变动成本费用的平均分摊额，即总变动成本费用与总产量之比。它在生产初期水平较高，其后随产量的增加呈递减趋势，但达到某一限度后，会由于报酬递减率的作用转而上升。

（6）平均成本费用　平均成本费用是指总成本费用与总产量之比，即单位产品的平均成本费用。

企业定价首先使总成本费用得到补偿，这就要求价格不能低于平均成本费用。但是这仅仅是获利的前提条件。由于平均成本费用包含单位固定成本费用和单位变动成本费用两部分，而固定成本费用并不随产量的变化而按比例发生，因此，企业取得盈利的销售数量的初始点只能在价格补偿平均变动成本费用之后的累积余额等同于全部固定成本费用之时，即盈亏分界点 E，如图 8-1 所示。

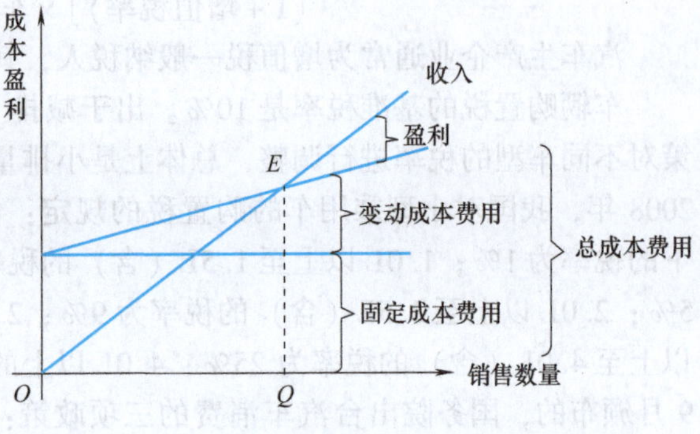

图 8-1　盈亏平衡图

单位成本 = 可变成本 + 固定成本/销售量

价格 = 单位成本/(1 − 期望利润率)

盈亏平衡销售量 = 固定成本/(价格 − 可变成本)

对汽车制造企业而言，汽车产量规模（销售量）必须大于盈亏平衡销售量，企业才有利润可言。如果由于产量的限制不能达到盈亏平衡销售量，企业要想盈利，则必须通过提高产品价格来实现。而价格的影响因素是多方面的，受外部影响很大。

由上述分析可得出：

1）汽车产品价格必须大于汽车单位成本，否则，销售收入不足以弥补汽车变动成本，也就是说，汽车的销售收入不足以弥补汽车的零部件和原材料消耗，将会表现为收入曲线的斜率小于总成本曲线的斜率，两条曲线永不相交。

2）汽车产品的价格越高，汽车销售量的盈亏平衡点就越小，企业获利空间也就越大。

3）企业的产品销售数量必须大于盈亏平衡点的销售量，否则，企业将无法盈利。

从上分析可知，企业利润（利）随销售量（量）、产品成本（本）和价格三个变量的变化而变化。

提高利润的途径是：降低成本，抬高价格，增加销售量。

但是，在企业的现实经营活动当中，成本受原材料价格的制约，并与企业的管理水平和产量规模有关；而产量规模与产品线的设计能力有关，当今的汽车生产都是流水线批量作业，在一定的设计规模下，产能的提高有一定的刚性；价格首先考虑汽车的产品成本，但受诸多外界因素的影响，企业的能动性并不大。

三、汽车定价的全过程

了解汽车产品价格形成的全过程，可以对汽车产品价格的产生有一个总括的概念，对掌握汽车产品定价策略的运用有所帮助。汽车产品定价过程如图 8-2 所示，以下各部分将沿着这个过程展开。

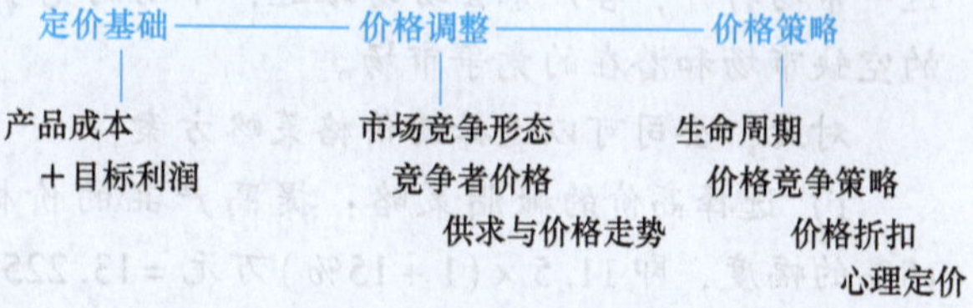

图 8-2　汽车产品定价过程

图 8-2 是对汽车产品定价的全过程的描述。任何产品的价格制订总是以产品的成本为基础，第一步：在产品成本的基础上加上企业目标利润形成企业的产品价格目标，这一目标是企业的主观愿望，能否实现需要放到市场上检验。第二步：根据市场竞争形态——是完全竞争市场、垄断竞争市场、寡头垄断市场还是完全垄断市场，竞争者价格——正面竞争、侧面竞争还是迂回竞争，供求与价格走势——产品的供求状况、价格走势等对价格进行调整。第三步：运用价格策略——生命周期的价格策略、价格竞争策略、价格折扣和心理定价实现产品的最终销售。

实践：

为汽车产品定价

欧洲某汽车公司与中国企业合资，在中国合资生产××牌汽车，该车型是一款在欧洲刚刚开发，在全球同步生产的最新车型，其产品定位是面对中国的家庭用户，具有城市代步、居家旅游、外出休闲的多功能用途的 MPV 车型，试图改变传统 MPV 车型价高、庞大、费油的形象，开创国内家用 MPV 车型的先河。

1. 产品成本分析

经过成本核算，××牌汽车的单位变动成本为 8 万元，计划期内（一年）固定成本为 20 亿元，市场上同类产品价格为 10 万元。通过盈亏平衡分析，公司的汽车的盈亏平衡产量（销量）为

$$盈亏平衡销售量=固定成本/(价格-可变成本)$$
$$=20/(10-8)万辆=10万辆$$

反过来讲，如果该公司的汽车生产量为10万辆，则汽车的单辆成本为

$$单位成本=单位可变成本+固定成本/产量=(8+20/10)万元=10万元$$

也就是说，若以市场同类型车10万元的价格，该企业年产10万辆汽车，全部销售出去，企业处于盈亏平衡状态，如果企业的预期利润为15%，在产量、成本不变的情况下，汽车的单价为

$$价格=单位成本\times(1+预期利润率)=10\times(1+15\%)万元=11.5万元$$

2. 价格调整

价格调整是在成本定价的基础上，考虑市场竞争形态、竞争优势和竞争者价格，以及供求与价格走势等诸多因素对价格的调整。

根据该公司所开发的车型情况，因为是在国内首开家用MPV车的先河，因此在家用MVP车的细分市场上，与其竞争的现存对手不存在，但潜在的竞争对手威胁巨大，如通用、大众、丰田、本田、马自达等在中国的合资企业都具有很强的新车型开发能力，一旦这一市场打开，各厂家会纷纷跟进，市场的竞争会急剧加剧。因此，该公司面对的是现存的空缺市场和潜在的竞争市场。

对此，公司可以选择的价格策略方案：

1）选择高价的撇脂策略：提高产品的价格，在11.5万元的价格基础之上再增加15%的幅度，即$11.5\times(1+15\%)$万元=13.225万元。待其他厂商的同类车进入市场之后再降价，展开价格竞争。企业采用这种高价策略的前提是企业具有较好的市场基础，有一定的品牌度，产品影响力大，用户对企业的认同度高，同时，在汽车上市前企业需要加大营销宣传，做好市场铺垫。

企业即使采取高价策略，其产品提价空间也是极其有限的，因为本产品的定位就是开发一款家用的MPV车型，其价格相当于普通型轿车的价格水平，因此，其价格的上调幅度不可能很大，选择15%基本是可行的。

2）选择低价的渗透价格策略：以较低的、到位的价格，迅速打开并占领市场。采取低价策略，汽车的产品价格可以设定在11.5万元或适当下调。此种策略的前提是企业新车型的产量具有一定的规模，以较大的销量占据较大的市场份额，并且以较低的价格给随后跟进的竞争者设置一道市场进入门槛，用价格的屏障将竞争者拒之门外。就目前中国的汽车市场而言，汽车的价格逐渐走低是汽车产品价格的总体趋势，汽车生产厂商推出新车型采取的价格策略多数趋向于以较高的价格推出新车型，然后随着时间的推移和产品逐渐成熟再逐步下调价格。

3）价格策略：价格策略是在充分考虑了成本、产量、市场、竞争者状况等因素基础之上，在营业推广的汽车销售前沿领域，以满足客户某种心理需求和促成尽快成交的方法和策略，是营业推广的一部分，具有暂时性和偶发性。常用的价格策略有价格折扣、价格返还、心理价格等。价格策略的运用要与产品的定位和产品的目标群体相对应，即针对产品特性和目标群体的心理特征来制订。如果汽车产品是高档豪华轿车，相应的定位是商人或政要人士，其价格策略中的折扣和尾数定价策略就是不适宜的，因为价格对这一客户群体并不重要。

该公司生产的是家用多功能车，定位是中等偏高收入的中青年家庭，这部分人群有明显的价格诉求。采取适当的折让、现金返还或物品赠送及尾数定价策略则是行之有效的。

本案例中，结合车型和目标对象的考虑，可以采用尾数定价法对汽车价格进行调整，定在13万元以下。不去选择12.98万元，也不选择12.88万元，因为尾数为8的商品价格已经被用滥，考虑消费者的承受心理，最终价格定在12.95万元较为合理。

12.95万元的价格是家用汽车最佳的价格选择区间，根据对目前中国居民收入与汽车消费的关系的考察，中国居民对汽车的选择逐渐趋于理性和成熟，年收入在10万~15万元的家庭，其对汽车的首选价位也在10万~15万元之间。在国内的大型中心城市，这样收入水平的客户群体已具有相当的数量，这样的人群多为事业小有所成，在业界作为骨干有着良好的职业发展空间，有较多的社会交往，自尊、自信，然而又不是商贾富翁，既需要一定的体面和尊严，又要考虑到经济和实用。因此，一款功能多样、款式新颖、价格适宜的车型，必将为他们所钟爱。

第二节 影响汽车产品价格的主要因素

价格是一个变量，它受到诸多因素的影响和制约，汽车产品价格的高低主要是由汽车产品中包含的价值量的大小决定的。一般来说，可以把这些因素区分为企业的外部因素和内在因素。外部因素主要有产品供求情况、市场竞争情况、社会环境、消费者的心理、需求价格弹性等。内在因素主要有生产成本、产品的市场价值、产品寿命等。

一、外部因素

1. 产品供求因素

汽车产品的价格与供求的关系十分密切。一方面，市场价格对汽车产品的供求起调节作用。通常在自由竞争的市场条件下，产品本身的价值量保持不变，如果供求平衡，汽车产品的价格就会基本稳定；当某种汽车产品的价格上涨时，就会刺激汽车生产企业扩大生产与供应，同时也能吸引新的资本投入该汽车产品的生产，从而增加产品的供应数量；反之，当价格下跌时，会引起汽车产品供应量的减少。另一方面，汽车产品的供求关系也直接影响到汽车产品的定价。在供过于求时，企业往往只能采用保本或微利定价法，甚至要采用变动成本定价法；在供不应求时，企业可以以最大利润或合理利润进行定价。由此可见，供求状况是汽车产品定价时必须考虑的重要因素，企业应及时了解汽车产品在市场上的供求状况，适时地采取提高价格或降低价格的措施，以刺激汽车产品的生产或汽车市场的需求，从而扩大产品的销售。

市场上汽车产品的供求状况直接反映了汽车产品的供给量与社会购买力之间的适应状况。所以说，市场需求是影响汽车产品价格的最重要的外因之一，它决定了产品价格的最高上限。

就我国目前的汽车市场来说，从表面上看汽车销售潜力和市场的容量都非常大，汽车产品正处于供不应求的状况，但实际上汽车市场正逐步趋向于供过于求的境地，形成了一个买方市场，因此，企业应主要从营销导向方面入手，提高市场占有率。

2. 市场竞争因素

西方经济学家依据竞争程度的不同将市场分为完全竞争、垄断竞争、寡头垄断和完全垄断四种市场形态，不同的市场形态下，产品的定价机制不同。

（1）完全竞争　完全竞争是指同种产品有多个营销者，他们都以同样的方式向市场提供同类的标准化的产品，他们的产品供应量都只占市场买卖总量的极小份额，任何一个企业都不可能单独左右该种产品的市场价格。产品价格在多次交易中自然形成，各个企业都是价格的接受者而不是决定者，企业的任何提价或降价行为都会招致对本企业产品需求的骤减或利润的不必要流失。在完全竞争状态下，产品定价应随行就市。

（2）垄断竞争　垄断竞争是指同种产品有多个营销者，虽然他们都以同样的方式向市场提供同类的产品，但是他们中只有极少数的企业对产品的价格起决定性的作用。在这种情况下，一个行业中有许多企业生产或销售同种产品，而且每个企业的产量或销售量只占市场供应总量中的一小部分。虽然同行企业很多，但每个企业无论是在生产或销售的产品的性能、品牌、质量、花样和式样上，还是在企业所处地理位置或服务方式上，都有很大的差异性，竞争激烈，随时可能有新的企业参与竞争，而且随时也可能有企业退出竞争。在此情况下，只有少数的买者或卖者拥有较优越的条件，可以对产品价格起较大的影响作用。这时，企业已不是一个消极的价格接受者，而是一个对价格有影响力的决定者。

（3）寡头垄断　在寡头垄断状况下，生产某种产品的绝大多数企业由少数几家大企业控制，每个大企业在相应的市场中占有相当大的份额，对市场的影响举足轻重。在这种情况下，产品的市场价格不是通过市场的供求关系决定的，而是由几家大企业通过协议或默契形成的。这种联盟价格形成后，一般在相当长的时间内不会变动。

（4）完全垄断　完全垄断是指一种产品完全由一家或极少数几家企业控制，而且此种产品在市场上没有现成的替代品市场。在这种市场环境中，垄断企业没有竞争对手，而且有较高的自由定价的权利，可以独立地或与极少数几家企业协商制订价格，可以在国家法律允许的范围内随意定价，产品定价极高，只要市场承受得住即可。在完全垄断状态下，非垄断性企业定价应十分谨慎，以防垄断者的价格报复。

可见，在不同的市场竞争模式中，企业的定价自主权是不一样的，价格制订决策也不同。现代汽车生产企业应该具有通过用汽车产品定价去应付甚至避免竞争的意识。当以此为定价目标而进行定价时，企业应当根据实际市场情况（包括对市场有决定性影响的竞争者的情况），可以将汽车产品的实际定价低于竞争对手，或者高于竞争对手。这种定价目标比较适合于那些实力雄厚，而且易于实现目标的企业。

3. 社会环境因素

社会环境因素主要包括国家政策和社会经济因素两个方面。商品经济的广泛发展，特别是价值规律自发作用的结果，会产生某种盲目性。因此，大多数国家对产品价格都有不同程度的规定。我国发展社会主义市场经济，要在充分发挥市场机制的基础上，对产品定价进行宏观管理。国家通过制定价格方针政策和具体规定，如制定商品基位价格、浮动幅度和方法，或者制订产品差价率、利润率与最高限价范围，对产品价格进行管理，协调国家、部门、企业、个人利益分配关系，以引导生产，指导消费。

4. 消费者的心理因素

消费者的心理因素对价格的影响主要表现在人们对汽车产品的预期价格上，即在心目中认为这种汽车应该值多少钱，因此，企业在制订或调节汽车产品的价格时，必须认真分析消费者的心理。任何一件商品都是为消费者服务的，消费者在购买汽车时往往受到不同心理倾向支配，不同的消费心理对汽车产品的价格有不同的要求。企业只有在研究掌握了不同的消费心理之后，才能制订出最佳的汽车产品价格。

5. 需求价格弹性

需求价格弹性是商品需求量的变化与该商品价格变化的比值，表明需求量变动随价格变动之间的关系，用 Ep 表示需求价格弹性，即

$$Ep = \frac{需求量变(\%)}{价格变动(\%)}$$

由于需求与价格的变动有方向问题，因而有正负之分，但实际运用时，为比较需求价格弹性的大小，取其绝对值。

当 $Ep<1$ 时，表明需求量变化的幅度小于价格变化的幅度，也就是说需求量与价格的高低关系不大，价格的上涨或下降对需求量的影响不大，这视为缺乏弹性。

当 $Ep>1$ 时，表明需求量变化的幅度大于价格变化的幅度，也就是说需求量与价格的高低关系密切，价格的上涨或下降会对需求量产生很大的影响，这视为富有弹性。

当 $Ep=1$ 时，表明需求量变化的幅度随价格变化而等量变化，这视为单位弹性。

当 $Ep=0$ 时，表明需求量变化与价格变化无关，即价格的变化对需求量不产生影响，完全不相关，这视为完全无弹性。

当 $Ep=\infty$ 时，完全弹性，这种情况在现实经济活动中极为少见。

在现实中，缺乏弹性和富有弹性的情况较为多见，如图 8-3 所示。

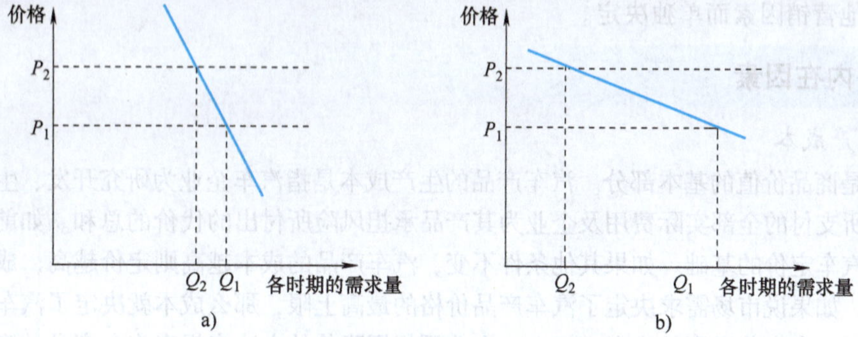

图 8-3　需求价格弹性

a）缺乏弹性的需求　b）富有弹性的需求

影响需求价格弹性的因素包括：

1）产品本身的性质。产品本身的性质主要是指产品属于生活必需品还是奢侈品。一般说来，生活必需品弹性较小，奢侈品弹性较大。汽车在现阶段的中国还算不上是生活必需品，其需求量受价格的影响较大，需求价格弹性大。

2）产品的可替代性。如果某种产品有许多相近的替代品，这种产品的需求价格弹性就大，反之就小。替代品多的产品，其需求价格弹性就大。

3）产品在消费者支出中所占的比例。在消费者支出中所占比例小的产品，需求价格弹性就小；反之，需求价格弹性就大。

4）产品需求的时间性。对产品需求时间急迫的，弹性较小；反之，弹性较大。

5）文化价值的取向或偏向。产品越符合或越接近消费者核心价值观，则消费者越愿意消费，其需求价格弹性就小。

汽车产品价格与需求之间存在着密切关系。不同于普通商品的是汽车产品领域广阔，不同的车型、不同的用途、不同的档次的车的需求价格弹性各不相同。高档、豪华、名牌轿车，如宝马、奔驰其需求价格弹性可能就小，消费者不会因为宝马的价格上涨百分之几就转而购买其他品牌的汽车，购买豪华轿车的用户看中的主要是品牌，以及自身的身份与地位的需要，而对价格的变化并不敏感，因此，需求价格弹性不大；但对于中低档的家庭用车，价格因素是消费者主要的考虑因素，价格的变化会影响消费者对车辆选型的重新考虑，较多的替代车型也会影响消费者的选择，因此，中低档轿车的需求价格弹性较大。

一般来说，当测定某一款车型的需求价格弹性较大时，采取低价策略可以吸引更多的消费者，取得较大利润，但必须注意竞争者的反应；当测定某一款车型的需求价格弹性较小时，汽车生产企业可适当提高价格来增加利润，但应考虑与同行业协作者的关系及国家价格政策和法律规定。

6. 其他营销组合因素

汽车产品价格的制定还受到其他营销组合的影响。对于新建的中小型汽车生产企业，或者知名企业的汽车产品处于导入期和成长期，价格可定得高一些；而处于成熟期和衰退期的生产企业的汽车产品，定价则应相对低一些。质量好、性能好、品牌知名度高的汽车产品的价格可以定得高一些；反之，则必须定得低一些。当企业用于广告或其他方面的费用支出较多时，价格应相应提高；反之，汽车产品的价格就可以降低一些。可见，汽车产品的定价不能脱离其他营销因素而单独决定。

二、内在因素

1. 生产成本

成本是商品价值的基本部分。汽车产品的生产成本是指汽车企业为研究开发、生产和销售汽车产品所支付的全部实际费用及企业为其产品承担风险所付出的代价的总和。如前所述，汽车成本是汽车定价的基础。如果其他条件不变，汽车产品的成本越高则定价越高，成本越低则定价越低。如果说市场需求决定了汽车产品价格的最高上限，那么成本就决定了汽车产品价格的最低下限。在竞争激烈的汽车市场上，企业要想用降价的方法来提高汽车产品的竞争力，就必须首先降低汽车产品的生产成本，只有成本减少了，才能使汽车产品降价具备可靠的经济基础。如果市场价格不变，成本越低则产品价格竞争力就越强，利润就会提高；反之，成本越高则利润就越低。可以看出，降低产品生产成本是企业提高其利润的一项重要的措施。

2. 汽车的车型与配置

实际上，一种车型、一种配置的价格往往在其设计阶段就已经确定下来了。既然车型决定价格，那么，通过改变车型和配置来改变价格已经成为一种基本的价格策略。

从汽车营销的实践中发现，高档汽车往往拥有较大的价格空间，因此可通过降价甚至提价来赢得市场竞争；低档汽车的价格空间非常有限，在价格竞争中总是处于不利的地位。显然，对于经济型车来说，摆脱困境、赢得竞争的主要途径就是通过改变车型、改变配置的方式，频频推出新车型以增加竞争优势。在西方国家，同一档次的汽车往往有多种车型，这些车型大同小异，在价格竞争的紧要关头推出，不但可以赢得新的价格空间，而且可以赢得新的消费群体。在我国，这种方式已经被国内的汽车厂家频频采用，一汽—大众捷达 2004 款轿车的 24 项改进技术，上汽大众桑塔纳 3000 的推出，天津丰田威驰轿车系列的 7 个款型，都是在同一车型不同款型或不同配置之间的多样化组合，尽管各厂家对车型组合有各自的方法，有的是推陈出新、逐个推出，有的是同时推出、全面覆盖，但其目的都是以差异化的车型和差异化的配置赢得差异化的市场。

3. 汽车的市场价值

产品质量是产品价值的重要组成部分。因此，分级定价、优质优价，即“一分价钱一分货”，是一个重要的和基本的定价原则。但是，市场是多变的，消费者对汽车质量与价格的认识和看法也是有差异的。就质量与价格的组合方式，可以有 4 种形式（图 8-4）：优质—优价，优质—低价，低质—低价，低质—优价。

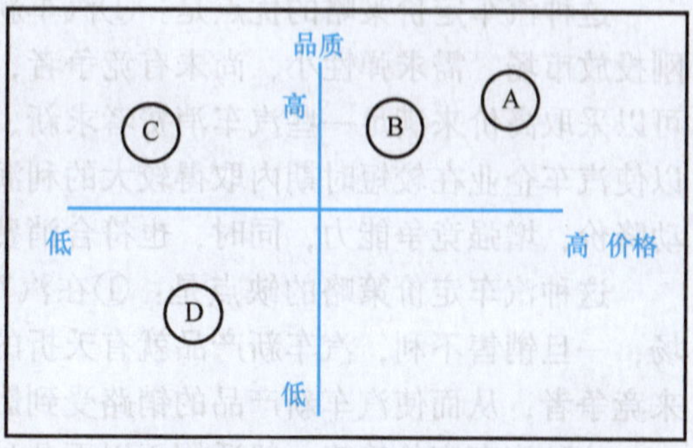

图 8-4　汽车产品质量—价格组合

不同的产品适用不同的组合方式，不同的组合方式可以带来不同的市场效果。优质—优价适合于高档豪华轿车，消费者追求精良的产品，并认可不菲的价格；优质—低价适合于中低档轿车，讲求物超所值，这一层次的消费者往往希望以较低的价格得到相对较高品质的轿车，追求的是超值的性价比；低质—低价适用于低档轿车，明明白白地告诉消费者产品价格低，产品的品质也不高，能用就行，适合那些买车主要用于代步或作为过渡期使用的车主，不求车好，只求价低；低质—优价是以较低的品质的车卖出高价的策略，目前在中国的汽车市场几乎无法通行，除非是以次充好或假冒的汽车产品，属于商品欺诈行为，是不可取的。

4. 汽车产品的寿命周期

汽车产品处在不同的寿命周期阶段会有与之对应的不同策略安排。汽车产品在其寿命周期的各个阶段的价格策略也有所不同，上一章已详细表述，下面还将进一步讲解。

第三节　汽车定价策略

汽车价格竞争是一种十分重要的汽车营销手段。在激烈的汽车市场竞争中，汽车企业为了实现自己的营销战略和目标，必须根据产品特点、市场需求及竞争情况，采取各种灵活多变的汽车定价策略，使汽车定价策略与汽车市场营销组合中的其他策略更好地结合，促使和扩大汽车销售，提高汽车企业的整体效益。因此，正确采用汽车定价策略是汽车企业取得汽车市场竞争优势地位的重要手段。

一、汽车新产品的定价策略

在激烈的汽车市场竞争中，汽车企业开发的汽车新产品能否及时打开销路、占领市场和获得满意的利润，除了汽车新产品本身的性能、质量及必要的汽车市场营销手段和策略之外，还取决于汽车企业是否能选择正确的定价策略。汽车新产品定价有 3 种基本策略（图 8-5）。

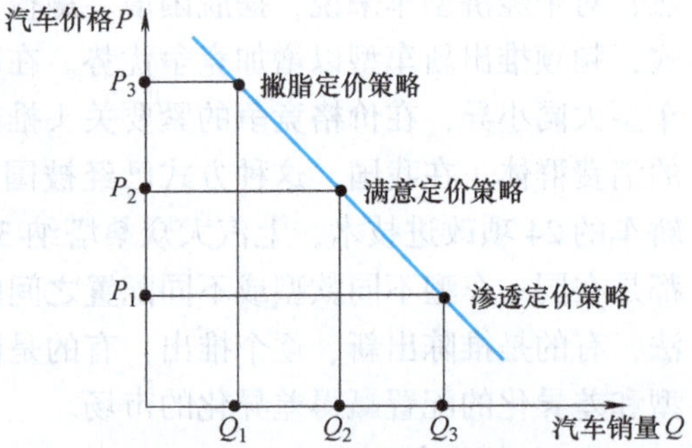

图 8-5　汽车新产品的定价策略

1. 撇脂定价策略

撇脂定价策略是一种汽车高价保利策略，是指在汽车新产品投放市场的初期，将汽车价格定得较高，以便在较短的时期内获得高额利润，尽快地收回投资。

这种汽车定价策略的优点是：①汽车新产品刚投放市场，需求弹性小，尚未有竞争者，因此，只要汽车新产品性能超群、质量过硬，就可以采取高价来满足一些汽车消费者求新、求异的消费心理；②由于汽车价格较高，因而可以使汽车企业在较短时期内取得较大的利润；③定价较高，便于在竞争者大量进入市场时主动降价，增强竞争能力，同时，也符合消费者对价格由高到低的心理。

这种汽车定价策略的缺点是：①在汽车新产品尚未建立起声誉时，高价不利于打开市场，一旦销售不利，汽车新产品就有夭折的风险；②如果高价投放市场销路旺盛，很容易引来竞争者，从而使汽车新产品的销路受到影响。

这种汽车定价策略一般适用于以下几种情况：

1）汽车企业研制、开发的技术新、难度大、开发周期长的汽车新产品，用高价也不怕竞争者迅速进入市场。

2）汽车新产品有较大的市场需求。由于汽车是一次购买，享用多年，因而高价市场也能接受。

3）高价可以使汽车新产品一投入市场就树立起性能好、质量优的高档品牌形象。

2. 渗透定价策略

渗透定价策略是一种汽车低价促销策略，是指在汽车新产品投放市场时，汽车企业将汽车价格定得较低，以便使汽车消费者容易接受，很快打开和占领市场。

这种汽车定价策略的优点是：①汽车企业可以利用低价迅速打开新产品的市场销路，占领市场，从多销中增加利润；②低价又可以阻止竞争者进入，有利于控制市场。

这种汽车定价策略的缺点是：投资的回收期较长，见效慢，风险大，一旦渗透失利，企业就会一败涂地。

这种汽车定价策略一般适用于以下几种情况：

1）制造这种汽车新产品所采用的技术已经公开，或者易于仿制，竞争者容易进入该市场。利用低价可以排斥竞争者，占领市场。

2）投放市场的汽车新产品在市场上已有同类汽车产品，但是，生产汽车新产品的企业比生产同类汽车产品的企业拥有较大的生产能力，并且该产品的规模效益显著，大量生产定会降低成本，收益有上升趋势。

3）该类汽车产品在市场中供求基本平衡，市场需求对价格比较敏感，低价可以吸引较多消费者，可以扩大市场份额。

以上两种汽车定价策略各有利弊，选择哪一种策略更为合适，应根据市场需求、竞争情况、市场潜力、生产能力和汽车成本等因素综合考虑。

3. 满意定价策略

满意定价策略是一种介于撇脂定价策略和渗透定价策略之间的汽车定价策略。采用此策略所定的价格比撇脂定价策略所定的价格低，而比渗透定价策略所定的价格要高，是一种中间价格。这种汽车定价策略由于能使汽车生产者和消费者都比较满意而得名。由于这种价格介于高价和低价之间，因而比前两种定价策略的风险小，成功的可能性大。但有时也要根据市场需求、竞争情况等因素进行具体分析。

4. 按汽车产品寿命周期定价策略

在汽车产品寿命周期的不同阶段，汽车定价的三个要素：成本、消费者和竞争者都会发生变化，因此，汽车定价策略要适时而定。

(1) 导入期　汽车消费者在起初接触汽车新产品的价格敏感性与他们长期的汽车价格敏感性之间是没有联系的。大多数费者对新产品的价格敏感性相对较低，因为他们倾向于把汽车价格作为衡量汽车质量的标志，而且，此时没有可做对比的其他品牌汽车。但不同的汽车新产品进入市场所带来的市场反应是有很大差异的。1908 年，福特公司推出的 T 型车就是新的大批量生产技术的产物，它的先驱者已经为其进入市场铺平了道路；而新型的以天然气为动力的汽车却并不容易普及。

(2) 成长期　在成长期，消费者的注意力不再单纯停留在汽车产品的效用上，开始比较不同汽车品牌的性能和价格，汽车企业可以采取汽车产品差别化和成本领先的策略。一般来说，成长期的汽车价格最好比导入期的价格低。因为，消费者对产品了解增加，价格敏感性提高。但对于那些对价格并不敏感的市场，不应使用渗透定价。尽管这一阶段竞争加剧，但行业市场的扩张能有效防止价格战的出现；然而，有时汽车企业为了赶走竞争者，也可能会展开价格战，如美、日、韩三国的汽车企业就是在美国汽车市场走向成长期时才爆发价格战的。

(3) 成熟期　成熟期的汽车产品的有效定价着眼点不是努力争得市场份额，而是尽可能地创造竞争优势。这时候不要再使用捆绑式的销售，因为那样只会使组合汽车产品中的一个或几个性能更好的汽车产品难以打开市场。这时，市场为基本汽车产品定价的可调范围缩小，但可以通过销售更有利可图的辅助汽车产品或优质服务来调整自己的竞争地位。

(4) 衰退期　衰退期中很多汽车企业选择降价，但遗憾的是，这样的降价往往不能刺激起足够的需求，结果反而降低企业的盈利能力。衰退期的汽车定价目标不是赢得什么，而是在损失最小的情况下退出市场，或者是保护甚至加强自己的竞争地位。一般有三种策略可供选择：紧缩策略、收缩策略和巩固策略。它们的含义分别是：将资金紧缩到自己力量最强、汽车生产能力最强大的汽车生产线上；通过汽车定价，获得最多现金收入，然后退出整个市场；加强自己的竞争优势，通过削价打败弱小的竞争者，占领他们的市场。

案例：

环保政策让化油器车寿命周期缩短

1999 年，北京率先实行了新的环保标准。

“山雨欲来风满楼”，许多汽车生产厂家库存的化油器车都将进入日暮途穷的生命周期。夏利、奥拓相继宣布降价，有的车型甚至跌到了 5 万元以下，雷厉风行地加入了清仓大甩卖的行列。2001 年 6 月 27 日，国家经贸委又命令化油器车立即停产，山雨已来，风雨飘摇的化油器车就更谈不上什么身价了。

二、折扣和折让定价策略

在汽车市场营销中，汽车企业为了竞争和实现经营战略的需要，经常对汽车价格采取折扣和折让策略，直接或间接地降低汽车价格，以争取消费者，扩大汽车销量。灵活运用折扣和折让策略是提高汽车企业经济效益的重要途径。

具体来说，折扣和折让分以下五种：

1. 数量折扣

数量折扣是根据买方购买的汽车数量，分别给以不同的折扣。买方购买的汽车的数量越多，折扣越大。

数量折扣可分为累计数量折扣和非累计数量折扣。前者规定买方在一定时期内，购买汽车达到一定数量或一定金额时，按总量给予一定折扣的优惠，目的在于使买方与汽车企业保持长期的合作，维持汽车企业的市场占有率；后者是只按每次购买汽车的数量给予折扣的优惠，这可刺激买方大量购买，减少库存和资金占用。这两种折扣价格都能有效地吸引买主，使汽车企业能从大量的销售中获得较好的利润。

2. 现金折扣

现金折扣是对按约定日期提前付款或按期付款的买主给予一定的折扣优惠价，目的是鼓励买主尽早付款以利于资金周转。运用现金折扣应考虑三个因素：一是折扣率的大小；二是给予折扣的限制时间长短；三是付清货款期限的长短。

在国际结算中，现金折扣用于信用证结算的交货期折扣。若信用证付款期为 90 天，60 天付款可享受 2% 的折扣，则表示为“2/60，90”。

3. 交易折扣

交易折扣是汽车企业根据各个中间商在市场营销活动中所担负的功能不同而给予不同的折扣，所以也称“功能折扣”，如运输、仓储、售后服务的分工等。

4. 时间折扣

时间折扣有两层含义：一是季节折扣；二是时段折扣。

季节折扣是指在汽车销售淡季时，给购买者一定的价格优惠，目的在于鼓励中间商和消费者购买汽车，减少库存，节约管理费，加速资金周转。季节折扣率应不低于银行存款利率。

时段折扣是在一些特定的时段，如开业当天、展览会期间、周年庆典期间等时段内给予一定比例的折扣优惠。

5. 运费让价

运费是构成汽车价值的重要部分，为了调动中间商或消费者的积极性，汽车企业对他们的运输费用给予一定的津贴，支付一部分甚至全部运费。

企业是否要采取折扣和折让定价的策略，折扣的限度为多少，还要综合考虑市场上各方面的因素。特别是当市场上同行业竞争对手实力很强时，一旦实施了折扣定价，可能会遭到强大的竞争对手的更大折扣反击。一旦形成了竞相折价的市场局面，则要么导致市场总价格水平下降，在本企业仍无法扩大市场占有率的情况下将利益转嫁给了消费者，和竞争对手两败俱伤，要么就会因与竞争对手实力的差距而被迫退出竞争市场。

三、针对汽车消费者心理的定价策略

针对汽车消费者心理的定价策略是一种根据汽车消费者心理要求所采用的定价策略。每一品牌汽车都能满足汽车消费者某一方面的需求，汽车价值与消费者的心理感受有着很大的关系，这就为汽车心理定价策略的运用提供了基础，使得汽车企业在定价时可以利用汽车消费者心理因素，有意识地将汽车价格定得高些或低些，以满足汽车消费者心理的、物质的和精神的多方面需求，通过汽车消费者对汽车产品的偏爱或忠诚，诱导消费者购买，扩大市场销售，获得最大效益。具体的心理定价策略如下：

1. 整数定价策略

在高档汽车定价时，往往把汽车价格定成整数，不带尾数，凭借整数价格来给汽车消费者造成汽车属于高档消费品的印象，提高汽车品牌形象，满足汽车消费者某种心理需求。

整数定价策略适用于：汽车档次较高，需求的价格弹性比较小，价格的变化不会对需求产生较大影响的汽车产品。由于目前选购高档汽车的消费者都属于高收入阶层，自然会接受较高的整数价格。

2. 尾数定价策略

尾数定价策略是与整数定价策略正好相反的一种定价策略，是指汽车企业利用汽车消费者求廉的心理，在汽车定价时，不取整数而带尾数的定价策略。例如，某款家用轿车定价为9.98万元。这种带尾数的汽车价格给汽车消费者直观上一种便宜的感觉，同时往往还会给消费者一种汽车企业经过了认真的成本核算才定价的感觉，可以提高消费者对该定价的信任度，从而激起消费者的购买欲望，促进汽车销售量的增加。

尾数定价策略一般适用于汽车档次较低的经济型汽车。经济型汽车价格的高低自然会对需求产生较大影响。

3. 声望定价策略

声望定价策略是根据汽车产品在消费者心目中的声望、信任度和社会地位来确定汽车价格的一种汽车定价策略。声望定价策略就高不就低，如将近20万元的车不是定在19多万元，而是定在20万元以上，表明是20万元档次的车。声望定价可以满足某些汽车消费者的特殊欲望，如地位、身份、财富、名望和自我形象等，还可以通过高价格显示汽车的名贵优质。

声望定价策略一般适用于具有较高知名度、有较大市场影响的著名品牌的汽车。

4. 招徕定价策略

招徕定价策略是指将某种汽车产品的价格定得非常高或非常低，以引起消费者的好奇心理和观望行为，从而带动其他汽车产品的销售的一种汽车定价策略。例如，某些汽车企业在某一时期推出某一款车型降价出售，过一段时期又换另一种车型，以此来吸引消费者时常关注该企业的汽车，促进降价产品的销售，同时也带动同品牌其他正常价格的汽车产品的销售。

招徕定价策略常为汽车超市、汽车专卖店所采用。

5. 分级定价策略

分级定价策略是指在定价时把同类汽车分为几个等级，不同等级的汽车采用不同价格的一种汽车定价策略。这种定价策略能使消费者产生货真价实、按质论价的感觉，因而容易被消费者所接受。

采用分级定价策略时，等级的划分要适当，级差不能太大或太小，否则，起不到应有的分级效果。

四、针对汽车产品组合的定价策略

一个汽车企业往往不只生产一种产品，常常会有多个系列的多种产品同时生产和销售，同一企业的不同种汽车产品之间的需求和成本是相互联系的，但同时它们之间又存在着一定程度的“自相竞争”，因而，这时候的企业定价就不能只针对某一产品独立进行，而要结合相关联的一系列的产品，组合制订出一系列的价格，使整个产品组合的利润最大化。这种定价策略主要有以下两种情况：

1. 同系列汽车产品组合定价策略

同系列汽车产品组合定价策略是指要把一个企业生产的同一系列的汽车作为一个产品组合来定价的策略。在其中确定某一车型的较低价格，这种低价车可以在该系列汽车产品中充当价格明星，以吸引消费者购买这一系列中的各种汽车产品；同时，又确定某一车型的较高价格，这种高价可以在该系列汽车产品中充当品牌价格，以提高该系列汽车的品牌效应。

同系列汽车产品组合定价策略与分级定价策略有部分相似，但前者更注意系列汽车产品作为产品组合的整体化，强调产品组合中各汽车产品的内在关联性。

2. 附带选装配置的汽车产品组合定价策略

附带选装配置的汽车产品组合定价策略是指将一个企业生产的汽车产品与其附带的一些可供选装配置的产品看作一个产品组合来定价。例如，汽车消费者可以选装该汽车企业的电子开窗控制器、扫雾器和减光器等配置。汽车企业首先要确定产品组合中应包含的可选装配置的产品，其次再对汽车及选装配置的产品进行统一合理的定价。例如，汽车价格相对较低，而选装配置的价格相对稍高一些，这样既可吸引汽车消费者，又可通过选装配置来弥补汽车的成本，增加企业利润。

附带选装配置的汽车产品组合定价策略一般适用于有特殊、专用汽车附带选装配置的汽车。

五、针对竞争对手的定价策略

针对竞争对手的定价策略很多，包括：通行价格法，即以行业的平均价格来定价；对等定价法，即与竞争者对峙，进行价格比拼；差异定价法，即绕开竞争对手，在低、中、高不同层次上定价；降价定价法，即伴随着降价实现促销。

六、国内汽车厂商的降价措施

当今国内的汽车市场上，使用最广泛的当数降价策略。

近年来，中国汽车市场中的汽车产品的价格一直以降价为大趋势，不管是主动降价还是被动降价，国产汽车无一例外地走降价之路。然而，在降价过程中，汽车企业若能把握主动，巧妙地安排营销组合，则降价也不失为一项有效的价格策略。

1. 直接降价

直接降价就是由厂方出面发布产品降价的信息。它的优点是信息权威，可信度高，全国上下步调一致，降价一宣布就可能在车市上引起连锁反应。例如，羚羊、奇瑞一降价就出现热销。但是，由于人们对降价比较敏感，直接降价可能造成产品滞销的负面印象，所以，许多汽车厂家不愿意直接降价。

2. 优惠降价

优惠其实是一种变相的降价，但优惠更易为厂方和消费者所接受，所以现在被用得最为普遍。如今车市上优惠的方式非常多，如价格优惠、送燃油票、送保险、送装饰等。

3. 跟风降价

某种车型在同一档次的对手降价之后为了争取主动，扭转自己的不利地位，也会进行相应的价格调整。例如，奥拓降价之后福莱尔也跟着降价，吉利随后也做了小幅调整，这都是跟风降价。

4. 新车上市即调低价格

采用新车上市即调低价格的方法最突出的例子就是广州新雅阁。雅阁不是在滞销而是在非常紧俏的情况下做出了大幅降价的决定，这进一步加剧了它的紧俏。这种降价策略前所未有，对车市的影响非常大。

5. 增配置不降价

增配置不降价既可让厂家避免背上降价的“黑锅”，又可以提高产品的性价比，让消费者得到实惠，所以，车市上用得最多的就是上档次、增配置而价格不变这种方法，如桑塔纳、捷达、日产新蓝鸟、别克君威、奥迪 A6 等。

以上五种降价策略都不同程度地发挥了作用，并给中国的汽车市场带来了一定程度的繁荣。然而，降价是策略，而不是战略。企业的长期发展应将价格策略纳入企业战略的范畴，不是被动地降价，不是寻求简单的促销，而是在企业发展战略的框架内巧妙地运用，通过营销组合，实现企业发展的目标。

案例：

上汽大众帕萨特的定价策略

上汽大众是德国大众在我国与上海汽车工业集团总公司成立的合资企业，在品牌营销方面基本上继承并发扬了德国大众的策略。而德国大众是世界知名的跨国公司，其制订出的定价策略是保证公司目标实现的重要条件。通常，这类公司的产品价格会受到三个因素影响——生产成本、可比产品的竞争性定价和消费者的购买能力，其中，产品的生产成本决定了产品的最低定价，而可比产品的竞争性定价和消费者的购买能力则制约着产品的最高定价。

2003 年 1 月 21 日，上汽大众正式向媒体展示了刚刚推出的帕萨特 2.8V6。其打出的品牌定义为“一个真正有内涵的人”“并非矫揉造作”。营销目标是“成为中高档轿车的领导品牌”“成为高档轿车的选择之一”。无疑上汽大众希望传播这样一个目标：帕萨特是中高档轿车的首选品牌，在品牌形象方面是典范，要凌驾于竞争对手别克、雅阁和风神蓝鸟之上，缩小与高档品牌（如奥迪、宝马、奔驰）之间的差距。

上汽大众为了实现以上目标，在分析了自己的优劣势后进行了定价决策，并围绕着营销目标和所制订的价格进行了一系列行之有效的广告宣传。

1. 定价

上汽大众为了制订出有竞争优势的市场价格，首先从以下几个方面分析了自己的优劣势：

1）就生产成本而言，由于该车系已在2000年就开始生产了，而且产销量每年递增，所以生产成本自然会随着规模的增加而降低。

2）竞争品牌技术差异：

① 在与市场同档次产品（如奥迪A6、本田雅阁、通用别克等）相比，虽然帕萨特的长度排名最后一位，但是帕萨特轿车车高达1.47m；整车轴距为2.803m，远远优于雅阁、别克。帕萨特的乘坐空间和乘坐舒适性在同类轿车中处于最好水平，尤其对后排乘员来说，腿部和头部空间尤显宽敞。

② 帕萨特和奥迪A6所用的2.8V6发动机的技术水平均处于领先地位。

③ 空气阻力影响汽车的最高车速和燃油油耗。帕萨特的风阻系数仅为0.28，在同类轿车中处于最好水平。

④ 和帕萨特及奥迪A6的周密防盗系统相比，雅阁没有发动机电子防盗系统和防盗报警系统，别克轿车没有防盗报警系统。

⑤ 帕萨特轿车的长度在四种车型中名列之末，但由于其卓越的设计，帕萨特的行李箱的容积却超过了广州本田雅阁和上汽通用别克的行李箱。

3）售后服务是汽车厂商们重点宣传的部分，而维修站的数量则是个硬指标。上汽大众建厂最早，售后服务维修站的数量自然也会居于首位。在市场营销方案中，上汽大众依然用图表的方式充分展示了自己在这方面的优势。

在对经销商的培训及消费者的宣传中，上汽大众用了这样的语言：上汽大众便捷的售后服务、价平质优的纯正配件，使帕萨特的维护费用在国产中高级轿车中最低，用户耽搁时间最短，真正实现“高兴而来，满意而归”。很明显，上汽大众抓住了消费者的需求心理：高质量、低价位、短时间。

在对全员培训中，上汽大众非常明确地描绘出了帕萨特的品牌定位：感性表述——帕萨特宣告了你人生的成就；理性描述——帕萨特是轿车工业的典范。最后一句“帕萨特2.8V6是上述品牌定位的最好例证”，推出了新产品的卖点与竞争力。

整个营销方案的最后打出了帕萨特2.8V6的定价：35.9万元人民币。

2. 广告宣传

为了给消费者一个清晰、独特的品牌性格，上汽大众策划了以下一系列广告宣传活动：

2001年7月，帕萨特的主题电视广告“里程篇”投播，以对人生成功道路的回顾和思索，把品牌与“成功”联结在了一起，同时为该品牌积淀了丰富的人文内涵。

在此次电视广告宣传中，上汽大众利用了“里程篇”所奠定的成功基础，将“成功”提升到了更高境界。在这部广告片中，可以看到山、水、湖泊、森林、平原、沙漠变换中蕴藏着的无限生命力，创意者无疑在表现帕萨特2.8V6的动力。在平面媒体中，上汽大众加强了对帕萨特2.8V6“内在力量”的宣传，与电视宣传形成内外呼应、整体配合。但是所有的广告宣传背景都贯穿了一条线索——“修身、齐家、治业、行天下”，这个深入人心的“儒家”思想，概括了中国人的人生态度和抱负，使得“成功”的境界登峰造极。经过了修、齐、治、行四个递进阶段后，帕萨特智慧、尊贵、大气、进取的品牌个性也就毫不张扬地得到了印证。

除电视广告、平面广告等大众媒体外，消费者的宣传手册也很重要。上汽大众的做法是详细介绍了帕萨特2.8V6的新技术、新功能。例如，2.8L V形6缸5气门发动机，侧面安全气囊、电动可调带记忆座椅、电动加热前座椅、带雨量传感器的车内后视镜，以及桃木转向盘、前照灯清洗装置等。

从这个案例中可以很明显地看出，上汽大众采用的是竞争导向定价法，这也是跨国公司通常的做法。他们在考虑产品成本和需求的同时，主要依据同一市场上同类产品竞争对手的价格来确定自己产品的价格。而德国大众在中国生产的帕萨特轿车是具有垄断性的，所以需要提醒有关厂家注意的是上汽大众推出35.9万元人民币的帕萨特2.8V6，肯定是要以击败某一或某些竞争对手为主要目标的。而35.9万元的帕萨特2.8V6正好低于别克2.98L最高配置车型36.9万元的价格，稍高或基本等于奥迪1.8T 35万元的价格。这就不难看出帕萨特2.8V6的上市会对别克2.98L最高配置车型及奥迪1.8T车型形成直接冲击。

从帕萨特的市场表现来看，其定价策略的运用是成功的，它不仅有效地运用了市场竞争的手段之一——价格竞争策略，同时也有效地向消费者传递了企业和产品的形象信息，为企业和产品在市场中找到了立身之地，也大大增强了企业的竞争力。

上汽大众不仅在制定帕萨特2.8V6的价格时采用竞争导向定价法，其实上汽大众常运用竞争导向定价法给产品就低定价，用此来取得市场竞争的优势。

从这个案例中还可以看到，产品、价格、分销、促销四个变量是市场营销组合策略的基本变量，汽车企业在运用营销策略时，应把它们视为一个整体来运用，这样才能取得较好的营销效果。

案例：

价格策略的运用

1. 本田飞度——渗透定价策略

渗透定价策略在国内经济型轿车市场上经常使用。像广州本田飞度一样，几乎是全球同步推出的车型还有上汽大众的Polo。但与飞度相比，Polo的价格要高得多，飞度五速手动档的全国统一销售价格为9.98万元，1.3L无级变速自动档的销售价格为10.98万元。而三厢Polo上市时的价格为13.09万~16.19万元。飞度上市后，Polo及时进行了价格调整，即使这样，其价格还是高于飞度。飞度定价体现了广州本田的营销技巧。对于一般汽车企业来说，往往从利润最大化的角度考虑定价，想办法最大限度地获得第一桶金，这体现在新车上市时总是高开高走，等到市场环境发生变化时才考虑降价。但这种方式存在一定的问题，即在降价时，因为没办法传递明确的信号，消费者往往更加犹豫，因为他们不知道企业是否已经将价格降到谷底。飞度的做法则不同，它虽然是一个技术领先的产品，但采取的是一步到位的定价。虽然这种做法会使消费者往往要向经销商交一定费用才能够快速取得汽车，增加了消费者的负担，但供不应求的现象会让更多的消费者产生悬念。如果产量屏障被打破以后，消费者能够在不加价的情况下就可以买到车，满意度会有很大的提高，因为它给予了消费者荣誉上的附加值。广州本田采用了一步到位的低价策略，也可称为渗透定价策略，是指汽车企业以较低的成本利润率为汽车定价，以求通过“薄利多销”来实现利润指标的定价策略。

2. 大众奥迪——撇脂定价策略

作为国内中高档车标杆的奥迪 A6 的换代车型 A6 系列——国产后的新奥迪 A6L3.0 价格高出了美国版 20 多万元。据业内资深人士分析，德国大众旗下的奥迪品牌在主力车型上的过高定价一旦失误，很可能将加速大众汽车在中国市场份额的下滑，同时导致中国中高档车市重新洗牌。一汽—大众正式公布了全新奥迪 A6L2.4 和 A6L3.0 共 6 款车型的价格和详细装备表。其中，A6L2.4 三款车型的厂家指导价格区间为 46.22 万 ~57.02 万元；A6L3.0 三款车型的价格区间为 56.18 万 ~64.96 万元。据了解，自 1999 年投产以来，上一代国产奥迪 A6 经历了五次升级，在不到 5 年的时间里销量超过 20 多万辆，在国内豪华车市场多年来可谓是一枝独秀，直到 2013 年市场份额仍维持在 60% 左右。按照这个价格，新奥迪 A6 的最高价格已经打破了目前国产豪华轿车最贵的一款宝马 530i。国产宝马 5 系在 2014 年的价格是 53 万 ~61 万元，市场报价还更低，日产的价格是 24.98 万 ~34.98 万元，丰田的报价是 32.8 万 ~48 万元，新奥迪 A6 等于让出了原来销量最大的价格区间。奥迪采取的高价策略，也可称为撇脂定价策略，是指企业以较高的成本利润率为汽车定价，以求通过“厚利稳销”来实现利润最大化。这种策略也是一种较特殊的促销手段，利用消费者的求名和求美心理，一般运用于价格弹性小的产品或消费者对价格反应迟钝的产品。

3. 本田雅阁——一步到位的价格策略

广州本田雅阁的价格策略也显得高人一筹。2003 年，北美版新雅阁（第七代雅阁）的上市终结了中国中档轿车市场高价惜售的默契，它的定价几乎给当年所有国产新车的定价建立了新标准，使我国车市的价格也呈现出整体下挫的趋势。随之而来的是持续至今的价格不断向下碾压与市场持续井喷。广州本田借推出换代车型之机，全面升级车辆配置，同时大幅压低价格，其全新公布的价格体系让整个汽车界为之震动：排量为 2.4L 的新雅阁轿车售价仅为 25.98 万元（含运费），而在此前，供不应求的排量为 2.3L 老款雅阁轿车的售价也要 29.8 万元，还不包含运费。这意味着广州本田实际上把雅阁的价格压低了 4 万多元，而且新雅阁的发动机、变速器和车身等都经过全新设计，整车操作性、舒适性和安全性等方面都有所提高。新雅阁一步到位的定价影响了整个中高档轿车市场的汽车价位，广州本田的这种定价策略一直贯穿到之后下线的飞度车型营销之中，广州本田车型的价格体系也因此成为整个国内汽车行业价格体系的标杆，促使国产中高档轿车价格向价值回归，推动了我国轿车市场逐渐向国际市场看齐。广州本田生产的几款车型几年来在市场上也一直供不应求。

本章小结

本章主要讲述了汽车产品价格的形成，汽车定价的基础和价格的影响因素，以及价格调整策略。主要知识点和技能点包括汽车产品价格的形成，产品的定价方法和定价过程，影响产品价格的因素，以及汽车产品价格调整策略的运用。

本章内容	知识点	核心知识	技能点
汽车产品价格的形成	汽车产品价格机制	定价主体	汽车产品价格的计算
	汽车价格的构成	成本、税金、流通费用、利润等	
	汽车价格形成的全过程	定价基础——成本；价格调整——市场形态；价格策略——市场营销	
影响汽车产品价格的因素	外部因素	产品供求情况，市场竞争情况、社会环境，消费者的心理，需求价格弹性等	影响因素分析
	内部因素	生产成本，车型与配置，市场价值，汽车产品的寿命周期	
汽车定价策略	新产品定价策略	撇脂定价，渗透定价，满意定价	定价策略的运营
	产品寿命周期定价策略	导入期、成长期、成熟期、衰退期的价格策略	
	心理定价策略	整数定价、尾数定价、声望定价、分级定价等	
	产品组合定价策略	同系产品定价、附带选装配置产品定价等	

复习思考题

1. 汽车定价的基础是什么？汽车产品定价的过程是怎样的？
2. 影响汽车价格的因素有哪些？
3. 汽车价格调整策略有哪些？其策略各在什么场合下适用？
4. 汽车新产品的定价方法有哪些？各适用于何种场合？

实践练习题

选择一款即将下线的车型，查找资料，按照确定定价基础⟶进行价格调整⟶实施价格策略的定价过程为汽车产品定价。

同步训练

营销策划书之七：

就既定汽车产品进行价格策略设计，包括价格调整和价格策略设计。

第九章

汽车促销策略

学习目标

理论要求：

1. 了解促销的概念和作用。
2. 了解促销组合的内容。
3. 掌握促销策略中广告、人员推销和营业推广的基本要领。

实践要求

1. 了解不同的促销组合对营销结果产生的不同影响。
2. 能够对不同的营销组合进行选择和评判。

第一节　促销及促销组合的概念

一、促销的含义

促销（Promotion）是促进产品销售的简称。从市场营销的角度看，促销是企业通过人员和非人员的方式，使企业与消费者之间的信息沟通，引发、刺激消费者的消费欲望和兴趣，使其产生购买行为的活动。

1. 促销的核心

促销的核心是信息沟通。没有信息的沟通，汽车企业不把汽车产品和购买途径等信息传递给目标客户，也就谈不上购买行为的发生。因此，促销的一切活动都以信息传递为起点，完成销售，最后又以信息反馈为终点。

2. 促销的目的

促销的目的是引发、刺激消费者产生购买行为。在消费者可支配收入既定的条件下，消费者是否产生购买行为主要取决于消费者的购买欲望，而消费者的购买欲望又与外界的刺激、诱导密不可分。促销就是利用这一特点，激发客户的购买兴趣，强化购买欲望，甚至创造需求来实现最终目的。

3. 促销的方式

促销有人员促销和非人员促销两种方式。人员促销也称直接促销或人员推销，是企业运用推销人员向消费者推销商品或劳务的一种促销活动。它主要适用于消费者数量少、比较集中的情况下进行促销。非人员促销又称间接促销或非人员推销，是企业通过一定的媒体传递产品或劳务等有关信息，以促使消费者产生购买欲望、发生购买行为的一系列促销活动，包括广告、公关和营业推广等，它适合于消费者数量多、比较分散的情况。通常，企业在促销活动中将人员促销和非人员促销结合运用。

二、促销的作用

1. 提供汽车产品和销售信息

通过促销宣传，汽车企业可以将产品信息传递给消费者，明确告诉消费者有什么样的汽车产品，产品有什么特点，到什么地方购买，购买的条件是什么等，从而引起消费者的注意，激发并强化购买欲望，为实现和扩大销售做好舆论准备。

2. 突出汽车产品的卖点，提高竞争能力

在激烈的市场竞争中，同类汽车产品中的有些商品差别细微，而通过促销活动能够宣传突出本企业产品特点的信息，从而激发潜在的需求，提高企业和产品的竞争力。

3. 强化企业的形象，巩固市场地位

恰当的促销活动可以树立良好的企业形象和商品形象，能使消费者对企业及其产品产生好感，从而培养和提高消费者的忠诚度，形成稳定的消费者群，可以不断地巩固和扩大市场占有率。

4. 刺激需求，影响消费者的购买倾向，开拓市场

促销对新产品推向市场产生的效果更为明显。企业通过促销活动诱导需求，有利于新产品打入市场和建立声誉。促销也有利于培育潜在需求，为企业持久地挖掘潜在市场提供了可能性。

三、各种促销方式的特点

促销方式有直接促销和间接促销两种，直接促销即为人员推销，间接促销包括广告、公共关系和营业推广几种。不同的促销方式特点不同，效果也不同。

各种促销方式的主要特点：

1. 人员推销

人员推销即企业利用推销人员推销产品。对汽车销售企业而言，人员推销主要是指推销人员与客户直接面谈沟通信息，其主要方式有在汽车展厅内的人员推销、展示会上或驾乘活动的人员推销、带车上门的人员推销。人员推销方式具有直接、准确、推销过程灵活、易于与客户建立长期友好合作关系及双向沟通的特点。但这种推销方式成本较高，对推销人员的素质要求也较高。

2. 广告

广告推销是指企业通过报纸、杂志、广播、电视、广告牌等广告传播媒体形式向目标消费者传递信息。采用广告宣传可以使广大消费者对企业的产品、商标、服务等加强认识，并产生好感。统计表明，在各主要汽车生产国，汽车业是做广告最多、费用最高的行业之一。在我国，汽车广告正在与日俱增，成为汽车促销的主要手段。

广告的特点是可以更为广泛地宣传企业及其商品，传递信息面广，不受消费者分散的约束，同时，广告还能起到倡导消费，引导潮流的作用。

3. 营业推广

营业推广又称销售促进，是指企业运用各种短期诱因鼓励消费者和中间商购买、经销或代理企业产品或服务的促销活动。其特点是可有效地吸引客户，刺激其购买欲望，可以较好地促进销售。但它有贬低产品之意，因此，只能作为一种辅助性促销方式。

4. 公共关系

公共关系（Public Relations）简称公关或 PR，是指企业在从事市场营销活动中正确建立自身与社会公众的关系，以便树立企业的良好形象，从而促进产品销售的一种活动。公共关系是一种创造“人和”的艺术，它不以短期促销效果为目标，通过公共关系使公众对企业及其产品产生好感，并树立良好的企业形象，并以此来激发消费者的需求。它是一种长期的活动，着眼于未来。

四、促销组合策略的概念

如前所述，促销的方式主要有 4 种，并且各有优点和缺点，在促销过程中，企业常常将多种促销方式同时并用。所谓促销组合就是企业根据产品的特点和营销目标，综合各种影响因素，对各种促销方式的选择、编配和运用。促销组合是促销策略的前提，只有在促销组合的基础上才能制订相应的促销策略。因此，促销策略也称促销组合策略。

促销组合策略制订的影响因素主要有以下几个方面：

1. 产品种类和市场类型

例如：在商用车市场上，重型汽车因使用上的相对集中，市场需求也比较集中，因而人员推销对促进重型汽车的销售的效果较好；而轻型汽车、微型汽车由于市场需求分散，因而广告对促进这类汽车销售的效果更好。在乘用车市场上，小型客车的用户相对集中，便于人员推销。总之，市场需求比较集中的汽车产品，人员推销的效果较好，营业推广和广告次之；反之，市场需求分散，广告的效果较好，营业推广和人员推销则次之。不同市场类型的促销方式选择见表 9-1。

表 9-1　不同市场类型的促销方式的选择

促销方式的选择 市场类型	首　选	次　选	再次选
市场需求集中	人员推销	营业推广	广告
市场需求分散	广告	营业推广	人员推销

2. 促销目标

汽车企业的产品营销可以分为营销初期、中期和后期，在不同的阶段，要求有不同的促销目标。产品营销初期，汽车企业往往是以增加产品的知名度、开辟市场为目标；营销中期，产品进入市场成长期，往往是以扩大销售和提高市场占有率为目标；在营销的后期，往往是以维持市场和转移市场为目标。因此，促销组合和促销策略的制订要符合企业的促销目标，根据不同的促销目标采用不同的促销组合和促销策略，见表 9-2。

表 9-2　不同促销目标的促销方式的选择

促销方式的选择 营销阶段	首　选	次　选	再 次 选
营销初期	人员推销	营业推广	广告
营销中期	广告	营业推广	人员推销
营销后期	营业推广	营业推广	营业推广

3. 产品生命周期的阶段

当产品处于导入期时，需要进行广泛的宣传，以提高知名度，因而广告的效果最佳，营业推广也有相当作用。当产品处于成长期时，广告和公共关系仍需加强，营业推广则可相对减少。产品进入成熟期时，应增加营业推广，削弱广告的使用力度，因为此时大多数客户已经了解这一产品，在此阶段应大力进行人员推销，以便与竞争对手争夺客户。产品进入衰退期时，某些营业推广措施仍可适当保持，广告则可以停止。产品寿命周期各个阶段的促销方式选择见表 9-3。

表 9-3　产品寿命周期各个阶段的促销方式的选择

促销方式的选择 产品生命周期	首　选	次　选	再 次 选
投入期	广告	营业推广	人员推销
成长期	广告、公共关系	人员推销	营业推广
成熟期	营业推广	人员推销	广告
衰退期	营业推广	人员推销	公共关系

4. 促销预算

任何企业用于促销的费用总是有限的，这有限的费用自然会影响促销组合策略的制订。因此，企业在选择促销方式时，首先要根据企业自身的财力及其他情况进行促销预算；其次，要对各种促销方式进行比较，以尽可能低的费用取得尽可能好的促销效果；最后，还要考虑到促销费用的分摊。不同促销预算情况下的促销方式的选择见表 9-4。

表 9-4　不同促销预算情况下的促销方式的选择

促销方式的选择 促 销 预 算	首　选	次　选	再 次 选
费用充足	广告	营业推广	人员推销
费用吃紧	人员推销	营业推广	广告

第二节　人员推销策略

一、人员推销的应用条件

人员推销具有能有效地发现并接近顾客、推销宣传针对性强、推销策略灵活机动、信息交流双向性、便于使企业与顾客的关系密切等优点。但它也具有传播范围小、对推销人员的素质要求高、管理难度大等缺陷。因此，企业采用人员推销时必须考虑产品的特点和消费群。汽车厂商和经销商在选择人员推销时应考虑以下几点：

1. 市场的集中程度

人员推销对产品市场的消费群体相对集中的地区很有效，而对于消费群体相对分散的市场，它的作用就很有限。例如，在我国东部沿海经济发达地区推销家庭用车，采用人员推销的效果就比较好；在经济比较富裕的平原农村，采用人员推销农用车可能取得良好的效益。

2. 市场用户类型

汽车产品，如配件、半成品的产业用户，一般购买量大，并具有行为的连续性，因而广泛应用人员推销；而对于普通汽车用户，虽然整个市场对配件的需求量很大，但单位数量用户的购买量却很少，这时宜采用广告向普通用户宣传介绍产品，人员推销方法只面向中间商或批发商。

3. 产品的技术含量

若产品的技术含量很高，顾客很难全面了解产品的性能及特点，单凭广告不易产生购买欲望，在这种情况下，应用人员推销就非常必要。

4. 产品的价格

汽车产品的高价格使顾客产生压力感，利用人员推销可以及时解除顾客的心理压力，坚定顾客的购买信心，以促进产品销售。

二、人员推销的基本形式

1. 上门推销

上门推销是指由汽车推销人员携带汽车产品说明书、广告传单和订单，甚至带车走访顾客，推销产品。这种形式是一种积极主动的、名副其实的“正宗”的推销形式。

2. 展厅推销

展厅推销又称门市推销，是指汽车企业在适当地点设置固定的门市、专卖店等，由营业员接待进入门市的顾客，推销产品。门市的营业员是广义的推销员。展厅推销与上门推销正好相反，它是等客上门式的推销方式。汽车商品是贵重的大件商品，展厅推销是汽车推销中的必备方式，汽车销售企业无一例外都在采用。

3. 会议推销

会议推销是指销售人员利用各种会议向与会人员宣传和介绍产品，开展推销活动。例如，企业在订货会、交易会、展览会上推销产品。这种推销形式接触面广，推销集中，可以同时向多个推销对象推销产品，成交额较大，推销效果较好。近年来，国内各大城市竞相推出的汽车博览会就属这种推销方式。汽车博览会现在已不仅是推销汽车很好的方式，而且已成为各大城市提高城市知名度，带动消费和吸引商机的最佳方式。

三、人员推销的基本策略

1. 寻找新客户的策略

从营销的角度看，所谓新客户是指那些具有购买能力、决策能力的潜在需求者。要想获得推销的成功，寻找新客户是第一步，也是重要的一步。其策略包括：

(1) 坐等上门策略　坐等上门往往是在固定的地点设置展厅，等待顾客上门。此策略适用于处于成熟期的知名品牌产品。

（2）主动出击策略　通过查阅资料、进行市场调研、到销售现场观察、通过他人介绍等方式寻找潜在汽车用户的策略称为主动出击策略。其关键是主动出击，用尽可能多的方法和手段去寻找目标客户。

2. 接近客户的策略

寻找到新客户以后，接下来的任务就是要接近客户，获得客户的好感，以便进一步进行产品推销。接近客户准备的三要义：

1）客户资料准备：年龄、职业、家庭人口、爱好、购车用途等。

2）产品资料准备：款型、生产厂家、车辆特点、技术配置、适用人群、产品历史与使用现状等。

3）自我状况准备：仪态、衣着、名片、车型资料等。

“销售从不被拒绝开始”，丰田汽车公司销售人员手册中雷塔曼的这句名言告诉我们，让客户接受推销人员是最终能够达成交易的开始。所以，给客户留下良好的印象是格外重要的。为了给客户留下良好的印象，推销人员必须通过自己良好的外表、衣着、言谈和举止，让客户感到诚实可信、礼貌大方，并愿意继续交谈和交往。在这一过程中，推销人员一定要注意交往技巧。

3. 说服客户的策略

在买方市场下，要想说服客户并达成交易，的确不是一件易事。因此，说服客户就成了推销的关键环节之一。常用的说服方法有提示说服法和演示说服法两种。

（1）提示说服法　提示说服法是通过直接或间接，积极或消极的提示，激发起客户购车的欲望，由此促使客户做出购买选择，如进行获益分析等。

（2）演示说服法　演示说服法则是通过产品的文字、图片、影视、音响、证明等资料去引导客户做出购买决策，如丰田汽车公司为推销人员特制样品目录、彩色样本及各种文字资料等。在说服过程中应注意认真听取并分析客户的意见，找出问题的关键点和客户的真实目的，做出针对性的反应。演示时要做到事实充分、证据有力、态度诚恳、不卑不亢，切忌在说服过程中同客户发生冲突。

一个好的推销员，除了掌握推销的策略和技巧以外，其推销业绩还与推销员的良好个性和素质有关。现代关系营销理论要求，推销员除推销出产品以外，还应与客户建立长期的合作关系，进而为企业建立起广泛而坚强的营销网络。

第三节　营业推广策略

近十年来，营业推广在市场营销组合中越来越显其重要地位。在汽车市场中，营业推广也是一种行之有效的促销手段。针对不同的销售对象，营业推广的策略也有所不同。

一、针对消费者的营业推广策略

1. 有奖销售

有奖销售是指通过抽奖、赠送奖品的形式销售产品。企业希望利用这种形式有效地刺激购买欲望，提高产品的销量。例如，北京北方汽车市场某汽车店，推出了“购车送 VCD +

抽奖行动”的促销方案，即每购一辆车送一台 VCD，还有机会抽到彩电、手机、电烤箱等奖品，使售车数量激增。

2. 赠送消费卡、代金券

赠送消费卡、代金券是以附带奉送的方式给予客户一定的产品优惠。

3. 提供优质服务

提供优质服务是国内外汽车公司都普遍推行的做法。尤其是汽车产品，因其产品的特殊性，客户对优质服务的要求也就更高。在产品同质的情况下，客户往往选择能提供优质服务的商家。

4. 分期付款和以租代销

由于汽车价格一般比较高，普通消费者一次付款较难承受，因此，世界各汽车公司都有分期付款和以租代销等业务。统计表明，目前美国以分期付款方式出售的汽车约占总销售量的70%，日本也有50%左右。我国汽车市场从1997 年开始，这种促销方式也得到了应用。例如，一汽、神龙等汽车公司都先后推出了各具特色的分期付款购车方式。

5. 价格折扣和价格保证策略

价格折扣是指在一些特殊的时间（如销售淡季、重大节假日等）给购车者以一定的价格优惠，或者给一些特殊的顾客以一定的价格优惠。例如，给一次付清车款的客户 2% 或更多的优惠等。价格折扣易给人以低调处理的味道，尤其是在我国正在打价格战的时候，一定要慎用价格折扣。

所谓价格保证是指企业保证顾客现在购车的价格在一定时期内是最低的，如果降价，企业保证退还差额。2004 年，北京现代汽车就成为国内首家采取汽车降价返还价差的价格保证措施的企业。

6. 以旧换新

“以旧换新”是汽车销售企业收购旧车，估值后将旧车的收购价格折入新车车价中，补足旧车和新车的价差购买新车的销售方式。“以旧换新”在工业发达国家的汽车销售中是非常流行的。目前，我国一些大型汽车企业已经采用了这种方法以促进销售。

7. 使用奖励

使用奖励是指企业为了促进销售，对使用企业产品的优秀用户予以精神和物质上的奖励。例如，在 20 世纪 80 年代，东风汽车公司就曾在全国范围内对驾驶东风牌载货汽车、行驶里程达到规定公里数，并且从未出过事故的驾驶人给予奖励。将其中的佼佼者请到公司总部前的广场上，为他们举行庆功表彰大会，并给予物质奖励。

当然，在汽车促销活动中，营业推广的形式非常多样，在当今的我国汽车市场上，营业推广形式的创新正在成为汽车销售市场上的亮点。

二、针对中间商的营业推广策略

汽车中间商在汽车企业的产品销售中占有重要的地位，而中间商往往是独立的法人，有着独立的经营权，因此，企业提高他们销售本企业产品的积极性是很重要的。企业通常可以采用以下几种形式对其进行销售促进。

1. 交易折扣

汽车企业通过价格折扣或赠品的方式，对中间商在产品的价格和支付条件等方面给予优惠，以促进双方的合作关系。

2. 销售竞赛

制造商为了激发中间商推销企业产品的积极性而规定一个具体的销售目标，对完成销售目标的中间商给予一定的奖励。但这个目标应该是中间商有可能达到的，但又必须经过努力才有可能达到的目标。

3. 产品展销及订货会

制造商通过展销、订货会向中间商展示其生产的汽车产品的优点和特性，以引起中间商的经销兴趣，从而扩大产品的销售。

以上两大类都是针对企业外部的销售促进，而在企业实际工作中还有一类，那就是对企业内部的销售促进，其目的是发挥员工的销售积极性和提高员工的销售技能。在以人为本的今天，越来越多的企业开始注意到对企业员工的激励。

第四节　汽车广告策略

一、汽车广告的作用

汽车广告是汽车企业用以对目标消费者和公众进行说服性传播的工具之一。汽车广告要体现汽车企业和汽车产品的形象，从而吸引、刺激、诱导消费者购买该品牌汽车。其具体作用在于：

1. 建立知名度

汽车企业通过各种媒介的组合，向汽车消费者传达新车上市的信息，吸引目标消费者的注意。汽车广告宣传可避免促销人员向潜在消费者描述新车所花费的大量时间，快速建立知名度，迅速占领市场。

2. 促进理解

新车具有新的特点，通过广告，可以向目标消费者有效地传递新车的外观、性能、使用等方面的信息，引发他们对新车的好感和信任，激发其进一步了解新车的兴趣。

3. 有效提醒

如果潜在消费者已了解了某款新的车型，但还未准备购买，广告能不断地提醒他们，刺激其购买欲望，这比人员促销要经济得多。

4. 再保证

广告能提醒消费者如何使用、维修、保养汽车，对他们再度购买提供保证。

5. 树立企业形象

对于汽车这样一种高档的耐用消费品，消费者在购买时十分重视企业形象（包括信誉、名称、商标等），广告可以提高汽车生产企业的知名度和美誉度，扩大其市场占有率。

案例：

广告——传播汽车文化

通过广告语兜售汽车最典型的当属美国车系了。汽车在美国已经有上百年的历史，现在美国有汽车可以驶入的“汽车饭店”，有汽车能停放的“汽车电影院”，有汽车能栖息的

"汽车旅馆"等，汽车已经渗透到美国人生活的方方面面，包括文化。当今世界上，几乎没有一个国家没有汽车，但是没有一个国家形成了像美国那样的汽车文化。而汽车广告语同美国的汽车文化几乎是同步而行的，它已经将汽车文化深深地根植于美国人心中，它告诉美国人，汽车远不止是一个交通工具，汽车能够赋予他们一切。

福特：你的世界，从此无界。

克莱斯勒：你买车不考虑一下我们克莱斯勒，那你就吃亏了——不但你吃亏，我们也吃亏。

蒙迪欧：世界，就看我的！

美国汽车广告语处处透露着自信与包容，这也与美国汽车的特点分不开。美国汽车技术发达，无论是通用、福特还是克莱斯勒，其动力强劲、极尽豪华、用材奢侈、乘坐舒适、驾驶安全，这些标签用在美国车上一点也不过分。一个生活在轮子上的国家，如果它的车失去这些优良的性能的话，怎么可能让"汽车赋予他们一切"？正像福特的广告语：你的世界，从此无界。

二、确定汽车广告的目标

制订汽车广告策略的第一步是确定汽车广告的目标。汽车广告的目标是指在一个特定时期内，对某个特定的公众所要完成的特定的传播任务。这些目标必须服从先前制订的有关汽车目标市场、汽车市场定位和汽车营销组合等决策。汽车广告按其目标可分为通知性、说服性和提醒性广告三种。

1. 通知性广告

通知性广告主要用于汽车新产品上市的开拓阶段，旨在为汽车产品建立市场需求。日本丰田汽车公司在进入中国市场时打出"车到山前必有路，有路必有丰田车"的广告，震撼人心。

2. 说服性广告

说服性广告主要用于竞争阶段，目的在于建立对其某一特定汽车品牌的选择性需求。汽车企业在使用这类广告时，应确信能证明自己处于宣传的优势，并且不会遭到其他更强大的汽车品牌产品的反击。例如，"三星骏马快、优、新！"的广告，突出了该汽车产品的优势，朗朗上口。

3. 提醒性广告

提醒性广告用于汽车产品的成熟期，目的是保持消费者对该汽车产品的记忆。例如，上汽大众仍经常为已经处于成熟期的桑塔纳轿车做广告，提醒消费者对桑塔纳轿车的注意。

三、制订汽车广告预算

汽车广告有维持一段时期的延期效应。虽然汽车广告被当作当期开支来处理，但其中一部分实际上是可以用来逐渐建立汽车品牌与产品商誉这类无形价值的投资。因此，制订汽车广告预算时要根据汽车企业的实际需要和实际财务状况进行。此外，汽车企业还要考虑五个因素：

1. 产品生命周期阶段

在推出新车型时，一般需要大量的广告预算，这样才能建立其市场知名度。

2. 市场份额和消费者基础

汽车企业要想增加市场销售或从竞争者手中夺取市场份额，则需要大量的广告费用。

3. 竞争程度

在竞争者众多和广告开支很大的汽车市场上，一种汽车品牌必须加大宣传，才能引起目标消费者的注意。

4. 广告频率

把汽车产品传达到消费者的重复次数，即广告频率，这也会决定广告预算的多少。

5. 产品替代性

当一家整车厂打算在汽车市场众多的品牌中树立自己与众不同的形象，宣传自己可以提供独特的物质利益和特色服务时，广告预算也要相应增加。

四、设计汽车广告文案

广告文案要表达广告的目的、受众对象和广告信息。广告文案是广告内涵的文字表达。汽车广告文案必须遵循准确、简明、形象、动人的原则。

1. 汽车广告文案的标准

汽车广告文案的标准如图 9-1 所示。

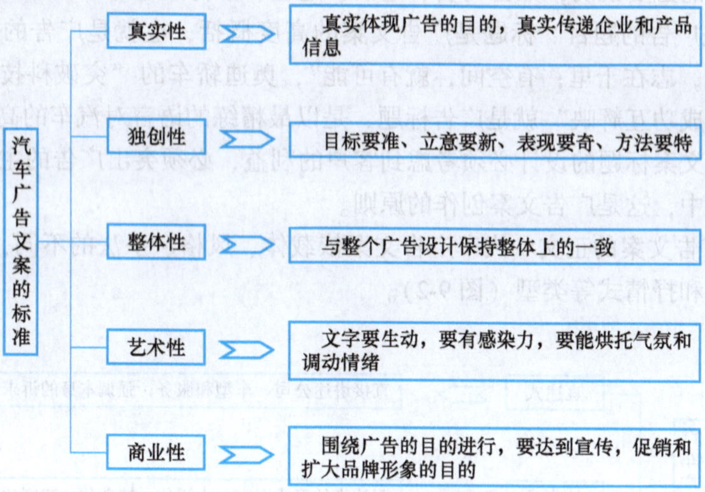

图 9-1　汽车广告文案的标准

案例：

独特的广告创意

“福特永远关心您”系列性广告包括“为了您和您的孩子，请遵守交通规则”“在高速公路上只有福特关心您”“在高速公路上您不再孤立无援”“在高速公路上福特帮您再上路”等，颇能赢得信赖与好感。

德国福斯的金龟车曾有一则广告是这样写的：如果有人发现我们的金龟车发生故障，被修理厂拖走，我们将送您一万美元。这则广告充分表现了企业对品质和性能的自信。

金龟车的另一则广告也很有意思，该广告是针对一般人误认金龟车无法在高速公路上超车加以澄清。广告标题是：他们说它根本就办不到。画面则是一位骑摩托车的警察，正在高速公路上给一位驾金龟车的青年开超速的罚单。

劳斯莱斯汽车的广告手法也技高一筹。有位富翁在非洲人烟绝迹的沙漠上行驶，他所驾驶的劳斯莱斯汽车发生故障进退不得，只好徒步回城市，打电报给英国总公司的工厂。该厂当天就派直升机前往修理。数天之后，这位富翁又打电报给该公司问修理费多少，该公司打回来电报，电文是：“我们并没有修理过您的车子，也许是您搞错了吧！”

奥格威在为新型劳斯莱斯汽车做广告时的标题是“这部新型的劳斯莱斯汽车以时速96km开动时，最响的是它的电子钟”。这则广告没有直接提到汽车的质量如何，而是暗示人们：汽车的性能太好了，高速行驶时，汽车的零部件毫无问题，而且绝无噪声。

2. 汽车广告文案的组成

汽车广告文案由标题、正文、随文和商标组成。其中，标题和正文是文案的核心部分。随文是汽车广告的必要说明，如公司名、电话、地址、银行账号和经销部门等。

（1）标题是广告的题目　标题是广告文案的高度概括，也就是广告的主题。别克轿车的“心静，思远，志在千里；有空间，就有可能”，奥迪轿车的“突破科技，启迪未来；引领时代；科技与成功互辉映”就是广告标题，是以最精练的语言对汽车的高度概括。

因此，广告文案标题的设计必须考虑到客户的利益、必须突出广告的主题、必须诉求明确、必须长度适中，这是广告文案创作的原则。

（2）汽车广告文案的正文　汽车广告文案依载体、风格、手法的不同，可分为直述式、故事式、证言式和抒情式等类型（图9-2）。

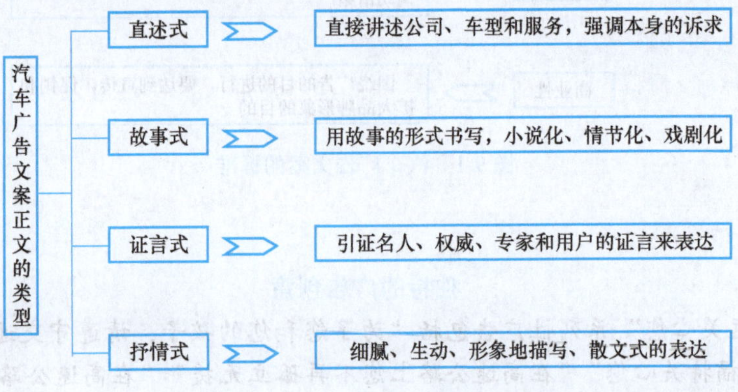

图9-2　汽车广告文案正文的类型

案例：

直述式

奥迪的广告文案

[标题] 奥迪：突破科技，启迪未来；引领时代；科技与成功互辉映。

[正文] 是车都有四个轮子，好车都有四个圈子。

[标题] A4 3.0 QUATTRO：为品味生活注入全新活力。

[正文]

1）壁虎篇：毋庸置疑，大自然是科技创新最好的教科书。奥迪 A4 特有 QUATTRO 全时四轮驱动系统，能够根据路面状况，将动力按需分配到四个车轮，确保车辆像壁虎一样，时时紧锁路面，视湿滑路面和急弯陡坡如同平地，在带来完美操控快感的同时，确保稳定与安全。敬邀阁下光临一汽—大众奥迪特许经销商处，亲身感受奥迪 A4 的更多非凡科技。

2）生命是不可预知的，就像全然创新的奥迪 A4，置身其中，你能找到那种久违的激情澎湃的感觉，而同时又镇定自若，品位卓然。奥迪 A4，搭载 3.0L 或 1.8T 新型奥迪发动机，QUATTRO 全时四轮驱动，MULTITRONIC 无级/手动一体式或 TIPTRONIC 手动/自动一体式变速器，ESP 电子稳定装置，以及 4 气囊 +2 侧气帘，以活力和品位确立豪华车新定义。

3）谁内心充满活力，谁就能尽晓在挑战中超越以往的真义。对奥迪而言，这挑战就是让车在每一处都有更出色的表现。

这个信念，在奥迪 A4 上得到了充分体现。全新奥迪 A4 脱胎换骨的动感魅力来自它活力焕发的流线型设计，动力强悍的 2.0L 和 3.0L V6 新系列发动机，革命性的 MULTITRONIC 无级/手动一体式变速器，平稳而舒适的全铝前悬架系统，为安全树立崭新标准的全新一代附带辅助制动系统的 ESP 电子行车稳定装置，提供超强抓地力的 QUATTRO 全时四轮驱动系统，以及全方位保护的 SIDEGUARD 侧面安全气帘。

全新奥迪 A4 是一部从动力、安全、设计到品质都超越巅峰、尽显精英风范的车。唯有亲身驾驭，才能全然体会。

4）瞬间规避 一触即应。奥迪 A4 的安全气囊反应敏捷无比，全因它有多达六个感应触点遍布全车身四周，一旦危险来袭，能瞬间打开气囊，为安全赢得关键一刻。

5）有 ESP，不甩尾。没错，这就是奥迪 A4 过弯转向不甩尾的秘密所在。它特有 ESP 电子稳定系统，通过传感器时刻监控车辆的行驶状态，一旦发现车辆打滑，立即向四个车轮分别施加制动力，帮车辆回到安全的转向轨迹，令驾驶人在恶劣的路况下过弯转向仍能得心应手安全驾驶。

6）QUATTRO，是的，超强抓地就是 QUATTRO 的代名词。闻名全球的 QUATTRO 全时四轮驱动系统现已配备于奥迪 A4 3.0 顶级车款，它能自动识别路面状况，确保车辆四轮随时拥有超强抓地能力，令驾驶人在激情驾驭之时，时刻感受紧锁路面的非凡操纵感受。

案例：

抒情式

千里马广告文案

[标题] 千里马2：心有多野，未来就有多远。

[正文]

梦想激涌，每个成就都是起点，雷霆动力，纵情千里。勇者，从不满足现状；智者，尤擅提升自我。

海，有我的视野，没有我的速度。

风，有我的速度，没有我的内涵。

山，有我的内涵，没有我的梦想；疾风独领，态度决定速度。

追风的，被风带走。

领风的，带着风走。

案例：

抒情式

高尔夫广告文案

[标题] 高尔夫 GOLF：世界经典两厢车，一部车，无数个欢乐。

[正文]

她生天大的气，也没关系。

没错，高尔夫，很生活。

相信你也一定需要这样一部车。

去记载生活中许多值得回味的细节。

独具特色的第五门揭背设计。

行李箱空间大有余地。

真正符合你。

玫瑰与爱意，越多越精彩。

原来，高尔夫可以很生活，生活可以很高尔夫。

杰作天成，一见如故。

高尔夫，经典名车。

案例：

几则汽车广告文案标题

别克：心静，思远，志在千里；有空间，就有可能。

君威：心致，行随，动静合一；雄罗万象，波澜不惊。

别克服务：比你更关心你。

赛欧：创造生活乐趣；自立新生活；优质新生活；立即享受优质新生活。

东南菱帅：人性化科技，源于人性的科技感动。

帕萨特：成就明天。

一汽—大众：汽车价值的典范。

奥迪：突破科技，启迪未来；引领时代；科技与成功互辉映。

新甲壳虫：过目难忘。

高尔夫：世界经典两厢车，一部车，无数个欢乐。

捷达：理性的选择。

宝来：驾驶者之车；超越平凡。

现代汽车：驾驭现代，成就未来。

北京现代：追求卓越，共创幸福。

本田：理想源于梦想，别人还在梦想的时候，我们已经做到了最好！起步，就与世界同步。

奇瑞旗云：激情原动力。

奇瑞东方之子：一切由我掌握。

奇瑞 QQ：秀我本色，Be myself。

三菱帕杰罗：放逐自我，奔放天地。

五、汽车广告媒体的选择

1. 汽车广告媒体的种类

汽车广告媒体的种类繁多，功能各有千秋，只有选择好适当的汽车广告媒体，才能使汽车企业以最低的成本达到最佳的宣传效果，对汽车的销售起到推波助澜的作用。

2. 选择汽车广告媒体应考虑的因素

(1) 目标客户的媒体习惯　目标客户的媒体习惯是汽车广告选择的首要因素。

(2) 汽车产品特性　对汽车来说，电视和印刷精美的杂志由于在示范表演、形象化和色彩方面十分有效，给受众以视觉上的冲击，因而是最有效的媒体。

(3) 广告信息　包含大量技术资料的汽车广告信息一般要求专业性杂志做媒介，一条宣布明天有重要出售的信息一般用广播或报纸做媒介。一般情况下，汽车产品的针对性很强，因此比较适合在专业杂志和报纸上做广告，能直接面向特定的受众，有助于用较低预算实现预期效果。

(4) 费用　电视广告费用非常昂贵，以播出时间的长短和播放时段来计费，而报纸、杂志广告相比而言则稍便宜。

案例：

2013 年 4 月—2014 年 4 月国内汽车广告投放情况

据尼尔森的全球汽车消费需求调查报告显示，在调查所覆盖的 60 个国家和地区中，中国消费者的汽车需求（主要指汽车购买意向，包括购买新车和二手车）位列全球第六，和其他重要的发展中国家一样，中国已成为全球汽车行业最重要的市场之一，并且在很大的程度上代表着全球汽车业未来增长的机会。面对如此强劲的市场需求，2013 年 4 月—2014 年 4 月的中国汽车行业广告宣传表现又如何呢？

1. 汽车制造业增长值增速缓稳

比较2013年4月—2014年4月国内汽车制造业的增加值增速情况，以及包括汽车贷款、消费在内的社会消费品零售总额同比增幅情况，两者均表现缓稳增长势头。受到国内宏观经济整体走弱的影响，两者于2014年年初虽有小幅回落，但仍朝着稳中向好的方向发展。

2. 汽车网络广告市场前景广阔

随着科学技术的不断发展，新媒体与大众生活越发密切，触角甚至渗透到了人们的各种碎片时间，互联网广告市场由此前景一片大好，广告量也连年稳步上升。与大众生活紧密相连的汽车行业更是如此。2013年4月—2014年3月汽车行业网络广告投放量为108559次，同比增长12.3%；涉及媒体数259个，同比增长14.1%；涉及频道数1822个，同比增长22.7%；涉及广告主数93个，同比下降7.9%。

综合来看，2014年3月提前进入投放高峰的汽车行业网络广告，在接下来的期间仍有大幅上升的空间。

3. 汽车报刊广告花费和频次排名均为行业第四名

2013年4月—2014年3月统计期间，汽车的报刊广告投放累计花费近66亿元，在全行业的报刊广告花费中占比约10%，同比下跌15.3%。

该统计期内，汽车报刊广告投放量为78964次，占比为10.5%，同比下跌23.8%，在行业报刊广告投放中，花费额和投放量均位居第四。

六、汽车广告效果的评价

有一则汽车电视广告，画面上是一辆翻山越岭、长途跋涉的汽车。观众中有的认为，这是一辆节省油料的车；有的认为，这是一辆乘坐舒适的车；有的认为，这是一辆行驶平稳的车。而该广告的本意是想告诉观众，这是一辆“安全”的车。可见，该广告所要传达的信息和受众对画面的理解有相当大的距离，并没有准确、有力地揭示主题。因此，将广告信息传递给公众后，汽车企业还要及时对广告效果进行评价，以修正和改进广告目标和预算。广告效果的评价一般有两种方法：一是传播效果评价；二是销售效果评价。

1. 传播效果评价

汽车广告的传播效果，即汽车广告对于消费者知晓、认知和偏好的影响，是衡量汽车广告效果的重要方面。传播效果的评价可在广告发布之前或广告发布之后进行。其方法有：

（1）直接评分法　直接评分法即要求消费者对广告依次打分。评分办法（以下五项各为20分）：

1）此广告吸引消费者的注意力如何。

2）此广告促使消费者的进一步细读的可能性如何。

3）此广告的中心内容或其利益是否交代清楚。

4）此广告诉求的有效性如何。

5）此广告激起行为的可能性如何。

（2）组合测试　组合测试即请消费者观看一组广告，然后请他们回忆所看过的广告，看能记住广告的多少内容，以此来评价一则广告是否突出主题及其信息是否易懂易记。

（3）实验室测试　实验室测试即利用仪器来测量消费者对于广告的心理反应的情况，

如心跳、血压、瞳孔的变化等现象，以此来测量广告的吸引力。不过，此类试验只能测试广告的吸引力，而无法测量受众对广告的信任情况、所持态度和意图。

2. 销售效果评价

一般来说，汽车广告的销售效果比其传播效果更难于测量。因为，除了广告因素之外，销售还受到许多因素的影响，如产品性能、价格、售后服务、竞争对手的行为等。通常，用历史分析法和试验分析法来衡量汽车广告的销售效果。

（1）历史分析法　历史分析法即运用统计技术将过去的销售和过去的广告支出与当前的销售和当前的广告支出联系起来分析，以此来评价广告的效果。

（2）试验分析法　在某些地区广告开支高些而在另一些地区开支低些，如果高开支试验导致销量大增，说明广告开支过少；如果高开支试验没有增加销量或低开支试验没有导致销量下降，说明广告开支过大。这种方法必须保持足够的时间，以观察改变广告开支水平后的滞后效应。

第五节　汽车销售促进策略

一、汽车销售促进的概念

汽车销售促进是汽车营销活动的一个关键因素。汽车销售促进包括各种属于短期性的刺激工具，用以刺激汽车消费者和贸易商较迅速或较大量地购买某一品牌的汽车产品或服务。汽车销售促进在汽车业中广泛使用，是刺激销售增长，尤其是销售短期增长的有效工具。

二、汽车销售促进的目标

汽车销售促进的具体目标要根据汽车目标市场类型的变化而变化。具体包括：

1）对消费者来说，汽车销售促进的目标包括：鼓励消费者购买汽车和促使其重复购买；争取未使用者购买；吸引竞争者品牌的使用者购买。

2）对经销商来说，汽车销售促进的目标包括：吸引经销商经营新的汽车品牌，鼓励他们购买非流行的汽车产品；抵消竞争性的促销影响，建立经销商的品牌忠诚度和获得进入新的经销网点的机会，促使经销商参与制造商的促销活动。

3）对促销人员来说，汽车销售促进的目标包括鼓励他们支持一种新的汽车产品，激励他们寻找更多的潜在消费者。

三、汽车销售促进工具的选择

选择汽车销售促进的工具时，汽车企业要综合考虑汽车市场营销环境、目标市场的特征、竞争者的状况、销售促进的对象与目标、每一种工具的成本效益预测等因素，还要注意将汽车销售促进同其他促销组合的工具，如广告、公共关系、人员促销等互补配合。

1. 用于消费者市场的工具

（1）分期付款　分期付款通过“首期付款”的方式，把价格“降”下来，实现了较低消费层次的现实购买力，并以余款延期交纳的方式解决了购销双方资金和资源的双重闲置。但对汽车生产企业来说，分期付款占用资金大，周转回收慢，企业承担了较高的风险，因此，需要制定分期付款的法规，明确各方的权利和责任，建立信用评估机构，推进“分期付款购车”的健康发展。

(2) 汽车租赁销售　汽车租赁销售是指承租方向出租方定期交纳一定的租金，以获得汽车使用权的一种消费方式。汽车专业租赁公司是继出租用车市场后又一大主体市场，是生产企业长期、稳定的用户之一。租赁销售是刺激潜在需求向现实需求转化的有效手段。

(3) 汽车置换业务　汽车置换业务包括汽车以旧换新，以及二手汽车更新跟踪服务、二手汽车再销售等项目的一系列业务组合。

(4) 汽车销售附赠品　购买汽车，附赠用品，如每购一辆车送一台 DVD，还有机会抽到电视、手机、电烤箱等奖品，促进汽车销售。

(5) 免费试车　邀请潜在消费者免费试开汽车，刺激其购买兴趣。免费试车为消费者提供亲身体验，有利于进一步提高消费者的购买欲望，最终达成交易。

(6) 售点陈列和商品示范　在汽车展厅通过布置统一标准的室内装饰画、广告陈列架等有关汽车的陈列，向消费者进行展示。例如，上汽大众帕萨特轿车上市时，上汽销售总公司为所有特许经销商提供统一的装饰画，带有浓烈的现代感，符合大多潜在消费者的审美观念。

(7) 使用奖励　汽车企业为了促进汽车销售，对使用该企业汽车产品的优秀用户给予精神和物质上的奖励。一汽—大众对哈尔滨地区 30 万～40 万 km 无重大修理的汽车驾驶人给予在德国参观学习的重奖。东风汽车公司对使用本企业汽车达到数万公里，并且从未出过事故的驾驶人给予物质奖励，举行庆功表彰大会等。

2. 用于经销商交易的工具

(1) 价格折扣　对经销商的购车给予低于定价的直接折扣。例如，鼓励经销商购买一般情况下不愿购买的汽车型号；增加其进货的数量；如果经销商提前付款，还可以给予一定的现金折扣等，从而刺激其销售的积极性。

(2) 折让　汽车生产企业的折让用以作为经销商宣传其产品特点的补偿。广告折让用以补偿为该产品做广告宣传的经销商；陈列折让用以补偿对该产品进行特别陈列的经销商。例如，一汽—大众对其产品的专营公司免费提供广告宣传资料，以成本价提供捷达工作用车，优先培训等。

(3) 免费商品　对销售特定车型的汽车或销售达到一定数量的经销商，额外赠送一定数量的汽车产品，也可赠送促销资金，如现金或礼品等。

3. 用于人员促销的工具

(1) 贸易展览会和集会组织年度汽车展览会　在大型汽车展览会上租用摊位，展示概念车、新车的优点和性能。每年在北京、上海等地举办的汽车展览会，云集了国内外各大汽车企业，成为其展示汽车风采的舞台。

(2) 销售竞赛　汽车生产企业出资赞助经销商和促销人员的年度竞赛，对完成销售目标的中间商给予一定的奖励，刺激他们增加销量。

(3) 纪念品广告　促销人员向潜在消费者赠送标有产品信息但价格不贵的物品，换取消费者的姓名及地址。这些物品及宣传资料通常由汽车生产企业提供。

四、汽车销售促进方案的制订

制订汽车销售促进方案可以按以下过程来进行：

(1) 确定汽车促销所提供优惠的力度　一般来说，优惠力度越大，产生的销售反应越明显，但是销售反应的增加要小于优惠力度的增加。同时，促销优惠的作用还受到需求弹性的影响。

（2）确定汽车促销的对象　汽车促销的优惠只向符合特定条件的个人或团体提供，如促销资金对某些区域的消费者、公司的家属等不予提供。

（3）确定汽车促销持续的时间　一般情况下，理想的促销持续时间约为每季度使用3周，其时间长度即是平均购买周期的长度。当然，合理的汽车促销周期长度还要根据不同类型的汽车产品来确定，以发挥交易优待的最佳效力。

（4）选择汽车促销的时机　汽车企业应当制订出全年的汽车促销活动的日程安排，有计划、有准备地进行，以配合汽车产品的生产、销售和分销。汽车企业有时需要安排临时的汽车促销活动，这就需要短期内的组织协作。

第六节　汽车促销策略的制订

迄今为止，促销仍是厂商和经销商在产品销售中最常用的工具。尽管营销的本质是在充分了解客户需求的基础上，生产满足消费者需求的产品，营销的重点在于满足需求，而不是推销商品。但是，在现实的激烈的竞争环境中，产品的更新越来越快，产品的生命周期越来越短，市场瞬息万变，如何让消费者认同和接受，需要的仍是通过有效的促销来实现产品向商品的转换。因此，促销的策划是营销过程中的重要一环。

一、汽车促销的整合策略

汽车促销整合就是在汽车营销活动中将广告、营业推广、人员推销和公共关系四种促销方式组合为一个策略系统，使汽车销售企业的全部汽车促销活动相互配合、协调一致，最大限度地发挥整体效果，从而顺利实现汽车促销目标（图9-3）。

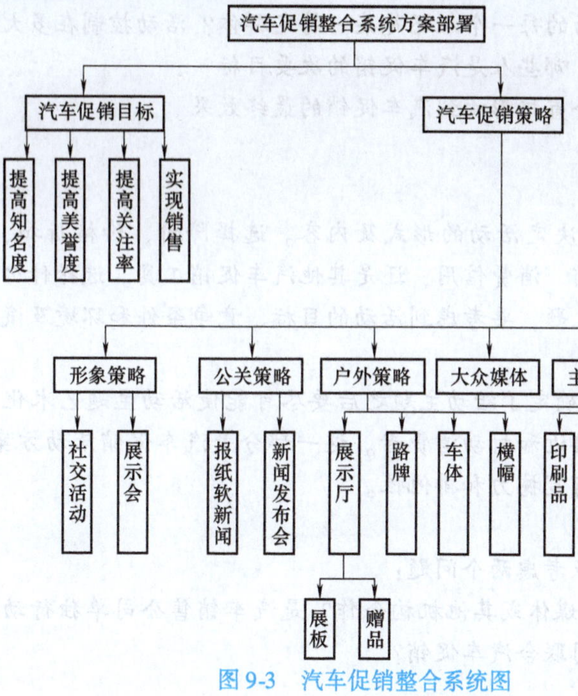

图9-3　汽车促销整合系统图

二、汽车促销策略的制订步骤和策划书的制作

1. 汽车销售促进策略的制订步骤

一般来讲，汽车经销企业的汽车销售促进策略的制订过程包括以下六个步骤：

1）确定汽车促销目标。

2）选择汽车促销工具。

3）制订汽车促销方案。

4）预试汽车促销方案。

5）实施和控制汽车促销方案。

6）评价汽车促销结果。

2. 汽车促销策划书的制作

以下列的制作模板描述汽车促销策划书的制作过程和内容。

实践：

汽车促销策划书的制作

这里给出汽车促销策划书的设计模板，涵盖了汽车促销的内容和步骤：

1. 活动目的

1）对市场现状及活动目的进行阐述。

2）市场现状如何？

3）开展这次活动的目的是什么？（处理库存？提升销量？打击竞争对手？新品上市？提升品牌认知度及美誉度？）

只有目的明确，才能使活动有的放矢。

2. 活动对象

活动针对的是目标市场的每一个人还是某一特定群体？活动控制在多大范围内？哪些人是汽车促销的主要目标？哪些人是汽车促销的次要目标？

这些选择的正确与否会直接影响到汽车促销的最终效果。

3. 活动主题

解决两个问题：

1）确定活动主题，即决定活动的形式及内容。选择降价、价格折扣、赠品、抽奖、礼券、优质服务、汽车促销、消费信用，还是其他汽车促销工具。选择什么样的汽车促销工具和什么样的汽车促销主题，要考虑到活动的目标、竞争条件和环境及汽车促销的费用预算和分配。

2）包装活动主题。在确定了活动主题之后要尽可能使活动主题艺术化，淡化汽车促销的商业目的，使活动更接近和打动消费者。这一部分是汽车促销活动方案的核心部分，应该力求创新，使活动具有震撼力和排他性。

4. 活动方式

活动应如何开展要重点考虑两个问题：

1）确定伙伴：是否与媒体或其他机构合作？是汽车销售公司单独行动，还是和汽车厂家或与其他汽车销售公司联合汽车促销？

和政府或媒体合作，有助于借势和造势；和汽车厂家或其他汽车销售公司联合可整合资源，降低费用及风险。

2）确定刺激程度：要使汽车促销取得成功，必须使活动具有刺激性——能刺激目标对象参与。刺激程度越高，促进销售的反应越大。但这种刺激也存在边际效应，因此，汽车企业必须根据汽车促销实践进行分析和总结，并结合客观市场环境确定适当的刺激程度和相应的费用投入。

5. 活动时间和地点

什么时间？多长时间？在哪儿进行？

恰当的时间和恰当的地点同样是汽车促销策略的组成部分。汽车促销活动的时间和地点选择得当会事半功倍，否则则功亏一篑。

时间和空间上的选择要视目标对象而定。汽车企业在时间上尽量让消费者有空闲时间参与，在地点上也要让消费者方便，而且要事前与城管、工商等部门沟通好。

时间的选择还有一个问题就是持续多长时间为宜。持续多长时间效果会最好需要深入分析。持续时间过短，则会导致在这一时间内无法实现购车，很多应获得的利益不能实现；持续时间过长，又会引起费用过高且市场形不成热度，并降低在消费者心目中的身价。

6. 广告配合方式

一个成功的汽车促销活动需要全方位的广告配合。选择什么样的广告创意及表现手法，选择什么样的媒介配合，这些都意味着不同的受众抵达率和费用投入。

7. 前期准备

前期准备分三部分：

1）人员安排。在人员安排方面要“人人有事做，事事有人管”，无空白点，也无交叉点。谁负责与政府、媒体的沟通，谁负责文案写作，谁负责现场管理，谁负责礼品发放，谁负责消费者投诉，要各个环节都考虑清楚，否则就会临阵出麻烦。

2）物资准备。在物资准备方面，要事无巨细，大到车辆、小到螺钉，都要罗列出来，然后按单清点，确保万无一失，否则必然导致现场的忙乱。

3）试验方案。尤为重要的是，由于活动方案是在经验的基础上确定的，因此有必要进行必要的试验来判断汽车促销工具的选择是否正确，刺激程度是否合适，现有的途径是否理想。试验方式可以是询问消费者、填调查表或在特定的区域试行方案等。

8. 现场管理和控制

1）活动纪律。纪律是战斗力的保证，是方案得到完美执行的先决条件，在方案中应对参与活动的人员各方面纪律做出细致的规定。

2）现场控制。现场控制主要是把各个环节安排清楚，要做到忙而不乱，有条有理。同时，在实施方案过程中，应及时对汽车促销范围、强度、额度和重点进行调整，保持对汽车促销方案的控制。

9. 后期延续

后期延续主要是媒体宣传的问题。要考虑这次活动将采取何种方式在哪些媒体进行后续宣传。一定要将每一次汽车促销活动在媒体上炒得盛况空前。

10. 费用预算

没有利益就没有存在的意义。对汽车促销活动的费用投入和产出应做预算。

11. 意外防范

每次活动都有可能出现一些意外。例如，相关部门的干预、消费者的投诉，甚至天气突变导致户外的汽车促销活动无法继续进行等。汽车企业应对各种可能出现的意外事件做必要的人力、物力、财力方面的准备。

12. 效果预估

预测这次活动会达到什么样的效果，以利于活动结束后与实际情况进行比较，从刺激程度、汽车促销时机、汽车促销媒介等各方面总结成功点和失败点。

以上 12 个部分是汽车促销活动方案的一个框架，汽车企业在实际操作中应进行分析比较和优化组合，以实现最佳效益。

案例：

一汽森雅两周年 打出营销组合拳

此次一汽森雅两周年活动关联到森雅两大系列产品线的丰富和产品竞争力的强化提升，从营销活动、网络优化、服务提升及品牌文化等各方面，全方位深化一汽森雅的品牌建设。

随着每年“金九银十”车市旺季的到来，车企们为年底攻关准备的排兵布阵也开始略显端倪。在小型多功能车市场征战两年的一汽森雅，届时将由一汽吉林重磅推出两周年营销组合拳。

产品拳：

成都车展（2012 年）发布推出“超值系列和精英系列”。

一汽森雅品牌自 2009 年 9 月 3 日成功导入市场的两年来，保有量已达 10 万辆。与此同时，随着国内小型多功能车市场不断发展变化的消费需求，森雅产品也面临着新的市场挑战。值此两周年之际，一汽吉林将针对森雅产品所对应的小型 MPV、经济型城市 SUV 两大细分市场，根据不同消费需求的多重组合，进行典范车型塑造，以进一步丰富森雅产品线和强化产品竞争力。

重塑后的森雅 M80 和森雅 S80 继续保留其固有技术优势，包括大空间、高底盘、强承载、易操控，以及原装进口 DVVT 发动机、AT 变速器的强动力与低油耗等；此外，随着森雅 M80 超值系列和森雅 S80 精英系列的上市，两大车型在市场区隔方面会更加清晰，产品价值获得新的飞越。其中，森雅 M80 的性价比会进一步提升，更加超值；森雅 S80 的城市气质则更突出，更符合城市人群的多彩驾驶生活。

营销拳：

促销、服务、网络齐头并进。

当前，为期两个多月的“喜庆森雅 10 万辆，千人旅游同分享”活动已经在各地如火如荼地进行，首批中奖者也在当年 8 月中旬成功结团出游。该活动为一汽森雅的消费者提供了最高 4000 元的现金购车优惠，和总计 1000 名的超值旅游大奖，巧妙地诠释了一汽森雅所提倡的时尚、超值用车生活。

此外，一汽吉林经销店“强网、扩网、靓网”工程所取得的成绩也会在年底释放出更明显的效果。通过企业实施快速维护、定期维护作业流程（即 QM50），开展技术培训，实行技术认证制度和举办服务技能大赛等，一汽森雅的维修品质日益得到提升。随着新备品体系的建立，森雅部分常用件价格或将向下调整。届时，消费者能享受到更加优质实惠的服务。

文化拳：

深化品牌精神与社会责任感。

品牌的成长促进了 10 万用户的凝聚力，各地车友会陆续崛起，一汽森雅的品牌精神也日益清晰。天南地北的雅友们在线上交流驾驶感受、探讨改装技巧等，在线下联合企业一道参加连南助学行动、西藏助学万里行、雅友宝宝爱心捐赠等系列公益活动，把“天下雅友是一家”的温暖传递到八方。2012 年长春车展期间，吉林森狮会的车主们还打出了“支持民族工业，弘扬自主品牌”的旗号，自发组织声援一汽吉林参展，彰显了强烈的社会责任感。

雅友们的情意已经成为助推一汽森雅成长的重要力量。当前在不少地区，森雅产品的转介绍率可占其销量比例的 40%，市场口碑十分突出。据一汽吉林前副总经理田青久介绍，车主文化已经成为一汽森雅品牌发展的核心文化，它将贯穿在以后的营销思路中，全面融合于一汽吉林提倡的“用户第一”之发展主旨。

本章小结

本章主要讲述了汽车促销的内容和方法以及汽车促销组合。主要知识点与技能点有：促销的几种方式及其特点和适应性，人员促销的基本策略，广告及其制作步骤，广告的文案编写及广告的评价，销售促进的方式和方法，汽车促销策划书的制作，以及汽车促销组合的运用。

本章内容	知识点	核心知识	技能点
促销及促销组合的概念	促销的含义及作用	人员和非人员的方式，沟通信息，刺激购买	
	促销方式的种类和特点	人员推销，广告，营业推广，公共关系	各自的特点与适用性
	促销组合的概念	4 种促销方式的有机组合	不同市场类型、不同促销目标、不同寿命周期、不同促销预算下的促销组合运用
人员推销策略	人员推销的应用条件	市场形态与产品形态的理解	人员推销适用性的把握
	人员推销的基本形式	上门推销，展厅推销，会议推销	
	人员推销的基本策略	寻找新客户策略，接近客户策略，说服客户策略	人员推销技巧的运用

（续）

本章内容	知识点	核心知识	技能点
营业推广策略	针对消费者的营业推广	有奖销售、附赠销售等	各种推广手段的适用性
	对中间商的营业推广	交易折扣、交易会等	
汽车广告策略	汽车广告的作用	五个方面	
	确定汽车广告的目标	根据目标的不同，广告的类型不同：通知性、说服性、提醒性广告	
	制订广告预算	5个因素	
	广告文案设计	设计标准，文案组成，文案类型	广告文案的编制
	选择广告媒体	广告媒体的种类及影响因素	广告媒体的适用性分析与选择
	评价广告效果	广告效果的评价方法	评价方法
汽车销售促进策略	汽车销售促进的概念	短期促进	
	汽车销售促进的目标及工具	对消费者、经销商和销售人员	
汽车促销策略的制订	汽车促销的整合策略	汽车促销的整合系统	整合促销方案的制作
	汽车促销策略的制订和策划书的制作	六个步骤；策划书的制作	

复习思考题

1. 什么是促销？什么是促销组合？
2. 促销的方式有哪几种？各自的特点是什么？
3. 人员推销的基本策略有哪些？
4. 什么是广告？广告文案设计的标准有哪些？
5. 针对消费者市场的汽车销售促进策略有哪些？
6. 汽车促销策略的制订步骤有哪些？

实践练习题

查找一款国产车型产品促销案例并进行优劣分析。

同步训练

营销策划书之八：

就既定车型设计其产品促销策略方案，包括促销广告文案的设计和营业推广活动的设计等。

第十章

汽车销售渠道与模式

学习目标

理论要求：

1. 了解汽车分销渠道的概念与作用。
2. 了解常用的汽车销售渠道模式。
3. 了解汽车特许经销商的含义及其优势。
4. 了解汽车4S店的基本状况。

实践要求

1. 具备汽车营销渠道评价和选择的能力。
2. 具备汽车营销模式评价和选择的能力。

销售渠道是企业连接消费者的桥梁，也是企业把握市场、建立销售网络和销售模式的战略安排。今天，企业市场竞争力的一个重要因素就是对市场的把控能力。

第一节　我国汽车产品分销渠道概况

一、分销渠道的概念与作用

1. 汽车销售渠道的含义

销售渠道也称分配渠道或分销渠道，是指产品从生产者向消费者转移过程中所经过的一切取得所有权（或协助所有权转移）的商业组织和个人，即产品由生产者到消费者的流通过程中所经过的各个环节连接起来形成的通道。分销渠道的起点是生产者，终点是消费者，中间环节包括各种批发商、零售商、商业服务机构（如经纪人、交易市场）等。

在市场经济条件下，绝大多数产品并不是由生产者直接销售给最终消费者或用户的，而是要经过或多或少的中间环节。这些中间环节在西方国家称为中间商，我国更习惯称其为经销单位或流通企业。中间商的存在是商品经济发展和社会分工的必然结果，他们是企业分销渠道的重要组成部分。

2. 汽车销售渠道的作用

汽车销售渠道的作用主要有：①售卖作用；②投放作用；③实现储运作用；④市场预测

作用；⑤结算与资金融通作用；⑥服务作用；⑦风险承担作用；⑧自我管理作用。此外，分销渠道还有促销、信息反馈等作用。

二、销售渠道的模式

销售渠道按其有无中间环节和中间环节的多少，即按渠道长度的不同，可分为以下四种基本类型：

直接渠道：生产者→消费者（第一型）。

间接渠道：生产者→零售商→消费者（第二型）；生产者→批发商→零售商→消费者（第三型）；生产者→代理商→批发商→零售商→消费者（第四型）。

1. 直接渠道

直接渠道即生产企业直接把产品卖给消费者，没有中间环节，也称为“零层渠道”。直接渠道的具体形式有：推销员上门推销，设立自销机构，以及通过订货会或展销会与消费者直接签约供货等形式。

2. 间接渠道

间接渠道是指存在中间环节的渠道，也是更为广泛的渠道类型。中间环节越多，则渠道越长；反之，则越短。

渠道类型除了可以按渠道长度划分外，还可以按宽度划分。同一层次中间商的多少是渠道宽度的问题。中间商越多，则渠道越宽；反之，则越窄。因此，独家分销是最窄的渠道。

企业所采用的分销渠道的长短、宽度都是相对的，没有绝对的、固定的模式，企业应依据具体情况决策好渠道的长度和宽度。

三、常用的汽车销售渠道模式

随着时代的发展，汽车销售渠道又出现了许多新的模式，参考国内外许多厂家的做法，可以分为以下常用的几种：

1. “金字塔”模式

“金字塔”模式曾经在相当长的时期内主宰我国的汽车销售渠道，至今仍然有部分商品采用此种模式。此种渠道层级可谓传统销售渠道中的经典模式。然而，这样的销售网络却存在着先天不足。在价格体系不透明、市场缺少规则的情况下，销售网络中普遍存在着“灰色地带”，使许多经销商实现了所谓的超常规发展。多层次的销售网络不仅瓜分流通利润，而且经销商不规范的操作手段，如竞相杀价、跨区销售等常常造成严重的网络冲突；更重要的是，经销商掌握的巨大市场资源几乎成了厂家的心头之患——销售网络漂移，可控性差，渠道过长，信息反馈过慢，无法有效贯彻品牌经营理念，层层加价，消费者得不到良好的服务。其弊端已经被事实证明，对这种模式的改革势在必行。由此，汽车企业的销售网络进入了一个多元化发展的新阶段（图10-1）。

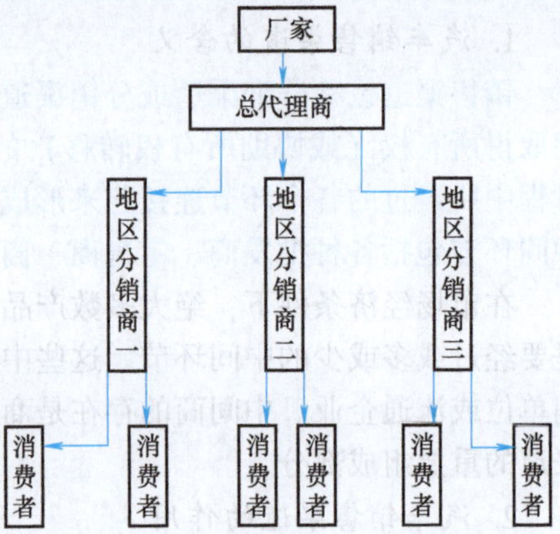

图 10-1 “金字塔”模式

2. 扁平化分销模式

扁平化模式首先出现在美国。美国汽车销售体制的改革是从减少销售层次开始的。它取消了各级代理商，改由地区办事处负责协调区域销售事务，贯彻品牌的经营理念。由厂家直接向专卖店供货，从而减少了中间环节，降低了营销成本。目前，我国许多汽车品牌采用此种模式（图 10-2）。

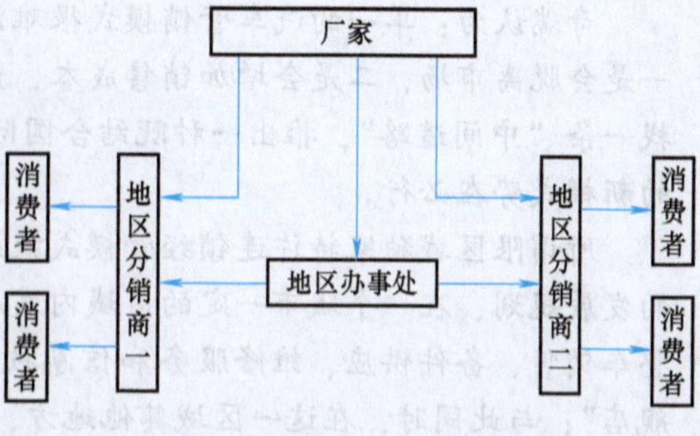

图 10-2　扁平化分销模式

销售工作千头万绪，从销售网络开发到经销商开发，从铺货到促销，内容繁多，但归结起来，销售工作要解决两个问题：一是如何把产品铺到消费者的面前，让消费者见得到；二是如何把产品铺进消费者的心中，让消费者愿意买。不同时代，企业解决这两个问题的方法是不同的。

3. 直销模式

直销模式并不是完全意义上的直销，但它打破了渠道的束缚，将所有销售管理部门都作为销售终端，如图 10-3 所示其优点在于直接面对消费者，有利于品牌经营理念的贯彻，信息反馈及时迅速。

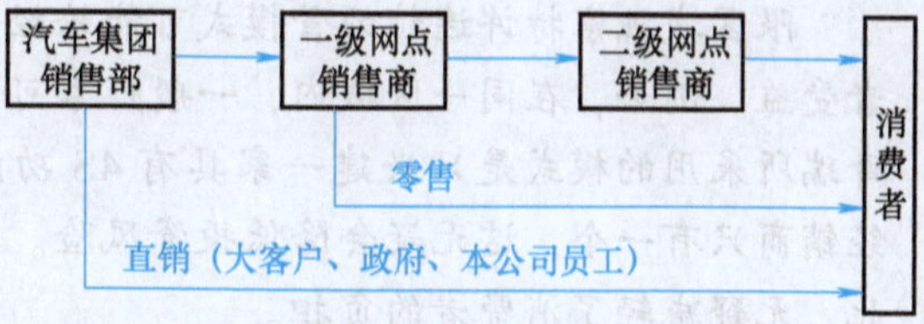

图 10-3　直销模式

我国的一些汽车企业在尝试这类体系，并且有一部分运作较为良好，取得了不俗的业绩。但从我国许多汽车企业来看，由于计划经济模式下遗留问题较多，汽车出厂渠道难以控制，“暗箱操作”不乏存在，有时甚至出现高级代理商的进货价反而高于低级代理商的情况，产品销售难以按既定的框架运行，这样就使得销售网络变得混乱。特别需要注意的是对各级销售商的价格协调。

4. “旗舰店”模式

我国“旗舰店”模式以奇瑞汽车销售有限公司为代表，如图 10-4 所示。2002 年，奇瑞宣布正式推出被称为以“旗舰店”一拖四的“限区域独家特许连锁经营模式”。

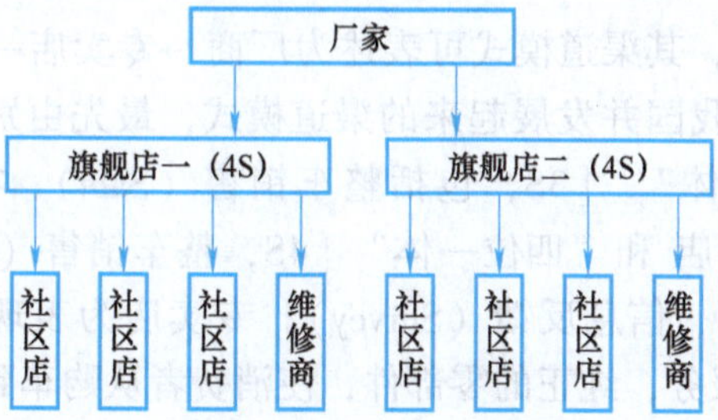

图 10-4　“旗舰店”模式

案例：

奇瑞汽车销售有限公司的汽车分销模式

奇瑞认为：单一的汽车营销模式很难满足中国汽车市场的现实需求，如果强硬推行，一是会脱离市场，二是会增加销售成本，最终给消费者增加不必要的购车负担。因此，寻找一条“中间道路”，推出一种既结合国际先进营销理念，又贴近我国汽车市场现实需求的新模式势在必行。

所谓限区域独家特许连锁经营模式就是在进行市场调研的基础上，结合短、中、长期的发展规划，在一个城市一定的区域内发展一家经销商，这家经销商首先要兴建一个具有整车销售、备件供应、维修服务和信息技术咨询“4S”功能的大型汽车专卖店，即“旗舰店”；与此同时，在这一区域其他地方，由“旗舰店”投资兴建若干个具有汽车展销和快修功能的“社区店”；此外，当“社区店”周围的消费能力达到一定需求时，“社区店”可升格为具有“4S”功能的“旗舰店”。

本着“贴近购买力，贴近保有量”的原则，这类“社区店”可以在汽车交易市场、汽车大道、大型住宅区兴建，这样充分地将国际先进的汽车专卖店营销理念和汽车交易市场销售能力强的优势结合起来。

限区域独家特许连锁经营模式可能给经销商的投资带来巨大的回报，最终使广大消费者受益。例如，在同一区域内，一般厂家可能兴建四个大型的4S店，有4个经销商，而奇瑞所采用的模式是只兴建一家具有4S功能的“旗舰店”和3~4家“社区店”即可，经销商只有一个，这无疑会降低投资风险。由于经销商投资最终要从消费者身上收回，因此，无疑减轻了消费者的负担。

在增加经销商的同时，奇瑞通过三个方面的努力使经销商的投资获得最大的回报：一是推出限区域独家特许连锁经营模式，降低经销商的投资风险；二是向经销商快速提供新产品，通过丰富产品系列使经销商的投资能尽快收回；三是推出比竞争对手更具吸引力的营销政策。

第二节　汽车销售模式

目前的汽车销售模式主要有以下六种：

1. 品牌专卖式

品牌专卖式主要就是指4S店，其渠道模式可表述为厂商→专卖店→消费者。品牌专卖式模式是1998年以来由欧洲传入我国并发展起来的渠道模式，最先由别克、广州本田、奥迪等品牌建立，主要以“三位一体”［3S，包括整车销售（Sale）、零配件供应（Spare Part）、售后服务（Service）］专卖店和“四位一体”［4S，整车销售（Sale）、零配件供应（Spare Part）、售后服务（Service）、信息反馈（Survey）］专卖店为表现形式，通过提供舒适的购车环境、专业健全的售后服务，纯正的零部件，使消费者从购车到用车的全过程得到良好的服务。这种售前、售中、售后全程式服务，建立了一条由汽车生产厂家到消费者的封闭的直通销售与服务渠道，形成了以厂家为核心及技术支持的销售与服务系统。在专卖店里，透明的管理模式拉近了管理层与员工之间的距离，培养团队合作精神。也正是凭着这种与众不同的凝聚力，体现了汽车品牌的形象魅力，从而赢得消费者的信赖。

尽管4S店在欧美正逐渐走向衰退，但在我国却是销售的主流模式。这里面也是有着我国特色的：硬件方面非常过硬，我国4S店的规模和档次在全世界也可算是首屈一指的，就连美国4S店也无法与我国4S店的硬件设施相比；不过在软件建设方面就差多了（这也正和目前汽车营销中重销售轻服务的潮流相符），在经销商的素质、打造和维护经销商其自身品牌、建立成熟的销售流程、以顾客为本提供可能的便利设施等方面还差得很远，需要经销商给予重视。

2. 总代理式

总代理是指由汽车制造厂家授权的全部销售该公司汽车的总经销商。总代理一般与汽车制造企业有密切的关系，可能是股权关系，可能是隶属关系，也可能是合作关系。总代理制的渠道模式可表述为厂商→总代理→区域代理→（下级代理商）→最终用户，进口汽车主要采用这种模式，如奔驰、宝马、劳斯莱斯等。

3. 区域代理式

区域代理式可表述为厂商→区域总代理→下级代理商→最终用户。这种模式与IT渠道的区域代理制基本一致，这是汽车行业最早采用的模式，由于存在对经销商的控制力差的问题，目前使用这种模式的汽车厂商已较少。

4. 汽车大卖场

汽车大卖场是种汽车集市贸易，是由市场经营与管理者提供场地，通过收取租金的方式向各汽车经销商提供经营场地，汽车经销商进场经营各自的车辆，是一家开办且多家经营的模式。汽车大卖场有4S店进驻场内，也有汽车销售铺面进场销售。卖场经营者的收益主要来自铺面和场地的租金。目前，国内大型城市的汽车销售多以汽车大卖场的形式出现，如北京亚运村汽车交易市场、成都红牌楼汽车交易市场和深圳的东益华鹏等。

5. 汽车超市

汽车超市是由一家开办、一家经营、一家管理，超市内聚集多家厂商、多个品牌汽车，统一经营、统一定价、统一结算，其形式如同常见的大型生活用品超市。2014年7月1日，国家工商总局发布公告，自2014年10月1日起，停止实施汽车总经销商和汽车品牌授权经销商备案工作。这意味着汽车销售将放开经营，不再受汽车制造商的限制和授权，市场将进一步公开化和公平化。今后，汽车销售商的经营品种不再受汽车生产厂家的限制，将自主选择所销售的汽车产品。可以预见，现行的4S店销售模式将受到强力的冲击，汽车超市将会大量涌现，小型零散的汽车经销商将会涌现。汽车销售与汽车维修及汽车零配件经营将各自独立自成体系。就此，我国汽车消费市场的格局将会发生巨大变化。汽车营销企业的营销战略规划将会更加重要。

6. 其他方式

互联网时代，通过网络销售已经越来越受到消费者重视，最新J. D. Power调查报告称，公司网站已经成了影响汽车销售的一个重要渠道。还有租店式经营模式，主要是指一些小规模的经销商（一般是做二级、三级代理）租借一些汽车市场的摊位或某个店面直接面对消费者销售汽车的一种模式。这种模式对于经销商来说投资规模比较小，风险较小，比较灵活，但是相对的单车获利空间也比较小。

总之，销售渠道已成为沟通买卖双方最为关键的中心，也将会有越来越多的企业发现，在产品、价格甚至广告的同质化趋势日益加剧的今天，单凭产品的独立优势赢得竞争已非常困难，销售渠道已成为当今企业所关注的重心，如何运作好销售渠道，发挥其作用正日渐成为厂家们克敌制胜的法宝。

第三节 汽车经销与服务的4S模式

汽车经销与服务的4S模式是目前国内汽车经销与售后服务的主要形式。4S店是指在功能上涵盖整车销售（Sale）、零配件供应（Spare Part）、售后服务（Service）和信息反馈（Survey）的汽车销售和售后服务商。从中间商的经销形式上讲，4S店是一种特许经销商。

一、特许经销商

1. 汽车特许经销商的含义

汽车特许经销商是指由汽车总经销商（或汽车生产企业）作为特许授予人（简称特许人，Franchiser），按照汽车特许经营合同要求及约束条件，授予其经营销售某种特定品牌汽车的汽车经销商。

2. 汽车特许经销商的优势

普通汽车经销商一旦成为某品牌的特许经销商，将会有以下几方面的优势：

1）可以享受特许人的汽车品牌及该品牌所带来的商誉，使其在汽车营销活动过程中拥有良好的企业形象，给消费者以亲切感和信任感。

2）可以借助特许人的商号、技术和服务等，提高竞争实力。

3）可以加入特许经营的统一运营体系，即统一的企业识别系统、统一的服务设施、统一的服务标准，使其分享由采购分销规模化、广告宣传规模化、技术发展规模化等方面所带来的规模效益。

4）可以得到特许人的业务指导和人员培训、获得信息、融通资金等方面的支持和服务。

3. 汽车特许经销商的权利

作为汽车特许经销商，将可享有以下相应的权利：

（1）特许经营权　汽车特许经销商有权使用特许人统一制作的标记、商标、司标和标牌；有权在特许经营系统的统一招牌下经营，从而享受由著名品牌带来的利益；有权获得特许人的经营秘诀，以加入统一运作（统一运作包括：统一进货，以享受大量进货的折扣；统一促销；统一的市场营销策略等）；有权依照特许人的统一运作系统分享利益；有权按特许人的规定取得优惠政策，对特许人经销的新产品享有优先权。

（2）地区专营权　汽车特许经销商有权要求特许人给予在一定特许区域内的专营权，以避免在同一地区内各加盟店相互竞争。

（3）取得特许人帮助的权利　汽车特许经销商有权得到特许人的经营指导援助、技术指导援助及其他相关服务。例如：参加特许人的各种定期培训；使用特许人的各种信息资料和市场运作情报；在经营中遇到问题时随时和特许人的专职指导员联系，在资金缺乏时可以采取连带担保等方式取得贷款及其他援助。

4. 汽车特许经销商的义务

作为汽车特许经销商，应承担以下义务：

1）必须维护特许人的商标形象。在使用特许人的经营制度、秘诀及与其相关的标记、商标、司标和标牌时，应当积极维护特许人的品牌声誉和商标形象，不得有降低特许人商标形象和损害统一经营制度的行为。

2）在参加特许经营系统统一运营时，只能销售特许人的合同产品；只能将合同产品销售给直接消费者，不得批发；必须按特许人要求的价格出售；必须从特许人处取得货源；不得跨越特许区域销售；不得自行转让特许经营权。

3）应当履行与特许经营业务相关的事项。例如：随时和特许人保持联系，接受特许人的指导和监督；按特许人的要求购入特许人的商品，积极配合特许人的统一促销工作；负责店面装潢的保持和定期维修。

4）应当承担相关的费用，如加盟金、年金、加盟店包装费等。

目前，世界著名的汽车企业都建立了自己的特许经销商网络。通过品牌专营店和特许经营店的建设，不仅大大推动了公司汽车的销量，而且能够及时地为消费者提供各种服务，提高了渠道管理的水平，塑造了良好的公司形象。

二、汽车销售与服务4S店

1. 4S店概述

4S店不仅是汽车生产厂商为了更加完善售后服务的手段，也是汽车市场激烈竞争下的产物。随着汽车市场的逐渐成熟，消费需求的多样化，对产品、服务的要求也越来越高，越来越严格，原有的代理销售体制已不能适应市场与消费者的需求，4S店的出现恰好最大限度地满足了消费者的各种需求。

随着人们生活水平的提高，消费者买车不光是为了实用，更注重的是一种享受。售后服务质量成了汽车消费者最关注的焦点。而4S店的经营模式，使消费者从购车、用车到修理车的全过程都能得到良好的服务保障，而且还能享受到厂商为消费者提供的汽车文化活动等增值服务，真正实现了以消费者为本的经营理念。因此，对于4S的四大要素，最重要的无疑是售后服务这一点，完美的售后服务能给消费者带来安全感，同时也加强了专卖店与消费者的联系，培养了消费者对产品的忠诚度，这对于专卖店来说是至关重要的，也彻底将过去“以企业为中心”的经营理念，转变为“以顾客为中心”的理念，为消费者提供人性化、多功能、全方位的立体化服务。

目前，4S品牌专卖店必须按照厂家的要求单独注册一个公司来运营。所有现代化机械设备都必须按照厂家的统一标准建设和营运，不断获得厂家的专业培训和技术支持；每年受到厂家的专业业绩评估考核；定期接受第三方专业调查公司的客户满意度调查；零配件直接由厂家专供，杜绝假冒伪劣配件进入服务环节。所以，选择4S店购买车辆，对于消费者来说，感受的是销售、维修、美容、保养的一条龙专业服务，同时还定期得到厂家一些免费检测、免费保养等优惠活动，为购车用户解决后顾之忧。

2. 汽车4S店的特点

（1）更有效的销售方式　4S专卖店由经销商投资建设，用以销售由生产厂家特别授权的单一品牌汽车。他们能够为消费者提供更低廉的价格、更专业的技术支持和更深入的售后服务。另外，生产厂家也能从中树立起自己汽车品牌的知名度和信誉。因此，4S 的销售模式在发达国家受到汽车生产商和消费者的青睐，风靡一时。

硬件形象方面：汽车 4S 店为消费者营造了一个良好的购车、服务环境，宽敞明亮的展示大厅，统一整洁的服饰，彬彬有礼的接待，整齐划一的维修车间、备件存放及用户休息室、儿童游乐区等人性化设施等。

软件方面：由于汽车生产厂提供的特别的业务指导、技术支援、人员培训等方面的支持，汽车 4S 店员工综合素质高、业务技能强，为消费者提供更专业的销售咨询服务与售后维修服务，实现了厂商相互间信息及时、有效的对接，有利于提升产品、品牌和企业形象。

（2）对厂商具有一定的依赖性　作为汽车特约经销商，4S 店的目标市场随着代理品牌的单一而变得十分狭窄，故而风险就大大增加。而品牌的知名度和消费者对品牌认可度在很大程度上取决于汽车制造商的知名度和品牌影响力。因此，在规避风险、扩展市场方面，4S 店对汽车制造企业有较大的依赖性，其经营的好坏在很大程度上取决于汽车品牌自身和汽车制造商（总经销商）的营销策划和广告力度。

（3）一体化的服务功能　所谓 4S“四位一体”的销售模式，就是把整车销售、配件供应、售后服务、信息反馈一体化。由于特许经销商对汽车生产厂商的种种权利和义务，使得 4S 具有促进销售、利于提高特约店专业服务水平、树立良好的企业形象、增强消费者对产品信心等种种优势，同时利用网络平台打造线上线下全方位的服务构架。

于是，消费者对品牌的忠诚度就在优秀的售后服务中树立起来。而经销商的利润往往也取决于售后服务，因为，通过新车销售获得的利润会因市场情况、经济环境的影响而产生波动，但售后服务收益是稳定增长的。

（4）具有广泛的市场适应性　中国的汽车消费市场仍是一个不成熟的汽车市场。首先，汽车市场具有巨大的消费潜力，在产品结构上卖方市场特征明显；其次，消费者对品牌认知能力较弱，加上国有品牌的多样性造成了中国汽车市场的混乱局面；再次，中小经销商又占据了我国汽车销售的主导，市场不规范行为严重，汽车产品的售后服务水平低下。因此，与汽车生产商连通的、服务功能齐全的 4S 店形式的特许经销商更能适应中国目前的汽车品牌种类多、消费者购买目标性弱、经销商资本不足这三个特点。

由此可见，4S 销售模式的成功，关键就在于它高质量的售后服务。而其他的销售模式若是也能达到 4S 的售后服务质量，无疑会增强其竞争力。

3. 汽车 4S 店特许经销的条件

对于汽车经销商来说，只有具备以下条件才可以成为汽车特许经销商：

1）独立的企业法人，能自负盈亏地进行汽车营销活动。

2）要有较强的资金实力，运转资金在 1200 万～1500 万元。

3）有一定的汽车营销经验和良好的汽车营销业绩。

4）具备开设统一标识的特许经营店面的条件，经营场地为 4000～6000m^2。

5）达到特许人所要求的特许经销商硬件、软件标准。

符合以上条件就可以通过履行经销商申请和受许人审核等手续，并经双方签署汽车特许经营合同（或协议），正式成为某品牌汽车的特许经销商。

汽车 4S 店特许经销模式作为一种新兴的汽车整体服务方式，从 1999 年进入中国，以迅猛之势遍及全国。目前，国内中外合资的汽车制造企业和国内本土的汽车制造商（轿车生产商）均采用了4S店的特许经销模式。但是近年来，在欧洲，汽车营销模式正出现较大的改变，2014年中国国家工商总局对于取消汽车经销商的备案给中国汽车销售的4S店模式带来冲击。

案例：

欧盟汽车营销模式的改革与启示

据2002年2月21日的《世界新闻报》报道，欧盟做出决定，于2002年10月开始强力推行汽车销售模式改革，彻底打破长期以来汽车市场的行业垄断，在汽车销售商之间引入竞争机制，改变目前的指定汽车代理商的销售方式，以压缩流通领域的费用，振兴汽车销售。新规则规定，汽车生产厂商必须给销售商更多的自由，如销售商可以在任何地方寻找消费者，可以卖不同厂家的汽车，也可以把车批发给超级市场去卖。而且，今后经销商也不再向购车者提供汽车售后服务和维修。欧盟的这一新规定将导致汽车零售业的革命。

一、欧盟改革前的汽车销售模式

众所周知，为了促销汽车，世界各大汽车生产厂家均大力开展汽车的宣传工作，如举办各种形式的展览会，建立经常性的展示厅，对新推出的产品举行新闻发布会，并通过各种媒体进行广告宣传。此外，各大汽车公司还推行各自独特的促销方式。同时，由于汽车是高价值产品，世界各大汽车公司普遍推行分期付款的方式，活跃汽车市场，促进汽车销售。但在汽车的销售模式上，美国和欧洲各国的各大汽车厂家基本上是相同的。

在汽车工业发展初期，欧洲的汽车生产厂家普遍采取多渠道销售模式。随着汽车生产规模的扩大，这种多渠道销售模式造成汽车市场的混乱，不利于汽车工业的发展。通过不断改革和改进，逐步形成了以汽车厂家为中心、产销分离、严密分工的汽车专营销售模式。这种销售模式的特点是：汽车销售模式围绕汽车厂家建立，执行汽车厂家制订的汽车销售战略及各项销售政策。汽车销售网一般分为两级，一级销售网承担汽车中转和批发业务，二级销售网承担汽车零售业务。各销售网点在自己的区域内销售本公司的汽车或本公司规定的某几种汽车。这种汽车专营是排他的，不能在本区域内另设相同的销售网点。推行这种汽车专营制度，避免了汽车销售的混乱的局面，有利于保持适度经营规模，有利于开拓市场，也有利于加强与消费者的联系。

汽车品牌销售专卖店（4S店）起源于欧洲，并且仍盛行全世界。这种销售方式是由汽车生产厂家按照一定的要求授权给一些指定的代理商来经营的。通常代理商只能经营某一品牌的汽车，而且大多数需要品牌专卖店具备四位一体的功能。有的汽车销售店还具有第五个功能——旧车回收。由于厂家基本上不出资，品牌专卖店的店主们就需要投入巨资来修建专卖店。为保证经销商获利，各品牌生产商通常会做大量的市场调研，然后逐步授权、开店、为经销商指定划分势力范围，并规定各授权者不得跨区域销售。

特许经营阻碍了销售领域的正当竞争，这种汽车销售模式造成了客观上的汽车销售垄断，最大的受害者就是汽车消费者。

二、欧盟汽车销售模式改革的利弊分析

当时欧洲汽车的年汽车产量是1700万辆，这使得欧洲荣升为世界汽车工业最主要的生产基地。同时，欧洲每年有超1400万个新注册用户，欧盟成为当时国际上重要的汽车销售市场。这个诱人的市场充满了激烈的竞争。

一方面，作为汽车生产厂家，为适应全球一体化和日益激烈的竞争，欧洲的各大汽车厂商积极进行各种兼并，加速汽车业的整合，如戴姆勒—奔驰与克莱斯勒合并，组成新的戴姆勒—克莱斯勒，并参股日本三菱汽车（控股34%）；意大利菲亚特与美国通用达成协议组成战略联盟，由通用在欧洲的分厂欧宝与菲亚特联合竞争欧洲市场；法国雷诺控股日本日产汽车公司，同时收购了韩国三星汽车，以及德国大众收购劳斯莱斯等。这使得欧洲汽车市场的争夺更加硝烟弥漫。

另一方面，欧洲汽车市场也面临不容忽视的问题。欧洲当时的汽车生产量大于销售量，同时还有来自美国、日本、韩国等国家的汽车厂商的进口车加入竞争市场份额的行列。汽车生产厂家利润率下滑，库存积压，资金周转放缓，很多汽车公司纷纷面临裁员压力，以期降低成本，恢复获利。振兴欧洲的汽车销售成为欧盟下决心改革汽车销售模式的背景。让汽车可以自由销售，打破汽车销售领域的垄断现象，保护欧盟汽车消费者的利益，是促使欧盟反垄断委员会下决心进行改革的根本原因。欧盟汽车销售模式改革有以下的积极作用：

1）欧盟的改革，标志着欧洲汽车业自由竞争时代的开始。欧盟的这一汽车销售新规则中，体现了“全球经济一体化”的趋势，实际上也是市场多元化的要求。长期以来，欧洲的汽车销售实行的是独家经销商专卖的模式，存在品牌专卖店投入太大、回报期太长、品牌单一、销售方式不灵活、销量太少及资金周转困难等一系列不利因素，是品牌店遭到改革的原因之一。产品应在便于消费者购买的渠道中销售已是一种趋势。同时，使用多渠道细分市场也是时代和环境的要求。

2）汽车销售改革，打破了汽车销售领域的垄断现象。汽车分销市场一直搞垄断经营，汽车差价一直是消费者不满的重要内容。欧盟委员会2002年在这一领域打破垄断，引入竞争，使汽车销售多渠道化。任何一种商品的销售形式只要是市场需要，成本最低，都有存在的合理性。有条件的企业都能卖车，更多的零售商将实现卖车的愿望，他们可以卖汽车和卖服务。有条件销售汽车的企业包括代理商、超市、商场等，可以同时销售若干品牌的汽车，同时提供汽车金融服务。汽车特许经营制度的废除，不仅使分销商可以向其他零售业，如超市等转手汽车，还将带来网上销售的空前繁荣。同时，在一个地区单列一个专门负责维修和供应各品种零配件的维修商，承担对消费者的售后服务，实现销售与维修的有机结合。这种汽车销售模式的改革，将使公司的组织结构发生变化，由以生产为主更多地转向以服务为主，通过服务贸易获取更多的利润。

3）扩大了销售载体，方便了消费者，给消费者提供了更多的选择和良好的服务。消费者可以货比多家，自由选择，消费者自然在其中选择服务最好的。消费者购车也更加方便。人们可以到超市或在网上，经过价格对比，自由选择销售商，并可以跨国购买汽车。同时，汽车进超市、商场，体现了一种以人为本的经营理念。消费者就近了解汽车市场行情，有利于汽车文化的传播。

4）对促进汽车销售很有益处。汽车厂商长期采用的垂直型销售渠道将转为混合型销售渠道。进入市场的渠道不再是单一的，而是多渠道的，一些购车者可能来自于独立经销商不能进入的市场，从而增加了细分市场，也就增加了市场覆盖率；取消了中间环节，降低了渠道成本，也就降低了销售费用。汽车厂商还可以为消费者实行定制化销售服务。

同时，汽车厂商可以改原来的独家分销为选择分销，引进了渠道成员之间的竞争。

但是，欧盟汽车销售模式的改革也存在一定的缺陷：

1）汽车产业是一个资本和技术密集的规模经济行业，这种趋势随着汽车市场多元化的国际竞争的加剧将更趋明显。汽车不是一般的消费品，它们涵盖许多高科技零部件和配件，生产、维修、销售都需要经过严格培训后的专业人员。品牌经营最大的优势集约化，将分散经营变集约经营，将无序竞争变有序竞争。通过集销售、维修、配件、服务等多位一体的专卖店，有统一的外观形象、统一的标识、统一的管理标准、统一的文化理念，可以提供良好的购物环境，纵向延伸服务，激活消费者对品牌的忠诚度。这些优点是经营普遍消费品的超市和商场所无法比拟的。但各种形式的零售商纷纷进入汽车销售领域，势必使改革的汽车销售市场出现一定程度的混乱。

2）多渠道营销的最大的代价是常常引发渠道冲突。经营目标的不一致，任务和权利的不明确，地区边界、销售信贷的交叉和重叠都会产生渠道冲突。同一区域内不同形式的经销商的加入会加剧竞争，降低经销商对汽车厂商的忠诚度，降低对消费者的合理的服务。同时，诸多零售商的出现势必会对现有的各汽车品牌专卖店造成冲击，因为，零售商的销售成本要比专卖店的销售成本低得多。

3）欧洲各大汽车厂商们多年苦心经营的销售体系、盈利模式将受到极大影响，他们不得不重新调整其销售网络。对于一个公司来讲，一个分销系统是一项关键性的外部资源，它的建立通常需要若干年。改变原有的销售模式，意味着对汽车厂商的管理和领导多渠道营销的能力要求的加强，也意味着原有营销决策的彻底改变。欧洲各大汽车厂商的销售体系的弱化，会给日本汽车、美国汽车这些外来品牌扩大在欧洲的市场份额创造一个好的时机。

4）对于消费者而言，购车的决策过程是一项高参与度的复杂决策。由于汽车是一种复杂的技术产品，并且价值不菲，他们需要在购车前进行认真的信息搜寻，处理信息，对可选对象进行评估，从品牌专卖店购买要比在超市或商场购买更放心些，毕竟长期以来，他们已经习惯于有一定技术技能的销售人员为他们服务。多渠道的营销虽然方便了消费者的选购，却容易造成消费者对品牌的忠诚度的下降。

本章小结

本章主要讲述了销售渠道的概念和几种现行的汽车销售渠道模式。主要知识点和技能点有销售渠道的概念和汽车销售模式，汽车特许经销和4S店经销模式及其评价与运用。

本章内容	知识点	核心知识	技能点
我国汽车产品分销渠道概况	汽车分销渠道的含义	产品从制造商到消费者的路径	
	汽车分销渠道的模式	直接渠道，间接渠道	
	汽车分销渠道的常用模式	“金字塔”模式，扁平化模式，直销模式，“旗舰店”模式	
汽车销售模式	品牌专卖式、代理式等6种模式	品牌专卖、特许经销的优劣分析	
汽车经销与服务的4S模式	汽车4S店的含义与运行	汽车4S店的优势与运行	汽车4S店的优势分析与运用

复习思考题

1. 什么是分销渠道？分销渠道的作用是什么？
2. 汽车分销渠道的类型有哪些？试举例分析说明我国汽车企业的分销渠道系统。
3. 汽车特许经销商的优势、权利和义务是什么？
4. 汽车4S店的开设应具备怎样的条件？

实践练习题

试分析比较我国汽车企业与国外汽车企业的分销渠道系统的异同点。

同步训练

营销策划书之九：

就既定车型进行销售网点安排和销售模式设计。

第十一章

汽车销售实务

学习目标

理论要求：

1. 了解汽车销售的实物流业务流程。
2. 了解汽车销售的服务流业务流程。
3. 了解汽车销售合同的内容。

实践要求

1. 掌握汽车销售中接车、交车的业务环节和业务内容。
2. 掌握发展潜在消费者的方法。
3. 掌握售前、售中、售后服务的业务环节。
4. 掌握汽车上牌的程序和手续。

在汽车销售过程中有两条业务主线：一条是围绕着车辆的实物流；另一条是围绕着消费者的服务流。这两条线贯穿了汽车销售业务的全过程。

汽车销售过程中的实物流：进货、验车、运输、储存、定价、促销、销售等环节。

汽车销售过程中的服务流：潜在消费者的发掘与管理、业务接待与洽谈、签订购车合同、付款、办理牌照、交车等业务。

第一节　汽车销售中的实物流业务

一、汽车整车销售

这里说的汽车销售主要是指整车销售。整车销售是汽车营销工作的核心，是汽车经销商的核心工作内容。

汽车整车销售中的实物流如图 11-1 所示。

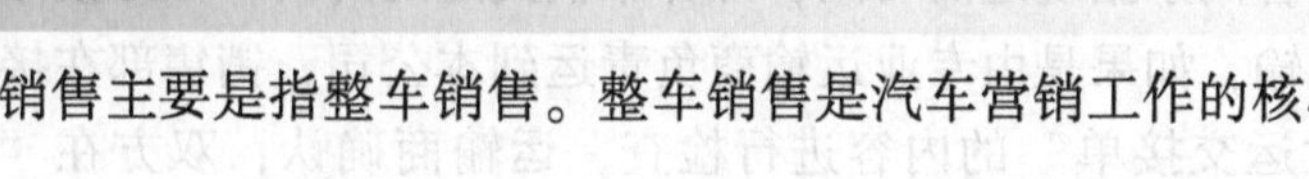

图 11-1　汽车销售过程中的实物流

二、汽车销售实物流业务的分解

1. 进货

进货就是汽车销售公司通过某种渠道获得销售所需的商品汽车。

进货的渠道有两种。一种形式是第一手货源，也就是直接从汽车厂商或厂商主管的汽车销售公司进货（图 11-2 和图 11-3），进价较低。目前，这是中国汽车经销商车辆进货的主要方式。

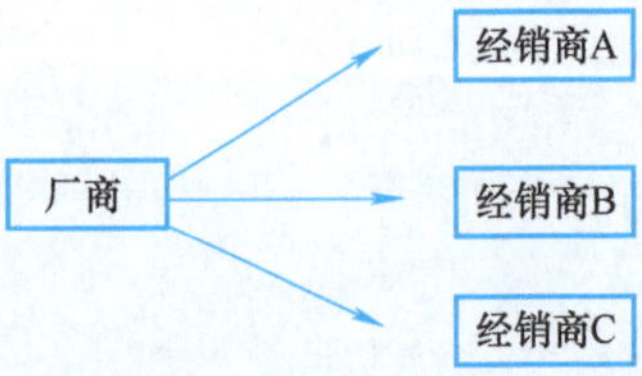

图 11-2　汽车经销商从厂商处直接进货模型

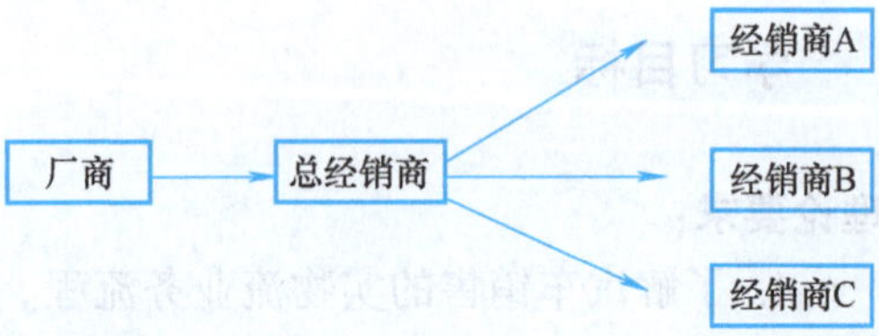

图 11-3　汽车经销商从总经销商处进货模型

例如，广州本田、海南马自达等车型由经销商直接从厂商进货。

例如，上汽大众车型由经销商从上汽大众车的总经销商上海大众汽车销售公司进货。

另一种形式是经销商从各地的汽车销售公司或区域代理商处进货（图 11-4），这就是第二手货源或第三手货源。商品转手的次数越多，价格就越高，但这要根据本公司的具体情况具体分析，如地理位置、运输成本，以及与厂家和其他进货商的合作关系等，其原则就是要控制商品车的进货价格。

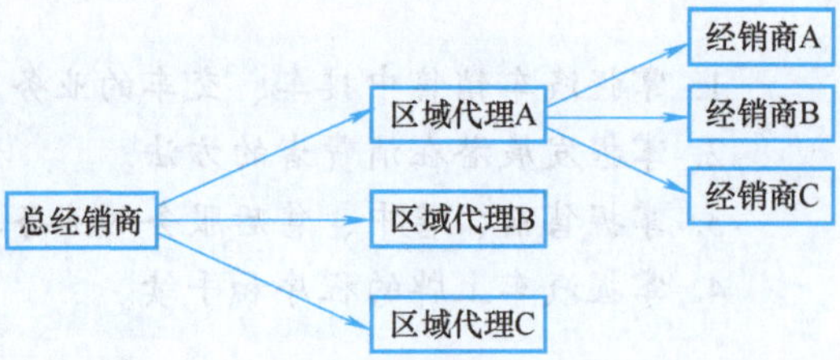

图 11-4　汽车经销商二手货源进货模型

目前，在国内的汽车流通领域，通过中间商（批发商或代理商）进货的方式已不多见。在《汽车品牌销售管理实施办法》出台后，授权销售成为汽车销售的唯一形式。特约经销商归属于汽车厂商或总经销商统一的销售网络管理，经销商的货源自然来自于厂商或总经销商，也有由区域代理商配送车辆的，但中间批发商将不复存在。

从销售管理的角度看，汽车经销商必须在头一年年底或当年年初根据市场信息和消费者的需求编制《汽车年度销售计划》，在供应和销售双方充分协商的基础上，最后签订供货合同。经销商按照年度销售计划编制月度进货计划。

2. 验车

销售公司根据合同票据规定的时间，计算车辆到达的时间，做好接车的准备工作。

对于新车的运输，如果是由专业运输商负责运到本公司，销售部在接车过程中要严格按照相应的“车辆发运交接单”的内容进行检查，运输商确认，双方在“车辆发运交接单”上签字认可。检查出的在运输过程中产生的问题应由运输商负责修复或承担全部费用。

销售公司对供货方所提供的商品车进行检查和验收工作，一般要由服务部门完成。因为，服务部门的专门人员熟悉汽车技术，有经验。验收的核心问题是：对于第一手货源，检查质量是否有问题；对于第二手货源或第三手货源，主要辨别是真货还是假货，是新车还是旧车，质量有无问题，防止上当受骗。商品车主要做好以下各项验收工作：

（1）核对发动机号、车架号、铭牌号、VIN与合格证是否一致　VIN即车辆识别代号（Vehicle Identification Number），是世界通行的汽车识别代码。由一组英文字母和阿拉伯数字组成，共17位，所以又称17位识别代号编码。它是识别一辆汽车不可缺少的工具。按照识别代号编码的顺序，从VIN中可以识别出该车的生产国别、制造公司或生产厂家、车的类型、品牌名称、车型系列、车身形式、发动机型号、车型年款、安全防护装置的型号、检验数字、装配工厂名称和出厂顺序号码等。

2004年6月，国家标准化委员会办颁布了《道路车辆识别代号（VIN）》（GB 16735—2004），规范了车辆识别代号的使用。车辆识别代号由三部分组成：第一部分为世界制造厂识别代号（WMI）；第二部分为车辆说明部分（VDS）；第三部分为车辆指示部分（VIS）。图11-5为产量规模在年产500辆以上企业使用的VIN编码规则。

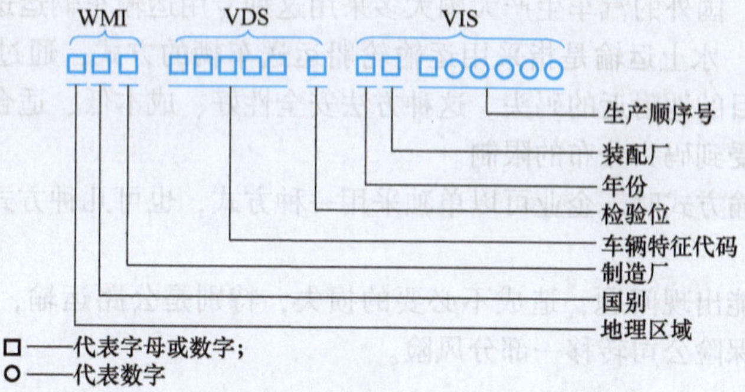

图11-5　VIN编码规则（年产500辆以上）

在车辆的查验中，有4处的VIN应是一致的。车架号、铭牌上标示的车架号、合格证上的车架号及在汽车风窗玻璃下（国产车规定的位置）的VIN。

（2）检查外观　看车身是否平整；漆面是否完好，色泽是否一致；车灯玻璃是否完好；车身缝隙是否均匀；车窗玻璃是否完好，标牌是否一致（即是否原装玻璃），车门是否严密，开关是否自如，门窗玻璃是否升降自如，轮胎、轮辋是否完好、统一、紧固，商标和标示是否一致等。

（3）各种装置　检查各种装置是否完好无损，操纵系统是否正常。灯光照明及各指示灯是否完好，蓄电池是否失效，喇叭、刮水器、音响、空调等是否正常。

（4）机箱检查　静态检查发动机缸体、缸盖是否严密；油路、水路、气路是否通畅完好；各部件是否崭新。

（5）动态检验　起动发动机，看起动是否迅速，听发动机的声音，看发动机的抖动和管路是否有渗漏；看怠速时的转速（正常情况应在750～800r/min）；踩下加速踏板看转速提升是否灵敏。如果有条件还应进行路试，检查一下操控状况。

（6）检查随车附件是否齐全　一般新车的随车附件有备胎、随车工具、灭火器、车辆钥匙、电控密码等，检查其是否齐全。

（7）检查文件是否相符并齐全　随车文件一般有车辆说明书、用户手册、保养手册和合格证。进口车辆还应检查进口批文和报关单是否齐备。检查合格后，将商品车入库保管，验收单据并请发运人员签字。

3. 运输

在购得商品车后，需要运回销售公司所在地或购车主所在地，可以委托生产厂负责运输，或者委托当地储运公司把商品车提出后负责运输，也可自行负责。常用的运输方式有：

(1) 铁路运输　铁路运输是指通过订铁路运输的车皮，运输到当地的车站，再由驾驶员开回公司的方式。这种方式一般较为安全，成本也较低，但会受到列车到达站的限制，而且运输时间也较长。

(2) 公路运输　由生产厂家派驾驶员或销售公司自雇驾驶员通过公路长途运送。此方法速度快，但费用高，一般只在订购的车辆少，路程较短，铁路运输又不易解决，情况又较紧急时采用。而且这种方法在人们提出“零公里”车辆的要求后已经受到很大的限制了。

目前，我国已经广泛采用了汽车专用运输车辆运输的方式，一次可装运 12 ~ 16 辆轿车，经公路运抵目的地。国外的汽车生产大国大多采用这种专用运输车辆运送商品车。

(3) 水上运输　水上运输是指采用运输轮船运送车辆的方式，通过临近的码头将车辆装上船，然后运抵目的地附近的码头。这种方法安全性好、成本低、适合长距离运输，但运输时间更长，而且受到码头分布的限制。

在实际选择运输方式时，企业可以单独采用一种方式，也可几种方式联合采用，要视情况而定。

在运输中有可能出现问题，造成不必要的损失，特别是公路运输，很容易发生碰撞事故，因此可以通过保险公司转移一部分风险。

4. 储存

企业在储存车辆时，注意采用合适的方法搬运移动，防止因振动、磕碰、划伤而造成车辆损坏。销售部接车后负责将车辆清洗干净，由仓库保管员将待售商品车驶入规定的区域有序停放。商品车入库后，售出前的这一段时间为仓储保管期，这一期间应精心保管，防止意外情况的发生。储存时，要做好维护保养工作，避免风吹、日晒和雨淋。定期检查车辆，防止蓄电池失效。若保存期较长，则对某些部件还要做防锈养护。冬天要注意防水防冻。

定期整备商品车，保证商品车处于最佳状态，可随时提出进行销售；在移动商品车过程中，应保证两人参与，确保商品车不受损伤；商品车按“先入先出”的原则排列有序，钥匙按次序放好，以便准确、及时地调出车辆。

汽车销售过程中，发现汽车的质量问题，经验证确实需要索赔时，应积极按照相关索赔管理的规定程序进行索赔。

应及时、准确地编制商品车入库单。企业无储运仓库，则要租借储运库储存，事先要订好储存合同，防止以旧换新，以假乱真，或运用商品车搞其他运输工作。

5. 出货

车辆从库房提出时应办理出库手续。出库时应对车辆进行全面检验（检验内容同上），并核对车辆资料，对车辆进行 PDI 检验。

新车交车前的全面检查称为 PDI 检验。各品牌汽车的 PDI 检验项目和指标差别很大，但大致内容均涉及车辆内部、外观、发动机舱、底盘、随车附属品和工具，以及各部件的性能状态等。现在这项检查已经扩展到了商品车的整个管理过程，如新车验收、库存车管理、展车管理、交车准备等。

(1) PDI 作业要领

1）交车前负责检查的评审员必须参加 PDI 检验程序和 PDI 车损标准培训，合格后才能上岗，并且必须参加每次新车型推出时的 PDI 专项培训。

2）整个 PDI 检验工作必须按照厂家规定的程序，在照明符合要求的场地进行，并按照 PDI 车损标准的要求判定各类缺陷和故障。

3）在 PDI 检验中发现缺陷和故障后，特约售后服务中心应严格按照流程优先予以修复，并由 PDI 评审员重新对其进行检查。

4）在整个 PDI 活动中发现的任何缺陷、故障都需要收集、汇总，定期反馈给厂家相关部门。对于重大的、批量性的缺陷和故障，应及时反馈给厂家相关部门。

（2）PDI 作业检查内容

1）接车作业。经销商订购的新车到达销售中心后，由新车管理员接车，会同拖车人员来初步检视外观及核对接车单配件是否齐全。新车管理员在执行点交检验作业时，如发现配件短缺、车况异常（车身外观或漆面），应立即会同拖车人员在点交单上注明缺件品名、异常部位现象，经双方共同签认，以确认赔偿责任归属。

新车管理员一般属于销售单位，其工作范围为新车保管和管理车辆资料、文件及钥匙等。

接车入库如在夜间，点交检查受限，应于 24h 内将车辆异常情况反馈给厂家。

2）入库检查。如果新车不马上交车，应实施入库检查，进入库存位置。

3）展示车检查。新车如果要当展示车使用，除实施入库检查外，应特别注意外观的清洁及蓄电池的充电量。车辆钥匙交付展厅销售人员管理，进行日常维护清洁及维持蓄电池电力的充足。

4）库存车的管理。新车入库时必须寻找安全、宽敞、有遮篷、空气良好，以及避免有异物落下的地点存放。

库存新车不得用作其他用途。必须保证车辆轮胎胎压适当，拆开蓄电池负极桩头，拉紧驻车制动，若为手动档则挂入 R 位，若为自动档则挂入 P 位，关紧车门及车窗玻璃。

5）预交车检查。①即将交付于客户的车辆，必须事先按 PDI 检验实施检查作业，检查项目主要包括：车舱内、车外观、发动机舱内、底盘、车辆附件、车辆文件；②检查作业时应填写 PDI 检查表；③PDI 检查表一式三联，经销商保存一联，特约售后服务中心保存一联，另一联寄回厂家，未实施 PDI 检验的车辆切勿交付客户。

6）质量回馈。无论在接车、入库检查或 PDI 检验时，发现有异常现象，应遵循质量回馈程序回报厂家，有质量问题的车辆，不可尝试先交付消费者，以后再办理索赔维修的程序，这将严重有损于汽车的品牌形象。

6. 牌证办理

消费者在交付定金之后一般由经销商代办上牌手续。上牌手续是一个复杂的过程，包括工商验证、办理移动证、缴纳购置附加税、购买保险、安全排放检验、领取牌照、缴纳车船使用税、领取车辆行驶证、办理车辆档案登记等。

（1）工商验证　携带购车发票到工商局所属的机动车管理处办理验证手续，并加盖验证章。进口车还需要交验由经销商提供的海关货物进口证明或罚没证明书、商检证明书及相关申领牌照手续。

（2）办理移动证　没有牌照的车辆是不能上路的，因此，验证之后本地居民还得到当地交通大队（或其驻场代办处）办理车辆移动证，出京车辆则应先到检测场验车并办理临时牌照方准许上路。

(3) 缴纳购置附加税　按照国家规定，汽车消费需要购买购置附加税。购置附加税为车辆价格（不含增值税）的10%。计算公式为

$$购置附加税 = 车辆价格/(1 + 增值税率) \times 购置税率$$

(4) 购买车辆保险　汽车出事概率较高，容易给他人带来危害。因此，机动车辆必须投保。按照国家规定，机动车必须承保第三者责任险，这是强制保险。另外，各家保险公司开办的车辆保险的险种很多，购车者可在保险公司或市场内、4S销售服务店的保险代办处投保。

(5) 验车　新车必须经车辆检测场检测才能领取牌照。验车场由车管所指定。检验合格后填发由驻场民警签字的机动车登记表。验车时必须带齐车主身份证、车辆合格证。

进口车还需要出示商检书、进口单和车管所核发的准验单。已列入环保目录并已大批量生产的轿车，属于免检车辆。

(6) 领取车辆牌照　以上程序完成后，购车者就可到指定的车管所领牌。领牌需带以下证件：购车发票、车辆合格证、身份证及以上三项复印件、保险单、购置附加税证、验车合格的机动车登记表。单位购车还应带上法人代码，并在机动车登记表上加盖单位公章。诸证齐备方可领取车牌照、临时行车执照和检字牌。私车牌证必须由车主本人亲自前往领取，他人不得代领。

(7) 正式行车执照　准备新车照片两张，凭照片、临时行车执照、备案卡等凭证到换牌照的车管所换正式的行车执照。再到附加费征稽处建档，并在附加费证上加盖已建档登记。

(8) 缴纳车船使用税　在当地税务局（或购车时在其驻场代征处）缴纳车船使用税及印花税，领取税字牌。这样就办好了所有手续，汽车可以上路了。

7. 交车

交车的环节实际上是在办理完了验车、缴纳购置税之后，将车辆资料递交到车辆管理部门后，等待领取牌照时进行的。此时，购车者向经销商补足车款余额方可提车。

交车对经销商和购车者来讲都是一个心动的时刻。因此，经销商要将这一环节精心安排好。

(1) 做好交车前的准备　将选定的车辆清洗，放在存放专区；清点车辆的附带物品；与车主约定交车时间。

(2) 车辆移交　在购车者补足车辆余款后向其递交车辆发票和车钥匙；并协助购车者查验车辆；为购车者清点随车附件；向购车者叮嘱注意事项，如仔细阅读用户手册、维修指南，注意保存好车辆电路密码和备用钥匙及其他车辆资料；告知新车磨合期的注意事项；填写交车单。

(3) 安排相关事宜　购车者与销售经理合影；奉送鲜花和礼品；握手表示谢意并送客出门并道别。

第二节　汽车销售中的服务流业务

汽车销售的服务业务包括潜在顾客的发掘与管理、业务接待与洽谈、签订购车合同、付

款、交车等，如图 11-6 所示。

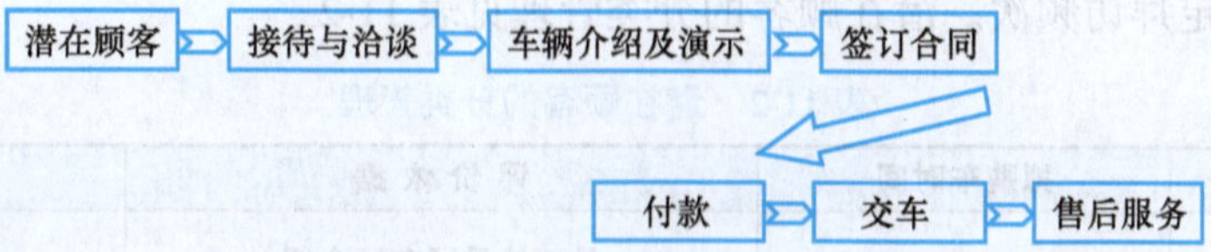

图 11-6　汽车销售过程中的服务流

汽车销售服务业务可以划分为售前、售中和售后三个过程。

一、售前

售前业务包括潜在顾客的挖掘、接待与洽谈、车辆介绍及演示。

1. 潜在顾客的挖掘

汽车销售的数量因销售人员所拥有的潜在顾客及可能成为潜在顾客数量的不同而不同。销售人员为达到销售目标，应该充满热情并寻求足够的潜在顾客，然后通过产品推介、推销等方法使潜在顾客变成最终用户。

潜在顾客具有三个前提，即购买能力、购买欲望和购买的必要性。潜在顾客的前提和来源见表 11-1。

表 11-1　潜在顾客的前提和来源

潜在顾客的前提	购买能力	有较强的支付能力
	购买欲望	有明确的购买时间
	购买的必要性	有明确的购车目的
潜在顾客的来源	新结识者	电话访问者，展厅来访者
	发展的客户	在发展客户中的接触者
	客户推荐者	通过中介接触的客户
	用户	已购买本公司产品的客户

挖掘潜在顾客的方法具体为：①散发宣传资料，如在经销商的市场区域内，至少每月散发一次；②询问（拜访顾客）、收集潜在顾客的信息并上门拜访或电话交谈，尽可能地促使他们参观展厅；③按照挖掘名单发送邮寄材料，特别是一些名人，促使他们来展示厅参观；④举办展示会或其他活动；⑤建立顾客挖掘档案（顾客发展卡）；⑥顾客推荐，顾客推荐促销是销售活动中最重要的因素之一，顾客推荐资料一般由经销点的销售经理管理和控制。

2. 潜在顾客管理

潜在顾客是销售网点最重要的客户资源，应建立必要的顾客管理制度以保障潜在顾客不至于流失，便于进一步发展。

潜在顾客管理是将潜在顾客进行识别和分类。

潜在顾客的识别，通常根据在销售活动中收集的关于个人和车辆状况的信息，判断或识别顾客的购买意向（感兴趣的车辆、购买的意向及对所销产品的兴趣）、购买能力（职业、收入、资产、资金的储蓄），或者需求（家庭情况变化、年款车型的淘汰、车辆老化或损坏)。为使销售会谈更顺利地展开，应将潜在顾客按其可能转化的程度和预计的购买时间进行分类，然后确定拜访频次。潜在顾客的分类管理见表 11-2。

表 11-2　潜在顾客的分类管理

类　别	拟购车时间	评 价 依 据	管 理 方 式
最具潜力的顾客 （A 类）	一个月内	是否接受了车辆介绍 是否完成了试驾 是否选定了车型、颜色 是否已报价 是否已确定付款方式	重点跟踪 安排约见 及时了解顾客动向 提供特别服务
较具潜力的顾客 （B 类）	三个月内	是否接受了车辆介绍	定期电话访问 及时了解顾客动向
一般潜力的顾客 （C 类）	六个月内	是否接受了车辆介绍	传递车辆信息
其他潜在顾客	六个月以上	是否对车辆进行了一般性了解	

3. 接待与洽谈

接待是最初的迎候，迎接——问候——随意参观——洽谈介绍。

洽谈是一门高超的艺术，主要技巧有：

(1) 会谈的问候技巧　一般要求销售人员的言谈举止适应顾客的个性，用顾客习惯的方式向顾客问候，记住顾客的姓名并在称呼对方时使用，行为自然大方，彬彬有礼。销售人员与顾客初次会面时要进行自我介绍，创造使顾客感到无拘无束的气氛；要善于打破沉默，同顾客交谈，掌握询问顾客的时机，找到顾客感兴趣的话题。如果是多位顾客的话，销售人员应判定谁是具有决定权的购买者，把精力主要集中到他的身上，但也不能完全忽略其他人的作用。

(2) 询问的技巧　询问是为了尽可能深入地探询顾客，以便为顾客推荐合适的产品，估计顾客对购买产品的渴望程度，发展与顾客的关系。销售人员在询问之前，对准备提出的问题要有充分的准备，如询问顾客的兴趣爱好、生活方式等。

(3) 推荐的技巧　销售人员在了解了顾客的需要后，就可以向顾客推荐他最满意的产品。当顾客提出问题时，应予以认真解答。

(4) 示范的技巧　如在进行必要的讲解说明后，销售人员引导顾客自己试车。

(5) 回答顾客问题的技巧　特别是顾客有反对意见时，销售人员要弄清楚反对意见是真实存在还是由其他原因造成的。要举例说明并明确答复，用事实说明问题。

4. 车辆介绍

车辆介绍的流程如图 11-7 所示。

车辆介绍因人而异。对不同购买行为和购买心理的顾客要区别对待。在接待中采用试探、询问的方式发现顾客的需求利益、价值，并据此从公司所能提供的选择车型中有针对性地做车辆介绍。

介绍的内容包括安全性、舒适性、高新技术运用的独到之处、整车方面富有动感的造型、高雅和谐的气质、优质的材料、精心设计的空间、舒适周到的配置和持久的经济效益等。

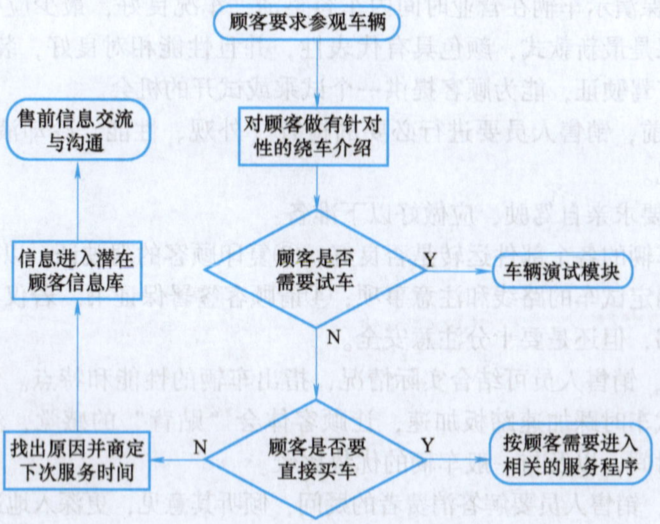

图 11-7　车辆介绍的流程

销售人员在介绍过程中要注意顾客的反应，及时调整介绍的内容和侧重点，以突出不同顾客所关心的问题，尽可能给顾客留下深刻的印象。语言的表达应当简洁，适当用一些专业术语，显得比较专业，同时要主动解释术语的含义。

为了进一步加深顾客对车辆的印象，应鼓励顾客试车，进入车辆演示模块。

5. 车辆演示

车辆演示的目的是使顾客对车辆的性能有直接的感性认识，进一步加强消费者的购车欲望，并体现产品的安全、高质量的品牌内涵。

销售人员要遵循车辆演示程序和原则，准备一定数量的演示车，可在营业时间内有效地展示不同的型号和选装件，并向每一位需要的顾客提供试车的机会。其服务流程如图 11-8 所示。

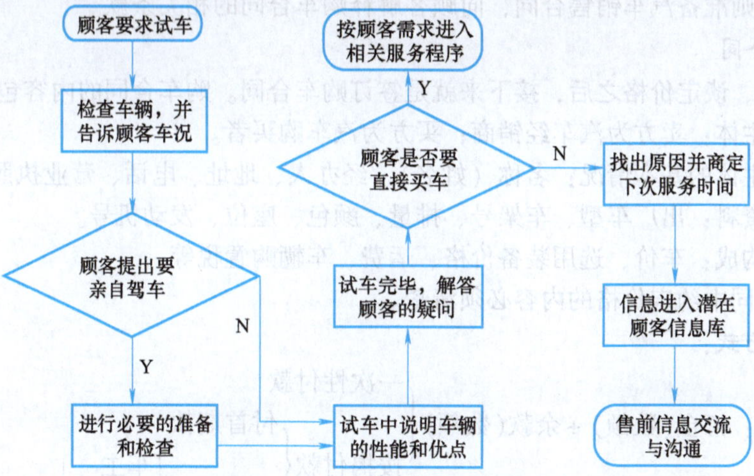

图 11-8　车辆演示服务流程

1）要注意确保演示车辆在营业时间内车容整洁，车况良好，最少应有四分之一箱的燃油。演示车辆确保是最新款式，颜色具有代表性，并且性能相对良好，装备完善的顶级车。每个销售员都应有驾驶证，能为顾客提供一个试乘或试开的机会。

2）演示开始前，销售人员要进行必要的检查（外观、性能、冷却液、机油等），并告诉顾客车辆的概况。

3）如果顾客要求亲自驾驶，应做好以下准备：

①认真检查车辆的各个部件运转是否良好；②复印顾客的驾驶证，以确保顾客的驾驶安全性；③与顾客确定试车的路线和注意事项；④请顾客签署保证书。若仅在原地转转，就不一定要签署保证书，但还是要十分注意安全。

4）在试车中，销售人员可结合实际情况，指出车辆的性能和特点。例如，对于加速性能，销售人员在试车时踩加速踏板加速，让顾客体会“贴背”的感觉，然后介绍该车的功率、转矩、加速时间，以及与一般车辆的优势比较。

5）试车完毕，销售人员要解答消费者的疑问，倾听其意见，更深入地进行交流和沟通。

二、售中

售中的销售服务业务包括车辆选购、签订合同、付款与交车等环节。

1. 车辆选购

在选车过程中，销售人员应陪同顾客，随时解答顾客提出的问题。这个阶段很重要的一项内容就是谈价，向顾客介绍车辆价格的情况，内容包括：

1）价格构成的申明——价格的内涵，所包含的价格要素，如是否含税、含上牌费等。

2）价格与价值的关系——性价比。

3）价格与信心——赢得信任。

4）附送品的价格——表示诚意，以经销商的让利方式实现。

5）价格与款型配置——最经济、最适用。

如果顾客已经选中某车型，销售人员应该立即与库存管理人员联系，核实仓库是否存有现货。若有，则准备汽车销售合同，向顾客解释购车合同的相关条款。

2. 签订合同

选定车型、谈定价格之后，接下来就是签订购车合同。购车合同的内容包括：

1）合同主体：卖方为汽车经销商；买方为汽车购买者。

2）合同主体的基本情况：名称（姓名）、经办人、地址、电话、营业执照（身份证）。

3）车辆资料：出厂车型、车架号、排量、颜色、座位、发动机号。

4）价格构成：车价、选用装备价格、运费、车辆购置税等。

注意：合同中约定价格的内容必须清楚。

5）付款方式：

通常方式：订金（数额）+余款（数额）
- 一次性付款
- 按揭付款
  - 付首期款
  - 办理按揭
    - 车主
    - 银行
    - 经销商
    - （车主、银行、经销商）签约

6）付款形式：现金、支票、汇票、转账。

7）余款拟付日期。

8）预计交车时间、交车地点。

9）履约条款：

① 合同生效条件：交订金。

② 交车条件：全额付清或首期支付。

③ 交车要求：双方检查、确证。

④ 售后服务：承诺。

⑤ 违约罚责：买卖双方的处罚。

⑥ 合同效力：生效。

⑦ 合同撤回：撤回的条件。

⑧ 纠纷处理：协商、仲裁、诉讼。

⑨ 合同文本：一式三份（购车者、经销商、办理按揭贷款留存一份）。

⑩ 签署日期：年、月、日。

可附加其他代办事宜，如车辆检测、购买保险、牌照办理等。

3. 付款与交货

在签订销售合同后，就进入车辆付款与交车服务。

目前在中国的汽车4S店，车辆的验车、上牌一般由经销商代理，因此，付款与交货要经历：预付定金、PDI检验、上牌、付车款余额、交车的过程。

1）预付定金。定金是买方确定对商品购买的承诺。经销商在收取定金后为客户代办相关手续，验车、商检、缴纳购置税、上牌等。定金一般为2万元或为车价的10%，以数额高者为准。

2）PDI检验和上牌（见前述内容）。

3）车辆余款的支付。

车辆在做完PDI检验并完成上牌之后，顾客必须前往销售公司支付购车余款。余款支付后进入交车流程（见上）。

三、售后

车辆交付顾客以后，并不意味着销售工作的完结。售后服务是汽车后市场的一项长期的业务，也是获利非常丰厚的业务内容。一个有经验的优秀的销售人员都不会忘记经常与顾客保持沟通，询问和关心顾客在车辆使用过程中的感受，赢得顾客的满意与信任，为日后工作打下良好的基础。售后业务流程如图11-9所示。

1. 回访

车辆销售后一般在交车72h内，客户服务经理要与购车者联系，以确认其信息的真实性并了解顾客用车后的感受，询问顾客对车辆及整个购买过程的意见。

2. 解答异议

帮助顾客解决有关使用方面的问题。

3. 提醒服务

提醒顾客一些用车方面的注意事项，提醒顾客定期进行维护保养。

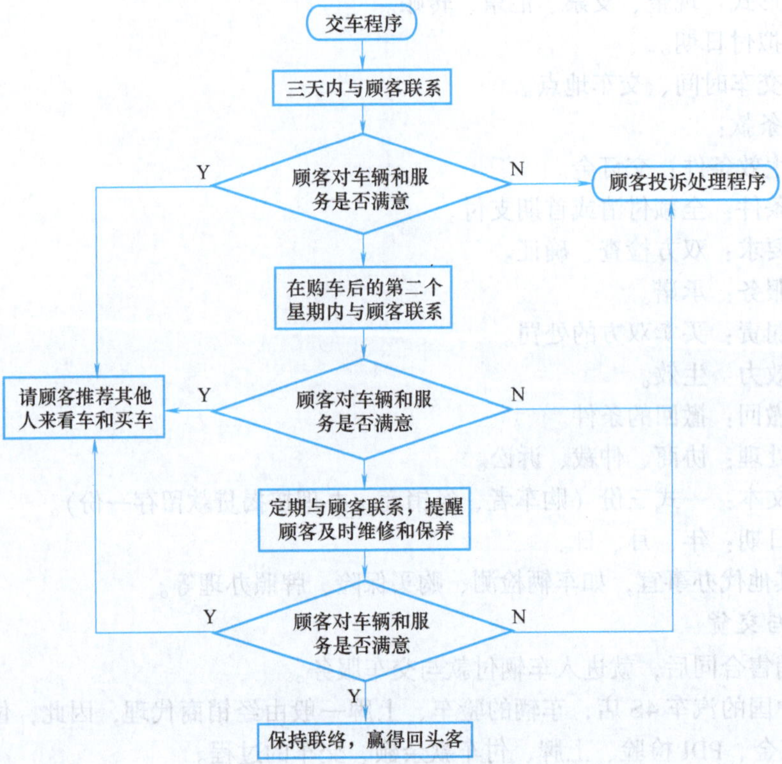

图 11-9 售后业务流程

4. 保持联系

与顾客保持联系并请顾客推荐其他人来看车、买车。

5. 扩展服务

扩展服务包括车主俱乐部活动、技术讲座、车主沙龙、车辆保险理赔服务、车辆年检等。

本章小结

本章主要讲述了汽车销售的实物流业务流程和服务流业务流程及其各环节的业务内容。主要知识点和技能点包括各业务环节的工作内容和操作要领。

本章内容	知识点	核心知识	技能点
汽车销售中的实物流业务	整车销售的物流过程	进货、验车、运输、储存、出货、牌证办理、交车	各个环节业务内容
汽车销售中的服务流业务	整车销售的服务过程	潜在客户、接待洽谈……售后服务	各个环节业务内容

复习思考题

1. 汽车销售的实物流业务有哪些？
2. 汽车销售的服务流业务有哪些？
3. 验车包括哪些内容？
4. 交车包括哪些内容？
5. 汽车销售合同包括哪些内容？
6. 汽车上牌的程序是怎样的？其手续有哪些？

实践练习题

1. 全班分成两组，事先收集实训用车型资料，进行准备工作，包括打扫车辆、准备铭牌等。
2. 分别派出一名代表扮演销售人员，进行现场模拟销售车辆。
3. 从两组中分别派出一名代表扮演顾客去咨询买车。
4. 其他人对销售人员的表现进行评价，填写评价表。

第十二章

汽车营销策略的扩展

学习目标

理论要求：

1. 了解服务营销概念的提出。
2. 掌握汽车服务营销理念的内涵。
3. 掌握汽车营销 4Cs 和 4Rs 策略的内容。
4. 掌握 CS 的概念及其主要特征。

实践要求

能够熟练运用汽车营销策略进行汽车营销活动。

第一节　汽车服务营销理念

一、服务营销的理念

服务营销理念的提出是在 20 世纪 80 年代，而早在 20 世纪 70 年代，全球经济在第二次世界大战结束后的几十年中得到了飞速发展，人民生活水平不断提高，服务业由此也得到了迅速发展，营销理论界对服务营销的特性开始予以越来越多的关注。1981 年，布姆斯（Booms）和比特纳（Bitner）建议在传统市场营销理论 4Ps 的基础上增加三个“服务性的 P”，即人（People）、过程（Process）和有形展示（Physical Evidence）。7Ps 的核心在于：

1）揭示了员工的参与对整个营销活动的重要意义。企业员工是企业组织的主体，每个员工做的每件事都将是顾客对企业服务感受的一部分，都将对企业的形象产生一定的影响。应让每个员工都积极主动地参与到企业的经营管理决策中来，真正发挥员工的主人翁地位。

2）企业应关注在为顾客提供服务时的全过程，通过互动沟通了解顾客在此过程中的感受，使顾客成为服务营销过程的参与者，从而及时改进自己的服务来满足顾客的期望。企业也应重视内部各部门之间的分工与合作过程的管理，因为，营销是一个由各部门协作、全体员工共同参与的活动，而部门之间的有效分工与合作是营销活动实现的根本保证。

服务营销 7Ps 虽然是针对服务业的特殊性而提出的，但其理论价值和实践上的指导意义却不仅仅限于服务营销的范畴，它对整个营销理论乃至企业理论的发展都有启迪。7Ps 的后三个“P”正是正在兴起的服务营销观念的体现。

服务营销观念与市场营销观念有着质的不同。市场营销观念是以市场为导向，企业的营销活动是围绕市场需求来做的，虽然它也重视产品的售后服务，但认为售后服务是解决产品的售后维修，认为售后服务部门是成本中心而不是利润中心，认为做好售后服务是为了推销出更多的产品。

服务营销观念是以服务为导向，企业营销的是服务，服务是企业从产品设计、生产、广告宣传、销售安装到售后服务等各个部门的事，甚至是每一位员工的事。售后服务也不是成本消耗部门，企业的产品在经过每一个部门后都被赋予了新的增值。在服务营销观念下，企业关心的不仅是产品是否成功售出，更注重的是用户在享受企业通过有形或无形的产品所提供的服务的全过程感受。因此，企业将更积极主动地关注售后维修保养、收集用户对产品的意见和建议并及时反馈给产品设计开发部门，以便不断推出能满足甚至超出用户预期的新产品，同时在可能的情况下对已售出的产品进行改进或升级服务。

案例：

销货始于售后

“我坚信，销货始于售后”是世界最著名的汽车销售员乔·吉拉德的著名信条。经营十几年来，他每年卖出的新车比任何其他经销商都多。解释成功的秘诀时，乔·吉拉德说：“我每月都要寄出16000张以上的卡片。”

这个秘诀同样是IBM等许多杰出公司成功的秘诀，那就是服务，压倒性的、无懈可击的服务，尤其是售后服务。乔·吉拉德说：“有一件事许多公司没能做到，而我们却做到了，我坚信销售真正始于售后，并非在货物尚未出售前。顾客还没踏出店门之前，我就已经写好了‘感谢惠顾’的卡片了。”一年之后，乔·吉拉德不仅会代表顾客亲自跟服务部门保持联系，而且还继续维持两者之间的沟通。

乔不会在顾客买了车之后就把他抛至九霄云外了。顾客每个月都会收到一封不同大小、格式、颜色的信封，这样才不会像一封垃圾信件。顾客会打开来看，信的开头写着：“我喜欢您！”接着是：“祝您新年快乐，吉拉德贺！”2月，他会寄一张“美国国父诞辰纪念日快乐”的贺卡给顾客。

乔说：“顾客再回来要求服务时，我尽全力替他们做到最佳服务。你必须有医生的心肠，顾客的车出了毛病，你也替他难过。”

乍看之下，乔·吉拉德的万卡策略就像一种促销方式。和杰出公司一样，他对顾客的关怀是发自内心的诚意：“国内真正出色的餐馆，在厨房里就开始表现他们对顾客的爱心了。同样地，顾客从我这买走一部车，就会像刚走出一家出色的餐馆一样，带着满意的心情离去。”

二、汽车服务营销的内涵

传统汽车销售是以进销差作为利润实现的单一销售盈利，产品价值中没有包括服务，没有追求完整的价值链。销售商没有负起对顾客的全部责任，不利于顾客和厂家。汽车企业对服务的理解和使用范围还相对狭窄，只强调汽车实物分销服务，仅局限于对车辆的维修、保养服务。这就造成了汽车服务网络服务功能单一，品种较少，顾客满意度低的现状。

汽车服务营销的本质就是在买卖双方之间建立亲善、和谐和相互依存又相互信赖的伙伴关系，这种关系是长期的，尤其针对汽车产品而言，长期的依赖和合作是双方都需要的。在这种关系中，厂商和经销商要建立一种全新的理念，一种对价值和利益的新的判断，弱化其对立性，强化其依赖性。有调查表明，汽车用户的用车消费是购车消费的1.5~2倍。汽车的价格目标（尤其是第一次交易）不应是企业利润的唯一来源。企业的目标在于为顾客带来更长期的价值，并因此创造出关系维系更久的顾客。企业的利润建立在为顾客建立更长期的价值基础之上，这就是双赢的营销服务理念，它带来的是企业长远发展的可能性。

汽车是一类复杂、高技术含量的产品，卖方在价格上总占有优势，买方处于劣势。买方的选择只有接受或拒绝，对价格的影响力是极其有限的。因此，在心理上，买方对卖方是戒备的，尽可能多地赚钱是对卖方行为的基本判断，卖方即使在价格上让利，买方也未必认同。有鉴于此，沟通就成为这一理念产生效果的关键，企业应将顾客利益维护理念传递出去，要让顾客感觉到企业向他们提供商品和服务的同时不仅在赚钱，也在维护他们的利益。顾客接受的商品和服务是其所需的、合理的、适宜的和适度的，而其所支付的成本与所获得的收益是对等的，在心理上平衡的，这种效能的结果就是供需双方的信任和良好关系建立的开始，这为企业的生存与发展提供了保障。

第二节　汽车营销4Cs与4Rs策略

一、4Cs的内容

4Cs与4Rs是由传统的4Ps理论发展而来的。4Ps（产品、价格、渠道、促销）营销策略自20世纪50年代末由麦卡锡提出以来，对市场营销理论和实践产生了深刻的影响，被营销经理们奉为营销理论中的经典。“4P”指代的是Product（产品）、Price（价格）、Place（地点，即分销渠道）和Promotion（促销）。这一理论认为，如果一个营销组合中包括合适的产品、合适的价格、合适的分销策略和合适的促销策略，那么，这将是一个成功的营销组合，企业的营销目标也可以借以实现。

随着市场竞争日趋激烈，媒介传播速度越来越快，4Ps理论越来越受到挑战。到20世纪80年代，美国劳特朋（R. F. Lauterborn）针对4Ps存在的问题提出了4Cs营销理论：

“4C”分别指代Customer（顾客）、Cost（成本）、Convenience（便利）和Communication（沟通）。

1. 顾客（Customer）

此处主要指顾客的需求，企业必须首先了解和研究顾客，根据顾客的需求来提供产品。同时，企业提供的不仅仅是产品和服务，更重要的是由此产生的客户价值（Customer Value）。

2. 成本（Cost）

这里不单指企业的生产成本，或者说4Ps中的价格（Price），还包括顾客的购买成本，同时也意味着产品定价的理想情况。这个定价应该既低于顾客的心理价格，也能够让企业有所赢利。此外，这中间的顾客购买成本不仅包括其货币支出，还包括其为此耗费的时间，体力和精力的消耗，以及购买风险等。

3. 便利（Convenience）

此处的便利即为顾客提供最大的购物和使用便利，4Cs 理论强调企业在制订分销策略时，要更多地考虑顾客的方便，而不是企业自己方便。要通过好的售前、售中和售后服务来让顾客在购物的同时也享受到便利。便利是顾客价值不可或缺的一部分。

4. 沟通（Communication）

这里的沟通被用来取代 4Ps 中对应的促销（Promotion）。4Cs 认为，企业应通过同顾客进行积极有效的双向沟通，建立基于共同利益的新型企业/顾客关系。这不再是企业单向的促销和劝导顾客，而是在双方的沟通中找到能同时实现各自目标的通途。

4Cs 理论也留有遗憾。总体来看，4Cs 营销理论注重以消费者需求为导向，与市场导向的 4Ps 相比，4Cs 有了很大的进步和发展。但从企业的营销实践和市场发展的趋势看，4Cs 依然存在以下不足：

1）4Cs 是顾客导向，而市场经济要求的是竞争导向，中国的企业营销也已经转向了市场竞争导向阶段。顾客导向与市场竞争导向的本质区别是：前者看到的是新的顾客需求；后者不仅看到了需求，还更多地注意到了竞争对手，冷静分析自身在竞争中的优势、劣势并采取相应的策略，在竞争中求发展。

2）4Cs 理论虽然已融入营销策略和行为中，但企业营销又会在新的层次上趋同化。不同企业至多是个程度的差距问题，并不能形成营销个性或营销特色，不能形成营销优势，不能保证企业顾客份额的稳定性、积累性和发展性。

3）4Cs 以顾客需求为导向，但顾客需求有个合理性问题。顾客总是希望质量好，价格低，特别是在价格上要求是无界限的。只看到满足顾客需求的一面，企业必然付出更大的成本，久而久之，会影响企业的发展。

4）4Cs 仍然没有体现既赢得顾客，又长期地拥有顾客的关系营销思想。没有解决满足顾客需求的操作性问题，如提供集成解决方案、快速反应等。

5）4Cs 总体上虽是 4Ps 的转化和发展，但被动适应顾客需求的色彩较浓。根据市场的发展，需要从更高层次以更有效的方式在企业与顾客之间建立起有别于传统的新型的主动性关系，如互动关系、双赢关系、关联关系等。

二、4Rs 的内容

针对上述问题，美国唐·舒尔茨（Don E. Schuhz）提出了 4Rs（关联、反应、关系、回报）营销新理论，阐述了一个全新的营销四要素。

1. 关联（Relevancy）

在竞争性市场中，顾客具有动态性。顾客忠诚度是变化的，他们会转移到其他企业。要提高顾客的忠诚度，赢得长期而稳定的市场，重要的营销策略是通过某些有效的方式在业务、需求等方面与顾客建立关联，形成一种互助、互求、互需的关系。

2. 反应（Reaction）

在当今相互影响的市场中，对经营者来说最现实的问题不在于如何控制、制订和实施计划，而在于如何站在顾客的角度及时地倾听顾客的希望、渴望和需求，并及时答复和迅速做出反应，满足顾客的需求。

3. 关系（Relationship）

在企业与客户的关系发生了本质性变化的市场环境中，抢占市场的关键已转变为与顾客建立长期而稳固的关系，从交易变成责任，从顾客变成用户，从管理营销组合变成管理和顾客的互动关系。

沟通是建立关系的重要手段。从经典的 AIDA 模型“注意——兴趣——渴望——行动”来看，营销沟通基本上可完成前三个步骤，而且平均每次和顾客接触的花费都很低。

4. 回报（Reward）

对企业来说，市场营销的真正价值在于其为企业带来短期或长期的收入和利润的能力。

4Rs 理论有四大优势：

1）4Rs 营销理论的最大特点是以竞争为导向，在新的层次上概括了营销的新框架。4Rs 根据市场不断成熟和竞争日趋激烈的形势，着眼于企业与顾客的互动和双赢。

2）4Rs 体现并落实了关系营销的思想。通过关联、关系和反应，提出了如何建立关系、长期拥有顾客、保证长期利益的具体操作方式，这是一个很大的进步。

3）反应机制为互动与双赢、建立关联提供了基础和保证，同时也延伸和升华了便利性。

4）回报兼容了成本和双赢两方面的内容。追求回报，企业必然实施低成本战略，充分考虑顾客愿意付出的成本，实现成本的最小化，并在此基础上获得更多的顾客份额，形成规模效益。这样，企业为顾客提供价值和追求回报相辅相成，相互促进，客观上达到的是一种双赢的效果。

当然，4Rs 同任何理论一样，也有其不足和缺陷。例如，与顾客建立关联、关系，需要较强的实力或某些特殊条件，并不是任何企业可以轻易做到的。但不管怎样，4Rs 提供了很好的思路。

4Ps、4Cs、4Rs 三者不是取代关系而是完善、发展的关系。由于企业层次不同，情况千差万别，市场、企业营销还处于发展之中，所以至少在一个时期内，4Ps 还是营销的一个基础框架，4Cs 也是很有价值的理论和思路。因而，两种理论仍具有适用性和可借鉴性。4Rs 不是取代 4Ps、4Cs，而是在 4Ps、4Cs 基础上的创新与发展，所以不可把三者割裂开来甚至对立起来。

三、4Cs 与 4Rs 策略在汽车营销上的运用

1. 4Cs 策略在汽车营销上的运用

现有的汽车营销网络体系主要有两种：一种是两个或多个营销系统销售一个生产企业的产品，如一汽—大众生产的产品就分奥迪的营销体系和一汽—大众的营销体系，两个不同的营销体系在销售一个生产企业的产品；另一种是同一个营销网络销售一个生产企业的产品，如一汽丰田汽车销售有限公司现在销售四个生产企业的产品，第一个是一汽丰越生产的陆地巡洋舰（包括 4500 级别和 4700 级别），第二个是四川一汽丰田所生产的柯斯达和霸道，第三个是天津一汽华利所生产的特锐（是丰田旗下的大发品牌，也就是小型车的产品），第四个是天津一汽丰田生产的威驰和花冠这两个产品。丰田的这种营销方式是中国汽车市场上最早出现的由一个营销系统销售四个生产企业的产品的营销模式。这种营销模式的好处显而易见，首先销售公司不用按四个企业分别建立四个营销体系，如果建四个营销体系的话，会造

成整个丰田系列大量人力资源的浪费，也会造成对产品资源的浪费，实际上如果建立四套营销体系的话，更会对国家土地资源造成浪费。相反，将四个企业的产品融合到一起之后，能够为来店选购丰田车系的顾客创造一个非常便利的条件，他们不用到四个专卖店去看、去选，在一个专卖店就可以看到整个系列的所有产品。

一汽丰田汽车销售有限公司采取的这种营销模式表明，一汽丰田汽车销售有限公司的营销模式已从过去的4Ps发展到现阶段的带有典型4Cs模式特征的营销模式。这种模式符合一汽丰田顾客第一的宗旨，4Cs的核心层面就是顾客的成本、顾客的便利度、顾客的沟通和顾客的满意度，从顾客的成本和顾客的便利度上考虑，一个店铺和四个店铺相比较，花费的成本与为顾客带来的便利确实是不一样的。进入2004年之后，汽车销售竞争日趋激烈，面对越来越成熟的顾客，任何汽车销售厂商要想赢得顾客，就必须真正设身处地为顾客着想，降低顾客的成本，因为，降低顾客的成本实际上就是提高顾客的附加值。

2. 4Rs策略在汽车营销上的运用

4Rs策略的精髓是把营销活动看成是一个企业与消费者、供应商、分销商、竞争者、政府机构及其他公众发生互动作用的过程，其核心是建立和发展与这些公众的良好关系。传统的市场营销理论只强调企业适应市场，其实，企业更应当影响市场。就汽车营销而言，既可以通过“推销”和“拉销”进行“唤起愿望”的诱导，也可以通过“关系”和“权利”施加“非买不可”的压力。

顾客是企业的“衣食父母”，因此，顾客关系也是4Rs营销的基本形式和基本内容。因为，顾客不但是企业产品的消费者，而且是企业利润的提供者。美国著名公共关系学家瑞特甚至认为：“无论大小企业，都必须永远按照下述信念来计划自己的方向。这个信念就是：企业要为消费者所有，为消费者所治，为消费者所享受。”

商家是企业的合作伙伴，对生产厂家来说，中间商不仅是产品扩散的渠道，更是产品促销的力量。同时，商家也离不开厂家，离开厂家提供的产品和服务，商家不仅会失去利润的来源，而且会失去存在的基础。显然，企业与商家互为依托，存在着共存共荣，互利互惠的伙伴关系。

政府是企业的靠山。在市场经济条件下，“政企分开”，企业拥有经营自主权。但是，这并不意味着政府放弃或削弱了对企业的领导。过去是微观控制，现在是宏观指导；过去是行政干预，现在是政策调节。同时，由于政府职能的“人格化”，也会使这种领导因人而异。即使在现代经济活动中，政府所扮演的角色也是多方面的。政府不但是廉价原料、低息贷款、无偿资助、可靠信息的主要来源，而且以政策导向的形式，强烈影响着企业的命运。

政府不但可以帮助企业促进产品销售，而且可以帮助企业改善销售环境。企业在打假、清欠等方面可以提请政府干预的事项是相当多的。借助政府的力量、提请政府干预等，不但可以使企业变无力为有力，而且也有利于搞好企业与政府的关系。

案例：

在美国汽车发展史上，以“管理之王”著称的克莱斯勒公司前总裁亚科卡，在公司濒临倒闭之时，就曾直面总统，为公司争取到了10.5亿美元的低息贷款。

1999年，福特汽车公司就趁WTO部长级会议在西雅图召开之际，为会议提供了55辆清洁天然气汽车。其中，5辆Econoline面包车是福特汽车公司的“环保明星”，并曾作为美国前商务部长威廉·戴利访华时的专车，至今仍然在美国驻华大使馆服务。显然，当Econoline面包车奔驰在神州大地上的时候，已经不再是普通的面包车，而是具有促销作用的流动广告了。

在我国，湖北省委省政府也曾多次召开“支持东风汽车公司建设百万辆级汽车工程会议”。1999年9月，湖北省委副秘书长甚至代表副省长发言说：“支持富康车的销售就是支持先进，就是支持湖北经济的发展。”湖北省委省政府为企业摇旗呐喊，企业的靠山当然也坚如磐石。

金融界是企业的“金库”。企业经营的过程，在本质上就是资本经营的过程。无论是企业酬资、营销投资还是利润分配，都离不开金融界的广泛参与。特别是当分期贷款、消费贷款、按揭贷款、汽车赊销等信用消费成为企业经营策略的时候，与金融界搞好关系则更为必要。随着金融企业的市场化，汽车企业与金融界的联系将越来越紧密。另外，随着保险业的发展，汽车企业与保险界的关系越来越深入，企业与保险界的关系是企业与金融界关系的延伸。

新闻界关系也是4Rs营销的主要形式和内容。因为，新闻界不但执行着信息传播的职能，掌握着舆论工具，而且具有重视时效性、重视空间性、具有公告性、具有关切性，以及遵守真实性、负有责任感等其他传播媒介不可企及的优点。它可以左右舆论，也可以制造舆论，从而成为影响和引导民意的巨大力量。

教育界是企业的“加速器”。因为，教育界不仅仅是培养人才的摇篮，而且培养着潜在消费者的感情。因此，搞好与教育界的关系，其实就是在塑造企业的未来。丰田公司的决策者认为：企业发展的源泉是技术。为此，他们不仅成立了丰田中央研究所和国际经济研究所，而且于1981年创办了丰田大学。

案例：

1995年3月29日，美国通用汽车公司与清华大学合作，建立了德尔福汽车系列技术研究院，并以此为契机，开始了挤占德国大众和法国标致雪铁龙在中国市场的历程。1998年，神龙汽车公司也与华中科技大学（原华中理工大学）签署了人才培养和科技合作协议。根据协议，学校将为企业培养高层次的专业人才，并为产品开发、技术改造、企业管理提供技术支持；而企业也将为学校提供教学和科研基础。有关资料表明，从1998年4月，华中科技大学（原华中理工大学）在神龙汽车公司开设了硕士班。此后，该校还应神龙公司的要求，委托培养了以工程类为主的硕士研究生，开办了各种类型的技术培训班、职工函授班等，并通过合作开发、成果转让、技术咨询、委托培养等形式，为神龙公司研究开发了有关的新产品、新材料、新技术、新工艺等，增强了神龙汽车公司的科技开发能力和科学管理能力。与此同时，神龙汽车公司也应华中科技大学的要求，接受该校毕业生到公司进行生产实习和毕业设计。互为依托、互利互惠，形成了良好的校企关系。

第三节　汽车营销 CS 工程

一、CS（顾客满意）

CS 经营又称 CS 行销战略，是英文 Customer Satisfaction 的简称，中文为“顾客满意”之意。美国市场营销大师菲利普·科特勒认为：满意是一种感觉状态的水平，它来源于对一件产品所设想的绩效或产出与人们的期望所进行的比较。顾客对产品或服务的期望来源于其以往的经验、他人经验的影响及营销人员或竞争者的信息承诺。CS 有别于 CI（企业形象识别）设计，是 20 世纪 90 年代国际上新兴的行销战略，它面对买方市场新形势的出现，强调从顾客需求出发，打破企业传统的市场占有率推销模式，建立起一种全新的“顾客占有率”的行销导向。

汽车销售人员和企业必须把顾客的利益放在首位，树立顾客导向的业务观念。过去，“精明”曾经被认为是汽车销售人员必须具备的素质，然而在今天，绝大多数企业都已认识到：满足顾客的需求，必须让顾客从车辆和服务中真正获得利益，只有这样，汽车销售人员和企业才能与顾客建立并保持长期的良好关系。

CS 与 CI 相比较，CS 考虑问题的起点是顾客，CI 则是企业形象；CS 要建立的是企业为顾客服务，使顾客满意的系统；CI 则带有较浓的推销色彩。就经营观念而言，CS 要比 CI 更深一层和更高一筹。

顾客满意的定义是指一个人通过对一个产品的可感知的效果（或结果）与他的期望值进行比较后所形成的感觉状态，用公式表达为

顾客满意 = 可感知效果/期望值

满意水平是可感知效果和期望值之间的差异函数。能否实现顾客满意有三个重要因素：①顾客对产品的先期期望；②产品的实际表现；③产品表现与顾客期望的比较。如果可感知效果低于期望值，顾客就会不满意；如果可感知效果与期望值相匹配，顾客就满意；如果可感知效果超过期望值，顾客就会高度满意、高兴或欣喜。

二、顾客满意度

顾客满意度就是量化了的顾客满意。顾客满意度是指人们对所购买的产品或服务的满意程度，以及由此产生的决定他们今后是否继续购买的可能性。满意度的高低取决于购前期待与购后实际体验之间的关系，即

顾客满意度 = 购后实际体验/购前期待

汽车企业要实现高的顾客满意度，必须从以下各方面来理解顾客需求：

1）汽车外部质量，包括车身的漆面质量、密封性、外形和颜色等。

2）汽车内部质量，包括内饰质量、内部空间大小、乘坐舒适性、空调性能和行李箱空间等。

3）汽车性能，包括动力性、制动性、操控性、燃油经济性、主动安全性、被动安全性和噪声等。

4）售后服务质量，包括维修网点的数量、维修站的设施和级别、维修人员的服务质量和零配件供应等。

5）汽车养护费用，包括车险、油费、停车费、日常养护和维修等方面的开支。

三、CS工程在汽车营销领域中的运用

1. 如何使顾客满意

在以顾客为中心的营销时代，CS工程的运用和实施能够给顾客带来最大程度的满意，汽车生产厂商和汽车销售商也意识到CS工程的重要性，将CS的内容和精髓融入日常工作流程中。他们从顾客的需求出发，从产品结构、产品质量、销售方式、服务项目、服务水平等各方面为顾客服务，满足顾客各种不同的需要，为顾客带来高度满意。CS在汽车营销领域中的应用主要体现在以下几个方面：

（1）在产品结构上使顾客满意　各大汽车厂商为了能在激烈的市场竞争中生存与发展，不断缩短开发周期，并针对市场调整产品结构与营销策略。

世界上最大的汽车厂商——美国通用，从2003年开始在中国推出了全系列的产品，一改过去在中国生产的车型比较单一的局面。从别克到SPARK，到凯迪拉克CTS，甚至到凯迪拉克的概念车，既有高档轿车、中型轿车和经济型轿车，也有SUV，还可能有轻型货车。他们推出的凯越是非常有竞争力的中型车，凯越以下又有赛欧，赛欧以下又有SPARK，显现出通用已经是全系列进入中国的一个势态。从当年引入两款高档轿车，到现在全系列的车都进来了，通用显然已经做好了产品结构的调整，为实现在中国的战略意图打好了基础。

德国大众在20世纪80年代进入中国，进入之初踌躇满志，占据了相当可观的市场份额。之后的很长一段时间内，由于中国轿车产业基础十分薄弱，十几年来桑塔纳几乎一统中国轿车天下。进入21世纪后，随着上汽通用、广汽本田等其他合资汽车生产商的成长，中国市场的变化与竞争对手的压力迫使一贯固执的德国人终于做出了调整。一汽—大众和上汽大众从2001年开始也加快了推出新产品的速度，2002年年初，大众在中国推出被称为“驾驶者之车”的“宝来”，装备了与奥迪A6和帕萨特相同的1.8T发动机。2003年之后，大众又将高尔夫（Golf）、Polo三厢车、大众途安和奥迪A4推向中国市场。今天，大众汽车也是以全系列产品在中国上市。

（2）在产品质量上使顾客满意　汽车属于价值较高的消费品，随着人民收入的提高、信息的发达、汽车知识的普及和消费者汽车消费观念的成熟，消费者在购买汽车时对汽车价格的关注程度已开始渐渐下降，而对产品品质的关注程度逐渐加大。国内已出现了一些专业的咨询公司或权威机构，定期发布车辆产品质量的调查报告，通过大量数据统计分析衡量汽车产品的质量优劣，这样的结果对消费者的购买决策具有很强的影响力。

总体来说，各个汽车公司要真正得到顾客的满意，就必须保证经销车辆的品质，使它能够符合顾客的“需求”，更要符合其“理念”，能全面融入顾客的生活中。

（3）在销售方式上与销售过程中使顾客满意　从最初的汽车大卖场到装修豪华的汽车4S专营店，汽车的销售方式一直处在变化中。近年来，随着汽车市场竞争日渐激烈、顾客购车的挑剔程度的增加，为了降低成本，更好地满足顾客需求，汽车超市渐渐成为销售汽车的主流模式之一。现在，高效、低成本的互联网汽车营销出现在顾客面前。

目前，互联网已经成为众多产品的重要营销方式，国内已经拥有超过两亿的互联网用户，并且这个用户群仍然以每年超过20%的速度增长。由于互联网具有信息迅捷、内容丰富、互动性强、搜索简便、低成本等特点，非常适合作为汽车的营销平台。很多汽车消费者

都愿意通过互联网进行汽车品牌查询和报价搜索。根据调查，在汽车消费者中，有超过40%的人在买车前会借助互联网进行汽车品牌的查询、性能比较，并通过论坛等方式同某些品牌的使用者进行沟通与交流，为自己的买车提供参考。同时，通过互联网平台，汽车经销商可以很方便地发布所经销的汽车品牌、建立自己的网上专卖店、展示自己的公司形象和联系方式等，这样也有利于消费者通过这个平台搜索自己所喜欢的汽车品牌、进行性能比较及了解该品牌各个经销商的报价。这一切都促成了互联网与汽车营销之间的合作。

无论是过去的汽车大卖场，曾经辉煌过的汽车4S专营店，现在方兴未艾的汽车超市，还是刚走入顾客生活中的汽车网络营销，都是使顾客得到最大满意的产物，它们的将来和发展都会随着顾客的满意程度而改变。

(4) 在售后服务上使顾客满意　随着汽车消费日趋成熟，售后服务日益成为消费体验中举足轻重的部分，对顾客而言，汽车服务品牌与汽车品牌变得同等重要，在顾客选择购买汽车过程中起着不可忽视的作用。与汽车品牌不同，汽车服务品牌是指为汽车售后服务专项打造的特有品牌，也有具体的标识、服务标准。

案例：

上汽大众与上汽通用打造售后服务品牌

早在2001年，上汽大众在已有的售后服务基础上，启动了一个崭新的计划，这就是利用CRM客户关系管理体系将售后服务与售前的开拓潜在客户、生产符合客户需要的产品，以及实现客户购买等整合在一起，形成一个完整的服务过程。上汽大众称之为客户全生命周期服务管理。

2002年11月，上汽通用汽车创立的汽车服务品牌——别克关怀（Buick Care）面世。别克关怀拥有6项服务承诺：主动提醒/问候；一对一顾问式服务；快速保养通道；配件价格/工时透明；专业技术维修认证；2年/6万km质量担保。

别克关怀服务现已遍布全国250多家别克特约售后服务中心，除每年主动发起全国范围的别克关怀健康中心系列免费健诊活动外，还推出领先同行的服务产品——星月服务和菜单式保养。

星月服务使别克品牌成为全国首个将售后维修服务时间统一延长至深夜22：00，并提供24h 800免费客服电话和24h全天候紧急援助服务的企业。而于2004年11月推出的“菜单式保养”是由经验丰富的维修专家小组针对不同车型和车辆状况，为客户量身定制出相应的保养套餐，使别克车主在获得专业高效的维修服务时，获得省心省力的全新售后维修体验。

上汽通用通过品牌化的进程，使售后服务更为具体化、专业化，并将原来阶段性、季节性的服务活动标准化。

别克关怀的推出，突破了售后服务在形象上从属于销售的现状，更将汽车售后服务从传统的被动式维修服务带进主动关怀的新时代。别克关怀已经成为上汽通用汽车打造差异化竞争优势的重要途径。

与国外相比，国内汽车厂家正式推出的汽车服务品牌数量不多，很多厂商还处于摸索阶段，还面临很多困难。但不论前面有多少未知数，售后服务的品牌化已是大势所趋，它的总体目标仍然是使顾客高度满意。

2. 顾客满意能够带给企业的价值

任何企业和汽车销售人员都不能忽视顾客满意所能带给企业的利益。经研究发现，从顾客选购一辆汽车开始，他们将带来至少30万美元的价值。顾客所带来的价值包括：每位上门顾客一生可能购买的汽车数乘以汽车的平均售价；顾客可能需要的零件和维修服务；购车贷款所带给公司的利息收入；老顾客所带来的新顾客的购买力等。当然，这些利益均是建立在顾客满意的基础之上的。

美国汽车制造业率先开展了顾客满意度调查。此后，各个汽车制造业都投入大量资金来跟踪调查顾客满意度，并制订了一系列奖励制度，促使员工提高顾客满意度，以便与外国汽车制造厂商争夺市场。现在，美国汽车制造厂的顾客满意率都超过90%。

顾客的满意首先会使该顾客由普通顾客转变为忠诚顾客，而忠诚顾客在今后再购买汽车时，会首先考虑原来那家带给他（她）满意的公司。

案例：

为了最大限度地挖掘顾客能够带给企业的价值，丰田汽车公司信奉的是“我们不是在卖汽车，而是在帮助顾客买汽车”的经营理念，推出了“保姆式”的服务计划。美国凯迪拉克想得更周到，在它的每一个汽车维修点都已备好车，只要用户的车一坏，就可以把坏的车放下，开走备用车；待用户的坏车一修好，马上开到用户的门上去，一点也不耽误用户的时间。

顾客的满意还能为企业带来更多的财富。企业的销售都来自两类顾客——新顾客和老顾客。不断争取新顾客固然重要，但维系与老顾客的良好关系，培养老顾客的信任和忠诚更能直接增强企业的获利能力。专家估计：开发新客户比服务老客户需要多花5倍的时间、金钱与精力。乔·吉拉德研究发现，在每位顾客的后面大约有250位亲朋好友。如果一个汽车销售员在年初的一个星期里见到50个人，其中只要有两个顾客对其态度感到不愉快，到了年底，由于连锁影响就可能有500个人不愿意和这个汽车销售员打交道。因此，老顾客的影响力之大可能超出很多人的想象。

当今的汽车市场竞争激烈，商业信息爆炸，人们对大众传播媒体越来越缺乏足够的信任。在进行重大购买决策时，人们十分重视亲朋好友的推荐和其现身说法。因此，从某种意义上可以说：已有的顾客是座金矿，他们能给企业带来源源不断的新朋友。老顾客等于丰厚的利润，所以，企业应积极建立与老顾客的情感联系渠道。老顾客之所以忠诚于企业，是因为他们不仅对产品有一种理性的偏爱，而且更有一种情感上的依赖。因此，企业在为顾客提供优质的产品和服务的过程中，还要做到心系顾客，把顾客当作自己一生的朋友来对待，进行感情投资，向其注入亲人般的情感和关怀。乔·吉拉德每月都要寄出1.6万多张卡片，使顾客每个月都会收到一张不同款式的像工艺品一样精美的卡片，并长期保存。“他记住了顾客，顾客也牢记了他”。乔·吉拉德的小小卡片成了联系买卖双方情谊的纽带，良好的人际关系使许多顾客乐意和他长期打交道。

案例：

汽车召回与服务营销

汽车召回服务是将出现质量问题的汽车召回维修或召回更换的服务形式。日本丰田汽

实践练习题

根据篇中“汽车召回与服务营销”案例进行分析：

1. 汽车召回服务与汽车服务营销有何关系？

2. 汽车生产与销售厂商应该如何真正地把维护消费者的利益与保证自己的经济利益结合起来？

第十三章

汽车市场营销方式的发展与创新

学习目标

理论要求：

1. 掌握绿色营销、整合营销、定制式营销、关系营销及网络营销的基本内涵。
2. 了解绿色营销、整合营销、定制式营销、关系营销及网络营销的一些具体特征。
3. 了解绿色营销、整合营销、定制式营销、关系营销及网络营销在汽车营销领域的拓展情况。

实践要求

能够通过对当前汽车营销的一些创新方式的了解，在实际的汽车营销中加以合理的运用，进一步提升汽车营销的整体水平。

近年来，市场营销的理论和方法发展迅速，新的营销方式不断涌现，已经出现绿色营销、整合营销、关系营销、网络营销等，极大地丰富了企业营销策略的运用。在汽车销售领域，这些新的方式也正成为汽车产品营销的新型工具。

第一节　汽车绿色营销

汽车的绿色营销源于能源的过度消耗、自然生态环境的不断恶化及全社会环保意识的增强。由于汽车的排放给自然环境造成了严重的污染，给人类的健康、生存造成了极大的影响，各国都开始制定一定的环保标准来最大限度地减轻汽车给环境带来的威胁。现代汽车企业对环境的保护也要求它开展绿色营销，从市场需求的角度促进对环境的保护，迎合消费者崇尚绿色消费的消费心理。

一、绿色营销的内涵

绿色营销属于社会营销的范畴，要求企业将注意力从单纯追求利润转为：在营销中要注重地球生态环境的保护，促进经济与生态的协调发展，为实现企业自身利益、消费者和社会利益及生态环境利益的统一而对其产品、定价、分销和促销的策划与实施过程。

从企业经营的角度来说，绿色营销是指企业重视和保护生态环境，辨识和适应消费者的绿色需求；从消费者的角度看，绿色营销是指企业在绿色消费的驱动下，以绿色消费为中心和出发点，制订和实施相应的营销策略，实现企业经营目标；从产品的角度来说，绿色营销强调产品对环境产生的影响，通过改革产品的生产过程达到环境保护的目的。

汽车绿色营销不仅仅是提供汽车绿色产品的问题，而且是汽车营销行为的绿色，倡导多赢性原则，是一种行为上的美，讲究营销行为与社会的和谐，营销行为与自然的和谐，营销行为与竞争对手、与顾客、与供应商等人的和谐。

二、汽车绿色营销的实施

1. 树立绿色营销观念

绿色营销观念是在绿色营销环境条件下企业生产经营的指导思想。传统营销观念认为，企业在市场经济条件下生产经营，应当时刻关注与研究的中心问题是消费者需求、企业自身条件和竞争者状况三个方面，并且认为满足消费需求、改善企业条件、创造比竞争者更有利的优势，便能取得市场营销的成效。而绿色营销观念却在传统营销观念的基础上增添了新的思想内容。绿色营销观念注重社会利益，汽车绿色营销更明确定位于节能与环保，立足于可持续发展，放眼于社会经济的长远利益与全球利益。

2. 设计绿色汽车产品

产品策略是市场营销的首要策略，汽车企业实施绿色营销必须以尽可能生产环保汽车产品为载体，为社会和消费者提供满足绿色需求的汽车产品。所谓绿色产品，是指对社会、对环境改善有利的产品，或者称无公害产品。这种绿色产品与传统同类产品相比，至少具有下列特征：

1）产品的核心功能既要能满足消费者的传统需要，符合相应的技术和质量标准，更要满足对社会、自然环境和人类身心健康有利的绿色需求，符合有关环保和安全的标准。

2）产品的实体部分应减少资源的消耗，尽可能利用再生资源。产品实体中不应添加有害环境和人体健康的原材料。在产品制造过程中应消除或减少对环境的污染。

3）产品的包装应减少对资源的消耗，包装的废弃物和产品报废后的残物应尽可能成为新的资源。

4）产品生产和销售的着眼点不在于引导消费者大量消费而大量生产，而是指导消费者正确消费而适量生产，建立全新的生产美学观念。

当前，各主要汽车生产国家都在开发和推出环保节能性汽车，以满足消费者对绿色产品的需求。日本推出节省25%燃油，少排80%废气的绿色汽车；美国研制出燃烧效率比现有汽车高3倍的小型汽车；我国一些企业也在开发、生产和使用纯电动汽车、无铅汽油，以液化石油气代替汽油作为能源等。

3. 制订汽车产品的绿色价格

价格是市场的敏感因素，定价是市场营销的重要策略，实施绿色营销不能不研究绿色产品价格的制订。一般来说，绿色产品在市场的投入期，生产成本会高于同类传统产品，因为绿色产品成本中应计产品环保的成本，主要包括以下几方面：

1）在产品开发中，因增加或改善环保功能而支付的研制经费。

2）在产品制造中，因研制对环境和人体无污染、无伤害而增加的工艺成本。

3）使用新的绿色原料、辅料而可能增加的资源成本。

4）由于实施绿色营销而可能增加的管理成本、销售费用。

但是，产品价格的上升会是暂时的，随着科学技术的发展和各种环保措施的完善，绿色产品的制造成本会逐步下降，趋向稳定。企业制订绿色产品价格，一方面当然应考虑上述因素，另一方面应注意到，随着人们环保意识的增强，消费者经济收入的增加，消费者对商品可接受的价格观念会逐步与消费观念相协调。所以，企业营销绿色产品不仅能使企业赢利，更能在同行竞争中取得优势。

4. 绿色营销的渠道策略

绿色营销渠道是绿色产品从生产者转移到消费者所经过的通道。企业实施绿色营销必须建立稳定的绿色营销渠道，策略上可从以下几方面努力：

1）启发和引导中间商的绿色意识，建立与中间商恰当的利益关系，不断发现和选择热心的营销伙伴，逐步建立稳定的营销网络。

2）注重营销渠道有关环节的工作。为了真正实施绿色营销，从绿色交通工具的选择，绿色仓库的建立，到绿色装卸、运输、储存、管理办法的制定与实施，认真做好绿色营销渠道的一系列基础工作。

3）尽可能建立短渠道、宽渠道，减少渠道资源消耗，降低渠道费用。

5. 搞好绿色营销的促销活动

绿色促销是通过绿色促销媒体，传递绿色信息，指导绿色消费，启发并引导消费者的绿色需求，最终促成购买行为。绿色促销的主要手段有以下几方面：

（1）绿色广告　通过广告对产品的绿色功能定位，引导消费者理解并接受广告诉求。在绿色产品的市场投入期和成长期，通过大量的绿色广告信息，营造市场营销的绿色氛围，激发消费者的购买欲望。

（2）绿色推广　通过绿色营销人员的绿色推销和营业推广，从销售现场到推销实地，直接向消费者宣传、推广产品的绿色信息，讲解、示范产品的绿色功能，回答消费者的绿色咨询，宣讲绿色营销的各种环境现状和发展趋势，激励消费者的消费欲望。

（3）绿色公关　通过企业的公关人员参与一系列公关活动，如发表文章、演讲、影视资料的播放、社交联谊、环保公益活动的参与、赞助等，广泛与社会公众进行接触，增强公众的绿色意识，树立企业的绿色形象，为绿色营销建立广泛的社会基础，促进绿色营销的发展。

汽车企业开展绿色营销是在消费者绿色需求的条件下产生的，所以，绿色需求是绿色营销的动力。因此，汽车企业应当注重培养绿色文化意识，从而形成绿色营销的文化环境；在产品设计、制造和服务过程中，不断研究和创造有利于保护生态环境、消费者身心健康的科学技术成果，形成绿色营销的科技环境；以是否能最佳满足消费者绿色需求作为企业间竞争的焦点，形成市场营销新的竞争环境。

尽管绿色营销是传统营销的延伸与扩展，但它毕竟是社会经济发展到现阶段的产物，所以，它与传统营销相比，无论是营销观念还是营销组合策略，都显示出自身独特的、崭新的内涵，显示出顽强的生命力，汽车绿色营销必将成为21世纪汽车市场营销的主流。

第二节 汽车整合营销

一、整合营销的基本内涵

现代企业的成功有两个基本条件，一是消费需求的不断满足，二是企业各种资源的优化组合。整合营销是指从与消费者沟通的本质意义上展开营销活动，将品牌、理念、市场、产品、价值、网络、促销和服务整合成一体，发挥更具实力的效果。品牌整合的关键在于正确处理母品牌与子品牌的关系；理念整合是整合营销的思想基础；产品市场整合就是要先找出企业的目标市场，对产品进入市场进行整合营销，采用适当的产品、价格、渠道和适当的促销对不同的消费群体进行科学营销，以获得最大的经济效益与社会效益；价格整合是所有整合营销活动的基础和关键；网络整合要求企业建立一个成熟的、全面的、立体架构的多层次、多渠道的营销网络；促销整合能使企业在本行业内获得其他品牌难以模仿的竞争优势，获取高的附加值；服务整合要继续以倡导“全面顾客满意”理念为中心，让所有顾客满意，让顾客完全满意。

二、整合营销的特点

1）整合营销以服务顾客为宗旨，使每一位顾客都能体验到企业高效、优质、一致的服务，它把消费者贯穿于整个营销传播活动的每一个环节，并实现与消费者的双向沟通。

2）整合营销以系统化思想做指导，它将整个营销沟通作为一个系统，对其进行计划、协调和控制。不仅关心局部，更注重全局，考察所有行动与方案的效果，使得营销资源在营销工具之间最优配置，提高企业的组织管理水平。

3）整合营销理念引入了整体观与动态观，要求企业用动态的观点看待市场，认清企业与市场之间的互动关系，并根据市场的变化及时调整发展战略。企业内部所有部门都应当互相配合，竭诚协作，形成一个紧密团结的整体。

三、整合营销的 4Cs 观念

传统的市场营销组合策略是以 4Ps 组合为中心，即产品、价格、渠道和促销。而在 20 世纪 90 年代后期兴起的整合营销是强调顾客需求和满意度、注重沟通的现代营销理论，它把企业营销战略的重心由 4Ps 转向了 4Cs，即在营销活动中，企业产品或服务策略的制定要以研究顾客的需求和欲望为中心，向顾客提供能最大限度满足其需求的产品和服务，企业的营销活动要为顾客生产或提供愿意买的产品或服务；企业产品或服务价格的制定，应以顾客满足需求所愿意付出的成本为中心，而非以企业生产产品或服务的成本为中心；企业的销售渠道策略的制定要以最大限度向顾客提供便利为中心；促销策略的制定不能以企业为中心，不能以是否有利于产品的销售为中心，而应以顾客需求为中心，以与顾客能否实现充分的交流与沟通为中心。现代整合营销理论模式如图 13-1 所示。

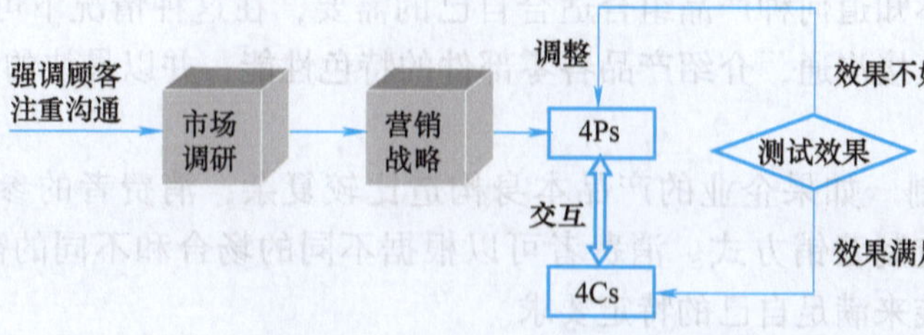

图 13-1 现代整合营销理论模式

第三节 汽车定制式营销

随着经济的快速发展及以消费者为中心的消费时代的到来，居民收入、购买力水平在同步提高，表现为消费需求向高级阶段发展。人们的消费需求和消费观念发生着变化，当前市场营销中一个非常明显的趋势便是消费越来越从共性消费向个性消费转变。消费的潮流迫切需要企业针对不同消费者设计和生产不同种类的产品，提供不同类型的服务，制订不同的营销计划。

一、定制式营销的内涵

定制式营销是指企业在大规模生产的基础上，将每一位消费者都视为一个单独的细分市场，根据每一个人的特殊需求来安排营销组合策略，以满足每一位消费者的特定需求。

目前，国际汽车市场供大于求，汽车产品过剩的现象普遍存在，汽车市场呈现出明显的买方市场特点。消费者对汽车产品的需求表现出明显的差异性，需求水平还在不断提高。在这样的情况下，汽车企业应该尝试一些新的营销方式。定制式营销能使汽车企业销售产品时变被动为主动，更好地迎合消费者的多样化需求，汽车企业可以广泛地开展定制营销。当前，国内各大汽车生产企业也纷纷开始广泛开展定制式营销。

二、定制式营销的特征

网络技术的发展改善了企业与消费者的关系，随着企业与消费者相互了解的增多，营销活动将更加适合于定制。现代定制营销具备如下一些特征：

（1）个性化的生产　定制营销虽仍然以大规模生产为基础，但强调个性化的生产。根据不同的消费者的需求特点，设计各种不同的产品来更好地满足消费者日益个性化的需求。

（2）数据库营销　企业在定制营销时，通常以消费者数据库作为营销工具。企业将自己与消费者发生的每一次联系都记录下来，包括消费者购买的数量、价格、采购条件、特定需求、性别、年龄等详细的信息。这样，企业会通过数据库分析新顾客和老顾客的需求状况，从而制定更具针对性的营销策略。

（3）消费者的参与性　消费者的参与性是指在定制营销中为了确保消费者的满意度，必然要鼓励消费者的积极参与和合作。

三、定制式营销的类型

（1）合作型定制　当产品的结构比较复杂、可供选择的零部件式样比较繁多时，消费车公司曾经召回有设计缺陷的一款凌志和两款皇冠轿车进行免费维修。据说，三款轿车都存在着前悬架下球节润滑不良问题，容易磨损并可能引发交通事故。汽车存在质量隐患，消费者并不知道，由厂家主动揭示出来并加以维修，不但避免了质量纠纷，而且表现了厂家认真负责的态度。这种召回服务的策略，不但被运用在确有质量隐患的汽车上，而且还被应用到并无质量问题的汽车上。丰田公司生产的莱克苏斯牌轿车由于其造型华美，投入美国市场之后很受欢迎。但是，有一天他们却突然召回了所有的莱克苏斯。而当丰田公司的服务人员将那些汽车重新送回用户手中的时候，人们才突然发现，莱克苏斯的性能已经有了较大的改变，而且清洁如新，燃油箱里还加满了燃油。虽然只是点滴小事，却受到了用户的交口称赞。

本章小结

本章主要讲述了汽车营销理论和方法的拓展。主要知识点和技能点有服务营销、4Cs营销、4Rs 营销和 CS 工程的概念，以及其在汽车营销中的应用。

本章内容	知识点	核心知识	技能点
汽车服务营销理念	汽车服务营销的理念	4Ps + 3Ps 的理解	
	汽车营销服务的内涵	汽车后市场的延伸服务，长期客户的培养	
汽车营销 4Cs 与 4Rs 策略	4Cs 与 4Rs 的内涵		
	4Cs 与 4Rs 策略在汽车营销上的应用	与公众互动，建立良好的广告关系	
汽车营销 CS 工程	CS 的含义	可感知的效果与期望值之比	
	顾客满意度	购后实际体验与购前期待之比	
	CS 工程在汽车营销中的应用	产品 + 销售 + 售后的顾客满意	在营销策划中加以运用

复习思考题

1. 汽车服务营销的本质是什么？
2. 汽车营销 4Cs 和 4Rs 策略的内容分别包括哪些？
3. 什么是顾客满意？什么是顾客满意度？
4. 在汽车营销过程中，汽车企业应从哪些方面着手，使顾客获得最大满意度？

者一般难以权衡，不知道何种产品组合适合自己的需要，在这种情况下可采取合作型定制。企业与消费者进行直接沟通，介绍产品各零部件的特色性能，并以最快的速度将定制产品送到消费者手中。

（2）适应型定制　如果企业的产品本身构造比较复杂，消费者的参与程度比较低时，企业可采取适应型定制营销方式。消费者可以根据不同的场合和不同的需要对产品进行调整，变换或更新组装来满足自己的特定要求。

（3）选择型定制　在这种定制营销中，产品对于消费者来说用途是一致的，而且结构比较简单，消费者的参与程度很高，从而使产品具有不同的表现形式。在汽车的一些相关配置中，消费者可以根据自己的喜好有选择性地定制。

（4）消费型定制　在这种情况下，消费者的参与程度很低，他们一般不愿意花费时间接受公司的调查，但他们的消费行为比较容易识别。这时公司可通过调查，掌握消费者的个性偏好，再为其设计好更能迎合其口味的系列产品或服务，这样便可以增加消费数量或次数。

四、定制式营销的局限性

定制式营销有一个致命的缺点，就是与规模化生产的产品相比，在成本与价格上处于明显的劣势。现在订单式生产的汽车要比一般普通生产的汽车的价格高出很多。但是，这一劣势是可以通过优质的服务改善，使一些消费者感到物有所值，为了突出自己的个性，心甘情愿地支付高价。再就是现代科技为定制式营销创造了良好的硬件基础。计算机辅助设计、人工智能、网络技术的出现，使现代企业具备了进行低成本、多品种、小批量生产的能力。

定制式营销不仅是一种新的营销模式，而且还是在销售一种崭新的营销观念。它从设计到生产，从产品到服务都突出了“顾客需求”这一主旨。在这一理念下，“顾客需求”作为第一要素超越了成本、利润的价值。既然顾客的需求呈现个性化的倾向，企业只能变革规模化生产下的营销方式，采用订单式的销售，满足顾客的个性化需求。

案例：

别克的定制式营销模式

随着上汽通用别克轿车正式下线，全国首家通用汽车特约销售服务中心——上海名流汽车销售有限公司也同时正式开张。有别于传统销售方式，该销售中心采用定制式营销模式：每一辆车按消费者的要求“量身定做，先预订，后制造，再提货”。他们提供 3 种型号 9 个价位的车型以供选择，一般两个月后消费者便可取得自己指定颜色、车型、选装模式的别克轿车。这种方式契合了消费者的个体偏好，避免了消费者的购车缺憾，有助于吸引更多的消费者。该中心开张之日便接到别克车订单 700 余辆。

案例：

丰田汽车公司的大规模定制

丰田汽车公司在逐步提供越来越多的多样化和定制化的策略方面是一个完美的例证。在 1933 年，公司宣布把生产客车作为其目标时，其创建者丰田喜一郎声明：“我们将学习美国的大规模生产技术，但不会照搬照抄，我们将用自己的研究和创造能力开发一种适合我们自己国情的生产方法。”丰田喜一郎和他的生产经理们一起创建丰田模式。在20世纪30年代经历几次失败之后，系统方案终于在第二次世界大战之后完成了。这种生产模式的口号是“小批量，快准备”，这特别适合于小批量、较小规模的日本市场。在20世纪40年代后期，大的工艺过程的准备时间是2~3h，为缩短这个时间，公司逐步做了一些改进，但进展缓慢，直到20世纪50年代中期才达到1h的水平。到1962年，许多工艺过程达到了只用15min的准备时间，而到1971年达到了只用3min。

早期的丰田仅生产少数几种型号的汽车，可选择余地很小。但是经过其产品开发职能的逐步改进，到20世纪70年代，能够每过三四年生产一个新车型。最后，由于开发和生产过程的调整，丰田能很快开发出新车型且可以频繁地更换，丰田车型开始多样化，多样化和定制化也成为生产的重中之重，更多的车型、更多的创新风格和功能，以及更短的产品开发周期和生命周期在丰田应运而生。丰田在20世纪70年代至80年代超过了国内竞争对手，并且向世界上最大的汽车制造商——通用汽车公司发起挑战。

在20世纪80年代后期，欧诺明确地说明了丰田在时间方面的策略，“我们所做的所有事情都要看时间额度——从客户给我们订单的那一刻起一直到收款兑现。而且我们正通过消除所有不产生增值的耗费来缩减时间额度。”缩短时间不仅仅针对生产准备，而且针对整个价值链，这对大规模定制至关重要，也是对丰田进行逐步改进的一个主要部分。

今天，丰田在日本可以在收到订单后的5天内交付定制汽车。尽管它还不是真正的大规模定制，但是公司从模仿美国的大规模生产技术到充分采纳大规模定制模式的原则作为自己的经营方式走过了很长的一段路。公司花了三四十年的时间通过循序渐进的方式完成了上述工作。

第四节 汽车关系营销

一、关系营销的内涵

关系营销又称顾问式营销，是指企业在赢利的基础上，建立、维持和促进与顾客和其他伙伴之间的关系，以实现参与各方的目标，从而形成一种兼顾各方利益的长期关系。关系营销把营销活动看成是一个企业与顾客、供应商、分销商、竞争者、政府机构及其他公众发生互动作用的过程，正确处理企业与这些组织及个人的关系是企业营销的核心，是企业经营成败的关键。它从根本上改变了传统营销将交易视作营销活动关键和终结的狭隘认识。企业应在主动沟通、互惠互利、承诺信任的关系营销原则的指导下，利用亲缘关系、地缘关系、业缘关系、文化习惯关系、偶发性关系等关系与顾客、分销商及其他组织和个人建立、保持并加强关系，通过互利交换及共同履行诺言，使有关各方实现各自的目的。面对汽车市场日益残酷的竞争挑战，许多企业逐步认识到：保住老顾客比吸引新顾客收益要高；随着顾客的日趋大型化和数量不断减少，每一位顾客都显得越发重要；对交叉销售的机会日益增多；更多的大型公司正在形成战略伙伴关系来对付全球性竞争，而熟练的关系管理技术正是必不可少的。

二、关系营销的基本特征

1）关系营销是一个双向的信息沟通交流过程。关系营销的主体应该主动与顾客及其他相关群体接触和联系，相互沟通、交流情况，主动为他们服务和解决问题，即企业通过向顾客有效地传递信息，满足顾客的需求，达到维系顾客的目的。

2）关系营销是以协作为基础的战略过程。关系营销强调企业与顾客、分销商、供应商甚至是竞争者建立长期的、彼此信任的、互利的关系。

3）关系营销体现营销活动的互利性，关系营销是关系双方以互利互惠为目标的营销活动。

4）关系营销体现信息反馈的及时性，利用控制反馈的手段不断完善产品和服务的管理系统。通过建立以反馈为职能的管理系统，可以对企业的营销活动做出定性和定量的分析，及时掌握顾客、经销商及营销系统中其他参与者的信息，了解环境的动态变化，为企业挖掘新的市场机会。

三、关系营销的三个层面

关系营销建立在顾客、关联企业、政府和公众三个层面上，它要求企业在进行经营活动时必须处理好与这三者的关系。

（1）建立、保持并加强同顾客的良好关系　顾客是企业生存和发展的基础。企业离开了顾客，其营销活动就成了无源之水，无本之木。市场竞争的实质就是争夺顾客，顾客忠诚的前提是顾客满意，而顾客满意的关键条件是顾客需求的满足。要想同顾客建立并保持良好的关系，首先，必须真正树立以顾客为中心的观念，并将此观念贯穿于企业生产经营的全过程。产品的开发应注重顾客的需求，产品的定价应符合顾客的心理预期，产品的销售应考虑顾客的购买便利和偏好等。其次，切实关心顾客的利益，提高顾客的满意程度，为顾客提供高附加值的产品和服务。通过产品的品牌、质量、服务等，为顾客创造最大的让渡价值，使他们感觉到物超所值。

（2）与相关企业加强合作，共同开发市场　在传统市场营销中，企业与企业之间是竞争关系，任何一家企业若想在竞争中取胜，都无所不用其极。这种方式既不利于社会经济的发展，又易使竞争双方两败俱伤。关系营销理论认为：企业之间存在合作的可能，有时通过关联企业的合作，将更有利于实现企业的预期目标。首先，企业合作有利于巩固已有的市场地位。当今市场，细分化的趋势越来越明显，诸强各踞一方，竞争日趋激烈，任何企业要想长期保持较大的市场份额，其难度越来越大，通过合作可增强企业对市场变动的适应能力。

（3）与政府及公众团体协调一致　企业是社会的一个组成部分，其活动必然要受到政府有关规定的影响和制约，在处理与政府的关系时，企业应该采取积极的态度，自觉遵守国家的法规，协助研究国家所面临的各种问题的解决方法和途径。关系营销理论认为：如果企业能与政府积极地合作，树立共存共荣的思想，那么，国家就会制定出对营销活动调节合理化、避免相互矛盾、帮助营销人员创造和分配价值的政策。现代营销的内容十分广泛，相关团体与企业内部员工也是关系营销的一个重要方面。协调好与这些组织的关系，建立与企业员工的良好关系，就能为实现企业目标提供保证。

关系营销是一项系统工程，它有机地整合了企业所面对的众多因素，通过建立与各方面良好的关系，为企业提供了健康稳定的长期发展环境。

四、关系营销中的关键过程

1. 关系营销中的交互过程

成功的营销需要为顾客或用户提供足够好的答案。在消费品交易营销中，这个答案是实体产品。在关系营销中，这个答案包括关系本身及其运作的方式和顾客需求满足的过程。关系包括实体产品或服务产出的交换或转移，同时也包括一系列的服务要素，没有这些服务，实体产品服务产出可能只有有限的价值或对顾客根本没有价值。关系一旦建立便会在交互过程中延续。供应商或服务企业与顾客间发生不同类型的接触，这些接触可能是不同的，主要取决于具体的营销情形。有些接触是人与人之间的、有些是顾客与机器或系统之间的，在这种情况下，交互过程中接触的性质取决于研究的具体对象。

2. 关系营销中的对话过程

关系营销中营销沟通的特点是试图创造双向的有时甚至是多维的沟通过程。并非所有的活动都直接是双向沟通的，但是所有的沟通努力都应该导致某种形式的能够维护和促进关系的反应，即对话过程。对话式沟通过程必须支持这种价值的创造和转移。这个过程包括一系列的因素，如销售活动、大众沟通活动、直接沟通和公共关系。大众沟通活动包括传统的广告、宣传手册、销售信件等不寻求直接回应的活动；直接沟通包括含有特殊提供物、信息和确认已经发生交互的个人化信件等，要求顾客的具体信息。这里要寻求从以往交互中得到某种形式的反馈，要求有更多的信息、有关顾客的数据和纯粹的社会响应。

3. 关系营销中的价值过程

关系营销比交易营销要付出更多的努力。因此，关系营销应该为顾客和其他各方创造更大的价值。顾客必须感知和欣赏持续关系中创造的价值。由于关系是一个长期的过程，因此，顾客价值会在一个较长的时间内出现，称为价值过程。关系营销要想成功和被顾客视为是有意义的，就必须存在一个与对话和交互过程并行的顾客欣赏的价值过程。

总之，成功的关系营销战略要求在关系营销计划过程中同时考虑上述三个过程。交互过程是关系营销的核心，对话过程是关系营销的沟通侧面，价值过程则是关系营销的结果。如果顾客价值过程没有得到仔细分析，在交互过程中就很容易出现错误和不当的行动。如果对话过程与交互过程冲突，价值过程很容易产生消极的结果，因为，顾客可能得到冲突的信号和不能兑现的承诺。交互、对话和价值构成关系营销的三极，关系营销的实施效果取决于以上三种过程的有机融合。

案例：

大众汽车的关系营销

大众汽车公司是欧洲最大的汽车制造商，在全世界拥有3.6亿用户。在竞争激烈的市场上，与顾客的直接接触非常重要。因此，大众汽车公司一直在开发和扩展其关系营销活动，把它当作顾客联结战略的一部分。第二次世界大战后，公司第一任总裁亨尼驰·诺德俄夫说："一辆汽车只有在伴随它的服务好的时候才是好的，我们的市场的重心从汽车转向了顾客，因为前者不如后者要求高。我们于是开始以'全面产品'的观点想问题，我们一直在追求增值服务，即能为顾客增加产品价值的服务。"

汽车制造商一般都对自己的顾客的情况了如指掌。他们在决定顾客满意问题时一起工作——这在多数其他行业中是几乎不可想象的，而且，他们甚至开展联合的面谈活动。这使所有参加的公司都可以得到同样的顾客满意数据。多年来，大众汽车一直在汽车行业的服务发展领域领导潮流，包括服务保证、紧急计划、交通保证、顾客俱乐部和免费电话等竞争者没有的服务，这也成了顾客购买大众汽车的理由。

大众汽车公司把重组顾客俱乐部和直接营销活动的专业化看作“真正的”关系营销的开端。例如，引入了个别顾客联系项目。这是一个直邮项目，顾客收到一个欢迎包裹，内有四封提供季节产品信息的邮件和一封关于产品的信件。这种车商支持的激励措施有助于建立和延长顾客忠诚。在这个项目内，公司得到了关于每个顾客的有用信息，包括生活方式数据、人口和心理数据、购买和服务历史。每位顾客的地址都随时更新，这样建立的数据库就能为一对一营销服务。俱乐部卡是一种成员卡，持有该卡的顾客可以在工作时间以外得到大众汽车商的接待。该卡还盖有交通保证章，是接受服务卡的第一步。俱乐部成员项目通过许多免费服务和产品，为顾客提供了真正的附加值。大众杂志，有许多有趣的故事和关于大众世界的最新信息。服务中心提供一系列的服务，如路线规划、电话拨号、交通新闻和票务代理。俱乐部商店还有许多有吸引力的商品。新的奖励积分制度系统通过让顾客收集奖励积分来奖励顾客忠诚度，顾客每次从大众公司或它的合作伙伴购买任何东西（汽车、附件或服务）都能得到积分，这些积分只能用来交换大众集团的产品和服务。研究结果显示，它加强了顾客和大众汽车公司之间的联系，是将顾客联结到大众汽车公司的极好工具。

此外，有效的数据库管理也是和顾客建立长期关系的扎实基础。大众集团引入了顾客论坛和焦点团体，成了鼓励顾客、汽车商和制造商之间沟通的永久努力部分。

案例：

大兴别克4S店的“零距离”关怀

日前，大兴别克4S店的“零距离”关怀全面展开，上门试车、上门接送顾客到店、上门导购、上门接送维修车辆的全方位服务，为南山的车主及购车者带来前所未有的体验。

大兴别克4S店的这一举动，充分体现了大兴汽车关系营销的“感受”魅力。大兴别克关注每一位顾客的情感，从每一个购车、用车细节做起，不断推出细微的服务，让每一位顾客充分体验购车、用车的乐趣，充分体验上汽通用的“别克关怀”，充分体验“服务成就不凡”的大兴之“情”。

大兴别克自进驻深圳南山后，短短3个月里，先后开展了“我们同在南山下”——社区巡游、“相约大兴，钟情别克”——情人节大型联欢晚会、“EASY生活，赛欧贝贝”——少儿活动及汽车精品慈善拍卖、连平助教亲子自驾游等系列关爱活动，充分表达了大兴别克对社会、对车主甚至对车主们的下一代的关爱之情。

第五节 汽车网络营销

一、网络营销的内涵

网路营销来源于意译的英文词组“Internet Marketing”及“Internet Promotion”，基本概念是通过互联网进行市场推广活动。其突出的特点是互联网，是“电子商务”及“电子商业”等包容了计算机、互联网、电子交换等数字化技术的重要组成部分，是21世纪最有代表性的一种低成本、高效率的全新商业模式之一。

为了更好地理解网络营销这个全新的概念，可以通过与传统的营销方式的比较来描述网络营销的特点。当互联网逐渐进入我们的生活并成为一种重要的商业手段时，它更像传统的那种直接寄送商业宣传品的营销方法。

1）传统的营销方法是通过向人们传递信息来销售产品或服务的。但互联网给人们提供了一个更大、更有效的传递信息的空间，使网络营销比传统营销具有更强的传递信息的能力。

2）根据传统的营销方法，企业很难确定那些真正需要产品或服务的人，但通过互联网，就可以在最短的时间内确定需要产品或服务的人，并将他们转变成为客户。

3）传统的营销方法在一定程度上会受到距离的约束，但通过互联网可以完全不考虑空间和距离的因素，远在天边与近在咫尺都变成了理论上的距离，更多人关心的不只是某个地区、国家，而是全球。

融媒体、自媒体、网络直播等形式的出现使网络营销为大众所使用。

二、汽车网络营销的特点

和汽车市场的销售情况相比较，汽车网络营销有着自身的几个特点：

（1）产品相对集中 网上车市有关网络营销情况的统计表明，网民的订单大都集中于知名度相对较高的企业的产品，如广汽本田、上汽通用、北京现代、一汽—大众、上汽大众、丰田、东风雪铁龙等。这些企业的订单数占所有订单的50%以上。由此反映出网民对汽车品牌的认知度和消费水平。

（2）价位相对较高 从价位上看，网上车市消费者订车的价位相对较高，20万元以上价位的车的订单约占订单总数的40%。这个比例远大于该价位车在汽车市场实际销量中所占的比例。这反映了中高档车在网上销售的潜力。

（3）购买行为时间较短 汽车网络营销的一个重要特点是，消费者从网上订车到实际购买行为完成的时间一般都不长。对网上订车消费者的回访表明，已经购车者占37.8%，另有28.3%的消费者表示会在3个月以内购买汽车，两者相加的比例超过60%。这反映了在网上车市订车的消费者中，大部分是购买意向明确、有效、高质量的汽车消费群体。

三、网络营销策略

根据互联网在汽车企业营销活动中的应用程度，企业可以按照由初级的到高级的不同阶段实施以下几个层次的营销活动：

（1）网上宣传　企业上网宣传阶段，企业网络营销的重点是把传统的网下营销活动中有关企业及其产品信息发布与宣传工作的全部或部分通过互联网来完成。它是企业把互联网作为一种新的信息传播媒体应用而开展的初级阶段的网上营销活动。这是企业网上营销最基本的应用方式。目前，中国的汽车企业基本上都采用了网上宣传产品的途径。

（2）网上市场调研　企业通过网络进行市场调研，及时掌握市场信息，从中发现消费者需求的情况及动向，帮助企业进行以消费者需求为中心的科学决策。现在，大多数的汽车企业都开展网上市场调研，了解消费者的需求特点、消费者对车型的偏好情况及消费者对新车型的反映情况等。

（3）网上直接销售　网上直接销售是指网络营销基本上已经实现网上信息发布、网上订货、网上结算及网上配送的网络营销活动。网上直接销售是一种高效率、低成本的市场交易方式，代表一种新的经营模式。对于买方来说，由于网上直接销售合并了全部中间环节，并能提供更为详细的商品信息，买方能更快、更容易地比较商品特性及价格。对于卖方而言，这种模式销售成本很小，完成交易时间短。在一些汽车工业发达的国家，网上直接销售汽车比较流行。在国内，汽车网络直接销售还刚起步，存在很多的局限性，还有待进一步的完善。

（4）网络营销集成　网络营销集成是指企业市场营销活动的全过程基本上都在网上完成。这一阶段，企业依靠网络与供应商、制造商、营销中介、消费者建立密切的联系，并通过网络收集、传递信息，从而根据消费者需要，充分利用网络伙伴的生产能力，实现产品设计、制造及售后服务的全过程。这是最高层次的网络营销阶段。

四、国内汽车网络营销表现出的局限性

网络营销这一汽车销售的新模式虽然开局良好，但毕竟处于“初级阶段”。网站本身、汽车厂家、经销商所开展的所谓网络销售，更多地也仅限于进行传播、在线交流和互动等较浅层次的活动；准确地说，对网络营销更多的是有限地使用，而不是更高层次地运作。另一方面，由于在汽车网络营销的过程中，消费者只能看到车型的一些图片和相关资料介绍，不能接触到实物，从而在一定程度上影响了消费者的购买。再者，网络安全方面的问题也是制约汽车网络营销的一个方面。

为了进一步发展和完善汽车网络营销，汽车网络营销的参与者可以做出如下一些举措：

1）要把登录网络营销的网民与普通网民区别开来，不能仅仅停留到在线交流、浏览和回答网民问题的层面，而是要在方式、方法及运作技巧上多下功夫。

2）汽车经销商要选择一个高质量的网络平台。对于代理一个或几个品牌的汽车经销商来说，如果能够做到网络下面有实体店面，网络上面有虚拟店铺，两者有机结合并有效运作，形成良性循环，则能取得事半功倍的效果。

3）经销商应该努力通过网络做大、做好自身品牌。这就需要经销商把树立自身品牌的工作融入产品营销、维修服务、经营理念及企业文化的方方面面，形成一个良好的在线展示与互动的平台，给准客户或潜在客户以良好的第一印象。

案例：

汽车网站的网络营销功能和销售

在网上销售像汽车这样的大件商品有一定的难度，但是，调查表明，互联网在用户购买汽车时所发挥的作用越来越重要。根据美国消费者联盟（CU）2013 年发布的汽车购买年度调查报告，64%的用户利用互联网获取购买汽车的信息，或者查询本地销售商推荐的相关信息。下面是被调查者反映在购买汽车时互联网的应用状况：

1）70%的用户通过网络查询价格。

2）60%的用户查询汽车说明书。

3）43%的用户寻找自己感兴趣的车型。

尽管有近三分之二的用户会借助互联网制订购买决策，但是实际上只有 1.5%的用户已经通过网络购买了汽车，另有 3.6%的用户开始尝试在线购买。

关于网络在汽车销售中的作用，调查表明，43%的用户在选择汽车之前会访问汽车制造商的网站以了解有关信息，在进行购买决策时，制造商网站成为获取信息的重要来源之一，列在第三位，8%的用户通过各种汽车网站的介绍找到了销售商。不过，最重要的购买决策依据仍然是用户自己原先的经验和汽车销售商或销售人员的推荐。

可见，汽车买卖和互联网相结合具有无与伦比的潜在优势，用户通过点击鼠标就可以获得许多有价值的信息，在线购买汽车的趋势也将持续增长。尽管互联网的作用已经显得日益重要，但是很多汽车企业目前在利用网络方面还存在不少问题。根据调查资料，无法通过网络完成交易的顾客人数是最终购买者数量的两倍多，这说明汽车企业提供的网上销售服务水平还不能满足顾客的要求，主要表现在并非所有的销售商都会在网上提供及时的信息，有的甚至根本不会提供，在一些推荐销售商的网站上，并没有准确的车型资料，或者即使有合适的车型却没有给出足够的、合适的说明，这些都无法和当面购买相比。根据一般经验，顾客在买车时总会发动一下车并在轮胎上踢两脚。

实际上，不打算利用互联网购买汽车的用户也还有近五分之二，这些用户回答的主要原因如下：

1）68%的用户在购买汽车之前愿意自己先试用一下。

2）67%的用户希望与销售商建立关系以获得更好的服务。

3）42%的用户对在线购买的安全性和个人信息不放心。

4）26%认为网上买车不是最好的方法。

根据上述调查资料可以看出，互联网在汽车销售中的作用日益重要，因为，汽车网站的重要价值在于为顾客提供了一个了解产品和销售渠道的途径，网站无疑是网络营销的重要手段，至于实现了多少网上交易，则是企业网站本身所无法决定的。

案例：

通用公司的网络营销策略

通用汽车公司是美国最早实行股份制和专家集团管理的特大型企业之一。通用汽车公司生产的汽车，典型地表现了美国汽车豪华、宽大、内部舒适、速度快、储备功率大等特点，而且，通用汽车公司尤其重视质量和新技术的采用，因而通用汽车公司的产品始终在顾客心目中享有盛誉。在通用的网络站点上，可以了解到通用的历史、现在，并预测到未来。纵观通用的站点发现，通用在网站的设计上，充分利用了网站的分帧分层，即连续又间断的特点，将营销主题以渗透性的表现手法化解在各层各页上，具备十足的商业感召力。在首页设计上充分体现了“关系唯上，客户至尊”的营销主题，阐明了通用是始终以顾客为中心的营销思想。通用汽车在其品牌优势的基础上，致力于建立与强化和公众的关系，利用互联网辐射力开展关系营销。“企业自身目标应放在管理客户关系组合上，而不是放在管理一种产品组合或资产组合上，这样就可通过积极有效的获取发展并保持客户关系，最终使企业价值最大化。”通用网站的设计正是抓住了这一营销主体，并始终体现这一营销主体。网站按公司和产品两大部分来组织内容，配以经销商的评价，或是公司管理层对企业方针的阐述，而背景多为正在春风得意驾驶的各国顾客，这既体现了通用的顾客遍布全球，更突出了通用一贯以人为本的营销思想。在信息组织脉络上，分为产品介绍、企业介绍和汽车导购，使访问者不但可以查询到遍布世界的汽车经销商、零售商和各种型号汽车制造分厂的目录，还可以查阅到通用汽车的历史和新闻及求职等消息，更可以向访问者提供多渠道、多选择的产品查询与购买方案规则，网上汽车导购成为站点不变的主题。同时，通用汽车公司希望自己新建立的 B2B 网站（GMBuyPower. com）。另外，通用汽车公司还计划通过与主要的互联网企业结成联盟，使网站的访问流量比上一年年增加 10 ~ 15 倍。通用汽车公司还将加大在消费类电子商务市场上的投入力度，计划在当年年底之前，让自己每年高达 870 亿美元的采购业务全部通过 TradeXchange 电子商务系统来完成。有分析家指出，这意味着在今后 5 年时间里面，通用汽车公司有望每年增加 50 亿美元的收入。

通用汽车中国正式启动的改版后的公司网站（www. gmchina. com），用中英文两种语言向广大互联网用户提供有关通用汽车公司相关产品、合作及服务领域的最新信息。通用汽车中国部前总裁善能（Lawrence B. Zahner）先生指出：“在众多国外汽车制造商中，通用汽车是第一家在中国建立双语网站的公司。该网站内容广泛且是专门针对中国市场设计的。”随着互联网在中国的迅速发展，建立一个信息丰富并以客户为中心的网站对于通用公司来说是非常重要的。通用汽车中国网站向广大用户提供了大量信息，其中包含面向中国内地及香港市场销售的别克、欧宝、凯迪拉克及雪佛兰等产品的相关信息，还有客户服务信息。顾客可以通过保修登记表格查寻最近的通用汽车授权服务中心或零部件供应商，还可以查询某一特定产品的信息。此外，顾客还可查询通用汽车中国合资厂的背景资料及通用汽车中国发布的最新消息。

通用的网络站点将通用汽车各项规格指标与竞争对手加以比较，以专业技术的开放性战略使之不落后于微软等信息技术网站的“汽车销售点”网站的发展，通用公司将该站点视为客户信息、客户联系方式及客户经济状况的采集窗口，既是客户与企业的联系纽带，又是企业客户信息管理的外延。在互联网呈指数级增长的今天，网络营销已经成为通用汽车公司战略的一部分。

（2013 年案例）

本章小结

本章主要讲述了汽车营销的发展与创新形式，包括绿色营销、整合营销、定制式营销、网络营销等。主要知识点和技能点包括绿色营销、整合营销、定制式营销、关系营销、网络营销的概念及在汽车营销中的应用。

本章内容	知识点	核心知识	技能点
汽车绿色营销	绿色营销的内涵	环境意识，生态保护	在汽车营销实际中适当加以应用
	汽车绿色营销的实施	绿色的营销观念和企业行为	
汽车整合营销	整合营销的内涵	品牌、理念、市场、产品等的一体化管理	
	整合营销的特点	服务宗旨、系统化和动态化的特点	
	整合营销的4Cs观念	需求、成本、便利、沟通	
汽车定制式营销	定制式营销的内涵	需求的个性化	
	定制式营销的特征	个性化生产，数据库管理，客户参与	
	定制式营销的类型	合作型定制，适应型定制，选择型定制，消费型定制	
汽车关系营销	关系营销的内涵	主动沟通、互惠互利，建立长期稳定的管理	
	关系营销的特征	双向的、协作的、互利的、及时的	
	关系营销的三个层面	顾客层面，企业层面，政府和公众层面	
	关系营销中的关键过程	交互过程，对话过程，价值过程	
汽车网络营销	网络营销的内涵	互联网技术的应用	
	汽车网络营销的特点	产品集中，价位较高，时间较短	
	网络营销策略	网上宣传，网上调研，网上直接销售，网络集成	

复习思考题

1. 简单地叙述汽车绿色营销、整合营销、定制式营销及关系营销的基本内涵。
2. 结合一些汽车企业的实际，谈谈汽车定制式营销的优势及未来的发展趋势。
3. 结合当前国内一些汽车企业的现状，谈谈如何开展关系营销。
4. 对于网络营销，你是如何理解的？联系实际谈谈汽车企业应该如何开展网络营销。

实践练习题

查找一则汽车绿色营销的案例，分析其营销策略，观察其成功与否。

参 考 文 献

[1] 何宝文．汽车市场营销［M］．北京：机械工业出版社，2012.
[2] 戚叔林．汽车市场营销［M］．北京：机械工业出版社，2010.
[3] 丁树雄．汽车营销攻“尖”战［M］．北京：中国经济出版社，2013.
[4] 裘文才．汽车营销策划［M］．北京：机械工业出版社，2011.
[5] 刘军．汽车 4S 店活动策划全案［M］．北京：化学工业出版社，2012.
[6] 刘同福．汽车营销策划［M］．广州：南方日报出版社，2004.
[7] 趋向，黄仲景．汽车经纪人培训教材［M］．北京：人民交通出版社，2005.
[8] 王缅，韩广．汽车营销实战［M］．北京：机械工业出版社，2004.
[9] 王玉民．汽车特约销售服务站营销策略［M］．北京：机械工业出版社，2005.
[10] 克里斯托弗·洛夫洛克．服务营销［M］．3 版．陆雄文，庄莉主，译．北京：中国人民大学出版社，2001.
[11] 威文，邢何明，杨利强．第一流的汽车营销经典案例全接触［M］．北京：机械工业出版社，2002.